KB043714

십자가와 초승달, 천년의 공존

십자가와 초승달, 천년의 공존

그리스도교와 이슬람의 극적인 초기 교류사

리처드 플레처 지음
박홍식 · 구자섭 옮김

21세기북스

일러두기

- 외래어 표기는 국립국어연구원의 『표준대국어사전』을 따랐다. 단, 아랍어 '수니, 시아, 아바스' 등은 이슬람학회 등에서 표준으로 삼는 '순니, 쉬아, 압바스', 하룬 알 라시드Hārund ar-Rashīd 등의 '-sh-'도 '-쉬-'로 옮겼다. 그리스어의 인명·지명은 중세 그리스어의 발음을 고려해 표기했으며 교황 이름은 라틴어식 표기를 따랐다.
- 본문에는 두 종류의 주석이 있다. 원주原註와 역주譯註 모두 *로 표기하고 원주는 * 뒤에 밝혔다. 미주에는 원주만 실려 있다. 원주는 저자가 가능하면 독자들도 접근할 수 있도록 쓰인 문헌들을 소개하고 있다. 해당 사료가 출판되지 않은 경우는 저자가 인용한 부분을 직접 번역했다는 사실을 밝혀둔다.
- 본문의 사체(이탤릭체)는 저자가 주의를 기울여야 할 어구에 달아놓은 것이다.
- 추천도서목록은 저자가 제시한 그대로다. 단, 우리나라에 출간된 책은 역자가 서지 사항을 추가했다.

스티븐이 말했다, '역사는 제가 거기서 깨어나려고
몸부림치는 일종의 악몽입니다.'
(…) 만일 저 악몽이 당신에게 뒷발질을 하면 어떻게 될까요.

– 제임스 조이스, 『율리시스』 2장 네스토르 중에서

차례

그리스도교와 이슬람의 뒤엉킨 관계사

나는 1998년 10월 한 대화 중에 이 책의 주제에 관해 쓸 것을 처음 제안받았다. 그리고 정식으로 저술을 의뢰받은 시기는 2000년 6월이었다. 그 후 몇 개월에 걸쳐 곰곰이 구상했고, 그다음 해 5월부터 12월까지 집중해서 집필했다. 그렇지만 내가 통제할 수 없는 여러 사정이 있어 출판이 다소 지체되었다. 이 책의 의도는 오랜 기간에 걸쳐 복잡하게 뒤엉켜 논란이 되는 일련의 관계들을 중립적으로 안내하는 것이다. 그 관계들은 세계사의 형성뿐 아니라 현재의 수많은 민족과 다양한 문명권의 발전에도 영향을 끼쳤다. 이것은 과장할 필요도 없지만 과소평가해서도 안 된다.

이 책의 기원은 앞에 언급한 시점보다 훨씬 이전으로 거슬러 올라간다. 나는 최근까지 재직하던 요크대학에서 여러 해 동안 학부생 수업을 통해 중세 그리스도교와 이슬람 사이의 관계에 대한 다양한 측면을 강의했다. 물론 그와 같은 문명들 사이의 접촉에 관심을 갖게 된 계기는 옥스퍼드대학에서 학창 시절을 보냈을 때 생겼다. 나는 1963년 첫 방학 때 친구들과 함께 에스파냐를 방문했다. 그리고 난생처음 코르도바의 모스크와 그라나다의 알함브라 궁전을 경탄하며 관찰했다. 그 후 휴가에서 돌아와 불가사의한 건축물들을 만들어낸 문명에 관한 공부에 좀 더 몰두했다.

뒤이은 가을 학기에 개설된 '중세의 그리스도교와 이슬람' 수업의 격의 없는 토론 모임에 참여했다. 수업은 당시 옥스퍼드대학의 중세시 치칠레 석좌교수*였던 리처드 서던, 사무엘 스턴, 리처드 발처 세 교수가 공동 주재했다. 때때로 앨버트 후라니Albert Hourani와 로렌초 미니오-팔루엘로Lorenzo Minio-Paluello도 이 모임에 참여했다. 저명한 석학들이 참여했다는 사실만으로도 당시 학생들이 큰 특혜를 받았음을 알 수 있다. 다른 구성원들의 이름을 열거할 수는 없지만, 미숙한 열아홉에 불과했던 내가 청중 틈에 끼어 이 석학들의 지혜롭고 깊이 있으며 영감을 불러일으키는 사유들을 접한 일이 얼마나 큰 행운이었는지 당시에는 몰랐다.

그 수업은 올 소울스 칼리지에서 개최되었으며, 내 기억이 옳다면 모임 장소는 스턴 박사가 관장하고 있던 공간이었다. 그곳에는 모두가 앉을 만큼 의자가 충분치 않았다. 우리는 바짝 좁혀 바닥에 앉았는데 이 학자들과 발이 닿을 정도였다. 그들의 발언을 주로 경청했지만, 간간이 질문을 던지며 대화에 참여하거나 심지어 과감하게 맞서기도 했다. 아마 그런 모습은 당시 서구의 어느 다른 대학에서도 찾아보기 어려웠을 것이다. 오늘날 개선된 대학 생활에서도 생각할 수 없는 교육 방식이었다. 나는 누렇게 빛바랜 당시의 필기 노트를 여전히 가지고 있다. 비록 내 메모가 단편적이며 임의로 요약한 것에 불과하기는 해도, 그 학기의

---

* 옥스퍼드대학에서 캔터베리 대주교이자 올 소울스 칼리지All Souls' College를 설립한 헨리 치칠레(c. 1364-1443)를 기리기 위해 1870년에 제정한 석좌교수직으로 다소간 변화를 거쳐 현재는 경제사, 전쟁사, 국제법, 사회·정치 이론, 중세사 다섯 분야에 걸쳐 운영한다.

노트는 내 인생에서 가장 소중한 교육적 경험 중 하나를 상기시켜준다.

최근에 나는 크레이그 테일러Craig Taylor에게 감사를 표했다. 그는 내가 새 컴퓨터를 사서 일찍부터 작업하도록 도와주었을 뿐 아니라 오노라 부베Honorat Bouvet(5부 참고)에 관심을 갖도록 이끌었다. 친척이기도 한 엠마 클라크Emma Clark에게 크게 신세를 졌다. 그녀는 바쁜데도 시간을 내어 초고 전체를 읽고 무슬림의 시각에서 건설적 조언을 해주었다. 나는 그녀의 비평을 반영해 본문을 적지 않게 수정했는데, 부주의했던 점을 지적받고 나서 바로잡는 데 전혀 주저하지 않았다. 편집을 담당한 스튜어트 프로핏Stuart Proffitt에게도 많은 신세를 졌다. 그는 의뢰받지 않은 본문까지도 검토하는 수고를 아끼지 않았다.

연도 표기에 있어서 오늘날 공통연대CE: Common Era*가 좀 더 중립적인 것으로 간주되기도 한다. 그로 인해 이슬람의 헤지라Hegira 기원서력 622년과 그리스도교식 AD, BC 연도를 병행해 제공하는 많은 문헌이 존재한다. 하지만 이 책에서는 AD 형식을 사용했다.

학술 용어의 사용에 있어서 '그리스도교 세계Christendom와 이슬람'이라는 대응어는 엄밀한 의미에서 부정확하다고 할 수 있다. 이슬람은 하나의 신앙 형태이므로 그리스도교에 대응한다. '그리스도교 세계'는 하나의 지역, 문명, 사회를 지칭하기에 이슬람의 종교와 율법이 지배하는

---

* 예수의 탄생 시점을 기준으로 시대를 기원전BC: Before Christ과 기원후AD: Anno Domini로 나누는 관행 대신 BCEBefore Common Era와 CECommon Era로 나누는 경향이 있다. 그리스도교 외의 종교를 배려하려는 의도다.

세계를 의미하는 '다르 알-이슬람Dar al-Islām' 또는 '평화의 거처Abode of Peace'라는 대응 용어를 쓰는 것이 적절하다. 혹시라도 내가 오류가 있는 사례들을 간과해 거슬리는 독자들이 있다면 용서를 구한다. 책의 뒷부분에 독자들을 위한 연대기, 추천도서목록, 본문에서 인용한 문헌에 대한 소개를 실었으니 필요에 따라 이용할 수 있을 것이다.

이 책을 쓰면서 종종 중세 세계의 일신교 가운데 가장 오래되었으며, 교세로는 세 번째 규모인 유대교에 대한 고찰을 포함시킬 수 없음을 유감으로 생각했다. 유대교가 다른 두 일신교와 긴밀히 얽히고설킨 채 영향을 끼쳐왔기 때문이다. 그렇지만 유대교를 포함하면 책의 성격이 크게 달라질 뿐 아니라 더 많은 내용을 담아야만 할 것이다.

끝으로 제목에 대해 한마디 덧붙이려 한다. 나는 오스만 시대 이래로 초승달이 이슬람의 상징으로 광범위하게 통용되고 있지 않다는 사실을 알고 있다. 더불어 다른 작가들도 이러한 주제에 대한 책 제목으로 '십자가와 초승달'이라는 표현을 선호했다는 사실을 알고 있다. 우드하우스P. G. Wodehouse는 소설 『마른 번개Summer Lightning』 서문에서 그의 책과 제목이 똑같은 소설이 영국에서 2권, 미국에서 3권이 출판되었다는 사실에 애석해했다. 나는 그에게서 단서를 얻었다. 그리하여 이 책이 '십자가와 초승달'이라는 제목을 지닌 위대한 100권 중 한 권이었으면 하는 소박한 희망을 가져본다.

2002년 6월, 요크의 너닝턴에서

1부

이스마엘의 후손,
이슬람의 시대를 열다

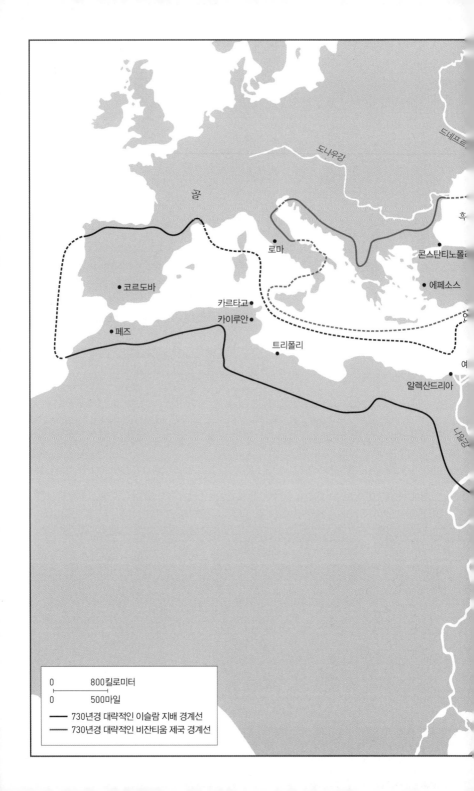

드네프르

도나우강

골

흑

콘스탄티노폴

로마

에페소스

코르도바

카르타고

카이루안

트리폴리

여

페즈

알렉산드리아

나일강

0   800킬로미터

0   500마일

—— 730년경 대략적인 이슬람 지배 경계선

—— 730년경 대략적인 비잔티움 제국 경계선

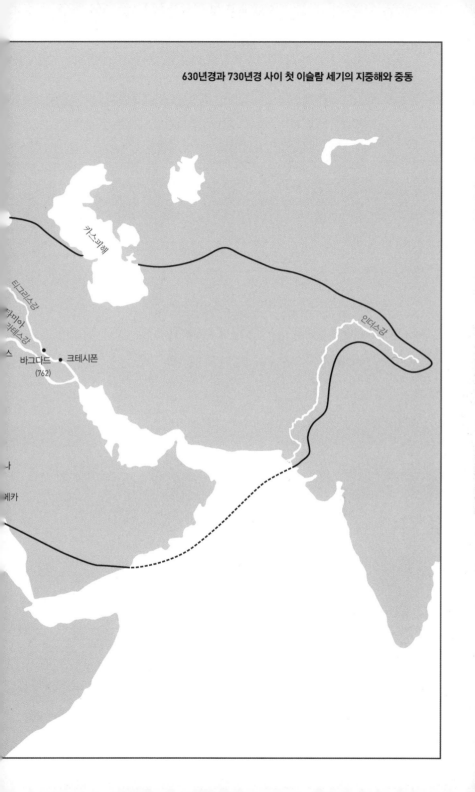

630년경과 730년경 사이 첫 이슬람 세기의 지중해와 중동

카스피해

티그리스강

유프라테스강

인더스강

스

바그다드 • 크테시폰
(762)

나

베카

이슬람과 그리스도교 사이의 근본적인 차이들은 상호 간 너그러운 이해와 화합에 도움이 되는 대화를 어렵게 만들었다. 이슬람의 준엄한 일신교는 그리스도교의 삼위일체와 성육신 교리를 이해할 수 없을 뿐 아니라 불쾌해한다. 그리스도인들에게는 이슬람이 '하나의 새로운 종교'일 수 있다는 관념을 상상조차 할 수 없었으며, 당연히 수용할 수도 없었다.

그리스도교와
이슬람의 차이

이슬람은 단일한 경전을 믿는 종교다. 그와 대조적으로 그리스도교는 여러 경전을 묶은 『성서』를 신앙의 근거로 삼는다. 이 같은 단일 경전과 복수 경전의 신앙 사이의 차이는 세계사에서 광범위한 영향을 미쳐왔다. 이슬람의 경전 『꾸란』*은 하느님이 예언자 무함마드에게 계시한 내용이다. 이 책은 무함마드가 사망한 서기 632년 이래 약 20년에 걸쳐 정통 이슬람 전통에 따라 편집되어 최종본이 확정되었다.** 그리스도교 경전들은 보통 『성서』라는

---

* 저자는 그리스도교와 이슬람의 절대자를 동일한 용어 'God'으로 표기했다. 이 책에서는 저자의 의도를 감안해 '하나님'과 '알라'로 구분하지 않고 모두 '하느님'으로 옮긴다.
** 구전으로 전승되어 내려오던 내용을 650년경 3대 칼리파 오스만의 지도 아래 글로 옮겨 최종적인 모습이 완성되었다.

표제 아래 한 권의 책으로 함께 엮여 있다. 『성서』를 지칭하는 영어 단어 '바이블bible'이 '서고書庫'라는 뜻의 라틴어 '비블리오테카 bibliotheca'에서 기원했다는 데서 그 성격을 명확히 할 수 있다.

이 서고 가운데 구약은 유대교로부터 이어받은 신화, 역사, 법, 시가, 조언, 예언 등으로 이뤄져 있다. 그리고 신약은 사도 시대에 성 바울과 다른 시도자들이 쓴 초기 그리스도교 저작들로 구성되어 있다. 나사렛 예수의 생애와 가르침에 대한 네 편의 복음서가 포함되어 있는데, 각각은 다른 세 편의 복음서와 다소 차이를 보인다. 신약에는 성 바울의 선교 활동에 초점을 맞춘 이야기도 있고, 세상의 임박한 종말과 메시아의 재림에 대한 묵시론적 예언을 드러낸 글도 포함되었다.

그리스도교 경전들, 특히 예수와 그의 초기 추종자들의 가르침을 담은 서신들과 이야기들의 이 같은 다양성과 차이는 아주 초창기부터 그리스도교 역사에 토론, 논쟁, 의견 차이가 발생하는 요인을 제공했다. 어떤 관점에서 보면 그리스도교의 역사란 서로 다른 조류들과 분파들이 배태되고 시끌벅적한 논쟁과 규탄, 속임수가 난무하는 가운데 작은 파벌로 나눠졌다가 다시 재편되곤 하는 과정이었다.

그리스도교가 생성되던 첫 세기에 가장 뜨겁게 논쟁을 불러일으켰던 신학적 이슈는 '삼위일체三位一體'와 '성육신成肉身' 교리였다. 삼위일체란 하느님은 한 분이지만, 동시에 성부(아버지), 성자(아들), 성령의 세 위격을 지녔다는 교리다. 이 말이 정확히 무엇을 의미하는가? 삼위를 구성하는 세 인격체 사이의 관계는 어떠한 가? '하느님의 아들'이란 어떤 의미를 내포하는가? 어떻게 하느님 이 (또 다른) 하느님의 아들이 될 수 있었는가? 어떻게 예수는 인 간이면서 동시에 하느님일 수 있었는가? 애매하고도 난해한 이런 질문들과 연관된 물음들에 대해 서력 3세기에서 5세기에 이르기 까지 그리스도교 공동체의 최고 지성들이 설명을 시도했으며, 지 금도 여전히 논쟁은 이어지고 있다. 이러한 질문들에 답하기 위 해 속인들로서는 거의 이해가 불가능한 신학적으로 거대하고 치 밀한 정의定義들이 제안되었다. 일부에서는 이런 정의들이 수용된 반면, 다른 진영에서는 거부되었다.

한편 이슬람 체제에서는 이 같은 교리 논쟁이 가능하지 않다. 『꾸란』이 간직하고 있는 엄격한 신학 교리들은 애매하거나 난해 한 것과는 거리가 멀다. 그래서 초창기 그리스도교 문헌들에서 보이는 모순되는 듯한 내용으로 인해 어려움을 겪지 않는다. 물 론 이것이 이슬람 내에 내적인 반목이나 다툼이 없다는 의미가 아니다. 이슬람은 그와 성격이 다른 싸움을 전개했다.

예언자가 사망한 후 채 한 세대도 지나지 않아 이슬람 공동체 내에서 권위의 원천이 누구인가 하는 문제를 두고 다툼이 생겼 다. 결국 공동체는 순니파와 쉬아파로 갈라져 다시는 화해하지 못했다.*『꾸란』, 그리고 그와 거의 유사한 권위가 부여된 『하디스Hadith』, 즉 무함마드의 언행에 대한 전승들은 해석을 필요로 했다. 그 글들에서 이슬람법이 발전했기 때문이다. 시간이 흐르면서 이슬람법의 바른 해석을 두고 경쟁하는 학파들이 형성되었다. 이 신성한 글에 대해 주석자마다 신자들이 어떻게 법을 준수하고, 의식과 관습을 지켜야 할지에 대해 조금씩 다른 해석들을 내놓았다. 개별 종교 시도자들은 금욕 혹은 신비주의 혹은 공동체적 활동을 통해 새로운 방식으로 절대자에게 다가가려고 시도했으며, 그들의 추종자들은 각 분파를 형성했다.

종교 지도자들은 다르 알-이슬람(문자적으로는 '평화의 거처'라는 뜻이며 이슬람 신앙이 준수되고 이슬람법이 지배하는 지역, 즉 이슬람 세계를 의미한다) 내에서 선생, 영적 조언자, 법에 정통한 학자로서 공경을 받았다. 지도자 무리가 남성만의 집단은 아니었다. 통상적 생각과 달리 여성 지도자들이 적잖게 포함되었다. 그렇지만 이들은 그리스도교의 성직자와는 다른 존재였다. 이슬람에는 성직자가 없다. 마찬가지로 세속 세계로부터 분리된 채 자체의 조직·법·소속원·재정을 지닌 종교 기관으로서의 교회도 존재하지

---

* [원주] 쉬아Shi'a파라는 명칭은 '당파'를 의미하는 아랍어 shī'at에서 기원했으며, 예언자의 사촌이자 사위인 알리의 추종자를 뜻한다. 쉬아파는 무함마드를 계승한 첫 3명의 칼리파chaliph의 권위를 인정하기를 거부했다. 이 같은 거부는 초기 이슬람 공동체 내에서의 내전을 재촉했다. 반면 순니Sunni파는 초기 칼리파들을 인정하고 공경하되, 알리와 그의 계승자들에게 특별한 지위를 부여하지 않는다. 현재 세계적으로 순니파는 무슬림 가운데 약 90%를 차지하고 있으며, 여러 쉬아파 분파들이 나머지 약 10%를 구성한다.

않으며, 그러한 것은 상상할 수조차 없다. 이슬람 내에서 권위는 분할할 수 없으며 성과 속 사이의 분리도 없다. 반면 그리스도교적 질서에서는, 한 편에 국가·세속·사회가 존재한다면 다른 편에 그와 분리되어 교회가 있다. 그들 사이의 간극이 넓거나 좁을 수도 있고 관계도 우호와 경계를 오가지만, 양자는 항상 분리되어 있고 긴장과 갈등도 늘 잠재되어 있다.

이슬람과 그리스도교 사이의 이 같은 근본적인 차이들은 상호 간 너그러운 이해와 화합에 도움이 되는 대화를 어렵게 만들었다. 이슬람의 준엄한 일신교는 그리스도교의 삼위일체와 성육신 교리를 이해할 수 없을 뿐 아니라 불쾌해한다. 어떻게 한 하느님이 나뉠 수 있는가? 어떻게 하느님이 인간으로 변형될 수 있는가? 더욱이 『꾸란』에서 반복적으로 비난하는 다신교 혹은 우상 숭배의 일부 요소처럼 비둘기 혹은 어린양으로 바뀔 수 있는가? 그리스도교 종파들은 전통적으로 무슬림 관찰자들에게 비웃음거리였다. 그리스도교 세계 내의 교회와 국가(혹은 사회) 사이에 긴장이 존재한다면, 이슬람하에서는 그럴 수 없다. 그리고 그것은 권위와 신자 공동체의 조직 즉 정치에 대한 완전히 다른 사고방식으로 이끌었다.

무슬림에 대한
뿌리 깊은 편견

7세기 초 무함마드가 첫 계시를 받았을 때, 그리스도교는 약 2세기 동안 지중해의 초강대국이었던 로마 제국의 배타적인 신앙을 법적으로 이어가고 있었다. 이는 로마의 권위와 그리스도교 신앙이 똑같은 범주임을 의미하지는 않는다. 로마 세계 내의 그리스도교는 지역적으로 고르게 퍼져 있지도 성격이 단일하지도 않았다. 그리스도교는 로마 제국의 정치적 경계를 넘어 확대되고 있었다. 무함마드 시기에 그리스도교는 남북으로 에티오피아에서 아일랜드까지, 동서로 모로코에서 조지아까지 전파되었다. 수적으로나 문화적으로나 가장 주목할 만한 추이는 동쪽으로의 확산이었다. 그리스도교가 특히 번창했던 곳은 대략 오늘날 이라크가 위치한 메소포타미아 지역이었다. 이 지역은 고대 후기*에 또 다른 초강대국이었던 페르시아 제국의 경계 내에 속했다. 이 '동방 교회'-교회사가들이 이렇게 칭했으나 사실은 복수의 '교회들'로 표기하는 것이 좀 더 정확할 것이다-는 이미 멀리 인도와 중국에까지 선교 공동체들을 배출하고 있었다.

로마 제국 내 동부와 서부 사이에 커다란 문화적 분리가 이뤄졌다. 동부는 그리스어를 사용했고 상대적으로 더 부유했으며 더 도시화되었다. 알렉산드리아, 안티오크, 에페소스 같은 상당수 고대 대도시들과 새로이 형성된 콘스탄티노폴리스 등을 포함했으며 그리스도교가 널리 그리고 저변에까지 전파되어 있었다. 반면 서부는 라틴어를 사용했고 상대적으로 더 빈곤했으며 농촌 지역이 지배적이었다. 5세기에 서로마 제국이 붕괴하면서 계승 국가들이 형성되었는데 그 국가들은 게르만 왕의 통제하에 들어갔다. 그리스도교가 촌락의 농민들 사이로 비집고 들어가려 애쓰고 있었으나 아직은 큰 영향을 주지 못하고 있었다.

앞서 언급했던 교리 논쟁들은 일련의 공의회들에서 다뤄졌다. 451년 콘스탄티노폴리스 근방 칼케돈에서 약 600명의 주교가 참석한 인상적인 집회에서 논쟁은 절정을 이뤘다. 그러나 그곳에서

---

* '고대 후기Late Antiquity'라는 용어는 지중해는 물론 유럽 본토와 중동 지역에서 고대에서 중세로의 이행기를 설명하기 위해 등장한 개념으로 20세기 초 독일 학자 알로이스 리글Alois Riegl이 처음 사용했고, 피터 브라운Peter Brown에 의해 널리 대중화되었다. 학자마다 그 시기를 달리 상정하지만 대략 3세기에서 7세기 혹은 2세기에서 8세기 사이를 가리킨다.

결의된 정통에 대한 정의는 제국의 경계 너머에 있어 뜻대로 굴복시키기 어려웠던 동방의 교회들은 물론이거니와, 견고히 뿌리 내리긴 했어도 결정 사항을 강요받기 쉬운 위치에 있던 제국 내부의 그리스도교 분파 연합 역시 수용할 수 없는 것이었다.

이 분파들은 단성론單性論, Monophysitism이라고 알려진 예수의 성육신 교리를 따랐다. 육화된 그리스도는 단지 하나의 본성만 시니고 있었을 뿐이며, 하느님과 인간 두 종류의 본성을 지니고 있지 않았다는 주장이다. 이 책에서 상세한 신학적 설명까지 다룰 필요는 없을 것이기에 단성론자들이 아르메니아에서 시리아, 팔레스티나에서 이집트에 이르기까지 로마 제국의 동부 전역에 널리 퍼져 있었다는 점만을 언급해두자. 5세기 말부터 7세기 초까지 제국 내의 단성론자들은 콘스탄티노폴리스의 정통 교회 수장에게서 간헐적이지만 때로는 강도 높은 박해를 겪었다.

아랍인들은 언어와 문화를 공유하는 반유목적半遊牧的 부족들이었다. 그들은 로마와 페르시아 두 주요 제국 세력의 변경 지역인 시리아 사막의 가장자리를 따라 떼 지어 정착하거나 아라비아반도 내에 생활이 가능한 지역들에 널리 퍼져 있었다.* 아랍인

---

* [원주] 종종 논란이 되곤 하는 작은 문제 하나를 짚고 넘어가자면, '아라비아'라고 불린 로마 제국의 속주는 대략 요르단 계곡과 동부의 사막 사이에 있는 꽤 작은 지역으로 제한된다. 『성서』에서 성 바울이 아라비아에 체류했다(「갈라디아서」 1장 17절)고 언급했을 때 그곳이 오늘날 사우디아라비아라고 불리는 지역을 의미한 것은 아니다.

들은 두 강력한 제국의 주민들과 다양한 방식으로 교류했다. 용병으로 고용되는 길을 찾거나 시리아 또는 메소포타미아에 향료, 낙타 혹은 노예를 매매했다. 전쟁 포로로 생포되거나 추방되어 고초를 겪기도 했다.

의도했든 하지 않았든 그들 중 다수는 제국들 내에 체류한 채 스스로의 길을 모색했다. 추후 살펴보겠지만, 일부는 새로운 근거지에서 높은 지위까지 차지했다. 두 제국의 경계선에 빈틈이 많았던 탓에 다른 방향으로 이동하는 사람들도 있었다. 로마나 페르시아를 떠나 온 이주민들이 아랍인들 사이에 정착했던 것이다. 예를 들면 유대인들과 원래 거주지에서의 박해를 피해 도망친 그리스도인들이 있었다. 무함마드 시기에 다수의 유대인과 그리스도인이 아랍 지역의 공동체에서 추방되었다. 그들은 시리아 아랍인들 사이에서 그들의 신앙과 의식을 전파해 로마 세계의 일신교에 흥미를 끌게 했다. 4세기 이래로 시리아에 아랍 출신 그리스도인 공동체들이 있었다. 물론 아직 아라비아반도에는 그런 공동체가 없었다. 이 교회들은 5세기와 6세기를 거치며 꾸준히 성장했고 그들 고유의 아랍 그리스도교 문화를 발전시켰다. 무함마드는 상업상의 목적으로 시리아까지 직접 여행한 적이 있었으며『꾸란』여러 곳에서 유대교와 그리스도교 모두에 대해 잘 알고 있다는 사실을 입증했다.

두 제국의 정주민들은 아랍인들을 업신여겼으며, 정착민들은 유목민들에게 적대적인 태도를 빈번히 드러냈다. 목축업자들과 토지 경작자들, 유랑인들과 파종자들 사이의 반목은 아벨과 카인에게까지 거슬러 올라간다. 고대 세계의 마지막 위대한 라틴 역사가로 평가받는 암미아누스 마르켈리누스Ammianus Marcellinus(325/330-c. 391)는 4세기 말을 대변하는 인물이다. 그는 아랍인들이 새들처럼 가진 수단을 모두 동원해 온갖 먹이를 낚아채는 파괴적인 민족이며, 관습에서도 그들 자신과는 다른 집단이라고 생각했다. 오늘날의 의미에서 보면, 문화적으로 아랍인들을 불쾌한 타자로 정형화시키고 거리를 두었다.

그 누구도 손에 쟁기를 잡거나 나무의 과실을 재배하지 않는다. 그 누구도 토지를 경작해 식량을 얻으려 하지 않는다. 그들은 고향은 물론 고정된 거처나 법도 없이 거칠고 광활한 지대를 끊임없이 유랑한다. (…) 그들이 어찌나 멀리 떠도는지, 여자들은 혼인하고 출산하는 지역이 다를 뿐 아니라 아이들을 키우는 지역까지도 모두 제각각이다. (…) 곡식과 포도주에 전혀 익숙하지 않은 그들은 야생 동물들과 우유, 그리고 다양한 식물을 먹는다.[1]

동시대 그리스도인 작가인 히에로니무스Hieronymus는 386년에서 420년 사이 베들레헴에 장기간 거주했기에 아랍인들과 가까운 이웃이었지만, 암미아누스의 견해에 동의했다. 당시 그리스도교

권위자들은 이 독특한 민족을 어떻게 설명해야 하는지 알고 있
었다. 그 모든 내용은 『성서』에서 이스마엘에 대해 언급하고 있는
것과 같았다. 「창세기」 16장이 그의 출생과 운명을 서술하고 있
다. 이스마엘은 "들나귀 즉 난폭한 자가 될 것이다. 그는 모든 사
람과 싸울 것이고, 모든 사람 또한 그와 싸울 것이다. 그는 자기의
모든 친족과 대결하며 살아가게 될 것이다."

무함마드와 동시대를 살았던 세비야의 이시도르Isidore of Seville(c.
560~636)는 고대 후기의 인물 중 가장 박학다식했다. 그는 직접 백
과사전을 집필했는데, 그리스도인들이 합의에 이르렀던 의견을
다음과 같이 요약했다.

> 사라센인들은 사막에 산다. 「창세기」에 언급되었듯이, 그들은 아브라
> 함의 아들 이스마엘로부터 유래했기에 이스마엘의 후손으로 불린다.
> 그들은 아브라함의 여종이자 이스마엘의 어미 하갈에서 유래했기에
> 하갈의 후손Hagarenes*으로도 불린다. 언급했듯이 그들은 아브라함의
> 합법적인 부인인 사래의 후손이라고 거짓으로 떠벌리기 때문에 사악
> 하게도 스스로를 사라센인**이라고 부른다.[2]

이처럼 아랍인들은 부정不淨한 혈통으로 인해, 또는 문명화된
세계의 속성이 아니라 호소할 수 없는 유목민의 관습들과 요즘
회자되는 그들의 민족성 등으로 인해 인류의 적으로 주변화되었

다. 『성서』 역시 이를 재가하는 듯했다. 『성서』에서 "아랍인들은 영원히 따돌림받는 국외자가 될 것"이라고 하느님 자신이 직접 선언했기 때문이다.

이들은 위험하고 호감이 가지 않는 민족이지만, 적당한 거리를 유지하는 한 유용한 존재이기도 했다. 비잔티움(동로마)*** 제국 정부는 그리스도교 종족 연합 세력 중에 아랍 가산족Ghassān: '가산' 으로 불리는 조상의 이름에서 유래한 종족으로 하여금 일종의 완충국을 건립하게 했는데, 그들의 활동 공간은 유프라테스강에서 시나이반도까지 동쪽 경계를 따라 펼쳐져 있었다. 이주 세력에게 보조금, 공인, 치장품 등의 보상을 제공했기에 가산족은 6세기에 경계 지역을 잘 방어했다. 그렇지만 그 무렵 원인이 분명치 않은 갈등이 일어 났다. 아마도 가산족이 지나치게 독립적이어서 문제가 있다고 지적된 듯하다. 콘스탄티노폴리스에 있는 관료들은 긴축 정책을 추진했으며, 어떤 이유 때문인지 가산족 보조금도 폐지되었다. 그로 인해 감정이 격앙되고 관계도 악화되었다. 동쪽 경계는 견고하

---

* '하갈의 후손'이라는 표현은 시리아와 그리스, 아르메니아 문서들에서 초기 아랍 정복자들을 지칭하는 데 사용한 용어로 특히 비잔티움의 연대기들이 '무슬림'과 거의 같은 의미로 사용했던 단어다.

** 사라센이란 그리스어 '사라케노이Saracēnoi', 라틴어 '사라케니Saraceni'에서 유래한 단어인데 '동쪽의 사람' 혹은 '사막의 아들'이라는 의미로 쓰였다고 추정된다. 이 용어가 중세에 무슬림을 지칭하는 부정적 어조의 단어로 굳어졌다.

*** 원서에는 '동로마 제국'으로 되어 있으나 서로마 제국의 멸망(476) 이후 시기는 학계의 의견을 반영해 '비잔티움 제국'으로 옮긴다.

지 못해 페르시아 같은 로마 제국의 전통적인 적들에게도 취약했
다. 두 세력은 603년에서 629년까지 장기간에 걸쳐 동원할 수 있
는 자원이 고갈될 때까지 싸웠다. 가산족과의 불화가 초래한 또
다른 결과는 정치적 첩보 활동의 중단이었다. 가산족은 제국 정
부에 아랍 세계의 동향에 대해 충분한 정보를 제공하고 있었다.
그러나 7세기 초 그들과의 관계가 전적으로 단절되었기에 콘스탄
티노폴리스는 멀리 메카와 메디나가 있는 남쪽에서 무슨 일이 벌
어지고 있는지 파악할 수 없었다.

예언자 무함마드와
이슬람의 팽창

초기 이슬람에 대한 권위 있는 설명에 따르면, 무함마드는 610년 부터 『꾸란』에 수록된 신적 계시를 받았다. 612년경에는 메카에서 사람들에게 설교를 시작했다. 그러다 반대 세력의 박해로 622년에 메디나로 피신했다. 이슬람력에서는 후에 이를 '이주'라는 의미의 용어 '히즈라Hijrah'(아랍어) 또는 '헤지라Hegira'(영어)로 표현하며 원년으로 삼았다. 무함마드는 안사르족Ansār: 헤지라 이후 메디나에서 무함마드와 이슬람을 지지한 집단 혹은 무함마드 지지자들인 메디나 연합세력*에 의해 전쟁에서 승리를 거두었으며, 630년에는 메카인

---

* 헤지라 때 무함마드와 행동을 같이한 이슬람교 집단은 무하지룬Muhajirun이었는데, 메디나의 이슬람 세력은 무하지룬과 안사르 두 집단의 연합체였다.

들을 정복할 수 있었다.

무함마드가 사망할 무렵 ─ 전통적으로 632년 사망한 것으로 간주한다 ─ 아라비아반도 서쪽에 거주하던 대부분의 아랍인은 예언자의 지도력에 복속되었고, 움마umma라는 신자들의 공동체에 통합되었다. 이 공동체는 이슬람, 즉 알라**의 의지에 대한 복종 이념에 고무된 집단이었다. 이 같은 전통적인 설명은 사료 때문에 많은 어려움에 직면한다. 예언자의 일생과 신앙에 대해 신뢰할 만한 자료는 거의 남아 있지 않다. 객관적으로 평가한다면, 무함마드 스스로 '하나의 새로운 종교를 개창하려는 의도'는 없었다고 보는 것이 합리적이다. 아마도 그에게 이러한 시도는 의미를 지니기 어려웠을 것이다. 유일한 진정한 절대자는 이미 아브라함, 모세 혹은 예수 등 앞선 예언자들에게 스스로를 부분적으로 계시해 그들이 전통적인 다신교와 우상 숭배에 빠지는 것을 단념시키려 했다. 무함마드는 아라비아반도의 아랍인들에게 하느님의 계시를 완전히 전달할 사자使者, Messenger로 재차 선택된 것이었다. 이 사자는 본질적으로 기존의 가르침을 상기시키는 인물이었다.

(…) 그것이 하느님의 교훈이기 때문이라.
그러므로 원하는 자에게 그로 하여금 교훈을 간직하도록 하라.

** 저자는 이곳과 32쪽 이슬람교를 설명하는 부분에서만 절대자를 '알라'로 표기하고 있다.

그것은 명예롭게 기록되어 있으며, 순결하고 성스럽게 그리고 명예스 럽게 서기들의 손들에 의해 기록되나니.[3]

— 『꾸란』 80장 11-15절

사자는 사람들에게 임박한 크고 두려운 하느님의 심판을 명심 시켜야 했다.

우리에게 결코 종말이 아니 오리라고 말하는 불신자들에게 일러 가 로되 그렇지 아니하리라. 주님을 두고 맹세하매 그것은 너희에게 다가 오고 있노라. 그분은 보이지 않는 것을 알고 계신 분으로 하늘과 대지 속에 있는 아주 작은 미아도 그보다 더 작은 것도 또한 큰 것도 그분 을 피할 수 없으니 모든 것이 분명한 『성서』 속에 기록되어 있노라.[4]

— 『꾸란』 34장 3절

무슬림이라는 단어가 의미하듯 복종하는 사람들에게는 생활 에서 새로운 신조에 따를 것이 요구되었다. 그들은 '이슬람의 다 섯 기둥'이라고 불리는 기본 계율을 준수해야만 했다. 그것은 알 라에게 신앙 고백, 매일 5회 기도, 라마단(태음력 9번째 달)에 금식, 가난한 자 돌보기, 메카 순례 등을 관련 의식과 더불어 수행하는 것이다. 그 외에도 포도주 금지 같은 규범들이 있는데, 이는 신자들 로 하여금 바른 생활을 영위토록 하려는 추가적인 요구 사항이다.

아랍인들의 전통 윤리 중 많은 것은 새로운 신앙 체제 아래에서 보전되었다. 예를 들면 결혼 풍습, 메카에 있는 카바 신전에서의 예배, 나그네에 대한 환대 의무 등을 들 수 있다. 의미심장한 새로운 시도도 있었다. 무함마드는 평화를 촉구했다. 움마는 부족보다 큰 공동체였으나, 친족에 대한 충성에 우선하는 충성을 요구했다. 그로 인해 무슬림은 다른 무슬림과 싸우는 것이 결코 허용되지 않았으며, 이슬람 이전 아랍 세계에서 일상적으로 벌어지던 침입이나 복수로 인해 부족들 사이 부단한 폭력이 난무하던 과거로 되돌아갈 수도 없었다.

그 대신 무슬림이라면 *지하드*jihād를 실천해야 했다. 이 용어의 의미는 대개 오역되고 있는데, 불신자들에게 이슬람의 길을 확신시키기 위해 '노력'하거나 투쟁하는 것을 의미했다. 그 같은 노력은 응당 평화롭게 진행되어야 하며, 모본이 되는 경건한 삶을 살고 가르치고 설득하는 내용으로 구성되었다. 그렇지만 불신자들이 완고하다는 사실이 확인되면 강제적이거나 폭력적일 수도 있었다.

무함마드의 사후—그보다 앞선 시기였을 수도 있다—무슬림 군대는 지중해 동쪽에 접한 부락들에 대한 군사 행동을 시작했다. 어떤 관점에서는 이를 전통적으로 아랍 부족이 다른 부족에게 가하던 침략 행위의 일종으로 볼 수 있다. 다만 이제 움마의 법전에 따라 같은 무슬림에 대해서는 그 같은 행위가 금지되어 불가피하게 공격이 외부자들을 향하게 되었던 것이다. 다른 한편으로 학자들 사이에 좀 더 논란이 되는 시각은 그 군사 행동의 동기가 모든 아랍인을 움마로 통합하고 그 공동체를 거룩한 도시 예루살렘에 세운 후에 거기에서 임박한 세상의 종말을 기다리려는 욕망이었다고 보는 견해다.

우선하는 동기가 무엇이었든 그에 뒤따른 사건들은 잘 알려져 있고, 관련 기록도 충분히 남아 있다. 예언자가 사망하고 20년이 채 지나지 않아 무슬림은 로마 제국의 큰 부분을 차지했으며, 페르시아 제국 전체를 정복했다. 중동의 지도는 그 이전과 완전히 달라졌다. 그 상황을 간략히 요약하면 무슬림들은 시리아와 팔레스티나에서 빈번하게 전투를 벌인 후 635년 다마스쿠스를 함락시키는 데 성공했다. 그다음 해에 그들은 야르무크Yarmuk강 전투에서 비잔티움 제국의 지원군relief army을 결정적으로 격퇴했다. 이 승리로 시리아와 팔레스티나 전체가 사실상 그들의 무력에 의해 제압되었다.

638년에는 예루살렘, 640년에는 카이사레아(가이사랴)가 그들에게 항복했다. 그사이 637년에 제국의 수도 크테시폰Ktēsiphon에 대한 무슬림의 압도적인 승리와 뒤이은 공략 이후 동쪽의 페르시아 제국으로의 진출도 성공을 거두었다. 사산 왕조의 마지막 페르시아 황제는 카스피해를 넘어 북동부로 후퇴했다. 그는 651년에 사망할 때까지 거기서 소극적인 방어 작전을 지휘했을 뿐이다.

무슬림 군대는 639년 말에 막대한 부를 소유한 이집트 지역으로 시선을 돌렸다. 그들은 기습 공격과 후속 전투에서의 승리, 주요 도시의 점령이라는 같은 방식을 반복했다. 비잔티움 군대는 640년에 전장에서 격퇴되었고 642년에는 알렉산드리아가 함락되었다. 이 도시의 함락으로 6세기 반에 걸친 로마 제국의 지배도 종식되었다. 이슬람 군대가 서쪽으로 계속 진군한 결과 643년에는 트리폴리도 무너졌다. 그 이후 서쪽으로의 팽창은 상당히 늦춰졌고 힘이 훨씬 들었다. 한편으로는 무슬림들이 지배층 내에서 순니파와 쉬아파로 분열함으로써 약화되었기 때문이고, 다른 한편으로는 마그레브Maghreb*에서 토착민인 베르베르족으로부터 단호한 저항에 직면했기 때문이다.

무슬림들은 670년에 튀니지의 카이루안Kairouan에 새로운 요새를 구축했다. 그곳에 기반을 두고 서쪽으로 정기적으로 군대를 파견해 공격을 진행했다. 이 원정은 장기간에 걸친 대규모 군사 행동이었다. 아랍인들은 이런 시도를 하던 중 681년에 모로코 해안을 관통했다. 그들의 지도자가 귀환하던 길에 매복하고 있던 베르베르인들에게 목숨을 잃기는 했지만, 처음으로 대서양 바다를 보게 된 그들은 눈이 휘둥그레졌다. 마지막으로 중요한 제국의 거점 카르타고는 698년 새로 이주한 정복자들에 의해 함락되었

---

* 리비아, 튀니지, 알제리 등 현재의 북서 아프리카 일대를 지칭한다. 이 용어는 아랍어로 '서방西方'을 뜻하는데, 당시 이슬람 세계의 서쪽 끝을 가리켰다.

다. 효율적이었던 로마 제국 권력의 모든 자취는 이제 북아프리카의 영토에서 추방되었다.

그다음은 유럽의 차례였다. 지브롤터해협을 가로질러 전개된 공격은 8세기 초부터 시작되었으며, 711년에는 에스파냐에 대한 전면적인 군사 공격이 있었다. 분명하게 확인되지 않는 장소에서 이뤄진 결정적인 전투에서 에스파냐 국왕 로드리고Rodrigo(688-711/712)*는 패배한 후 살해당했다. 왕국의 수도 톨레도도 곧이어 점령당했다. 718년에 이베리아반도 전체는 새로운 주인의 손에 들어갔다. 그 시기에 동부의 무슬림 군대는 비잔티움 제국의 수도 콘스탄티노폴리스를 포위 공격했다. 이슬람은 에스파냐의 정복 후 얼마 지나지 않아 피레네산맥 너머 프랑스 골 지역 남부로 기습 부대를 파견하기 시작했다. 이 정복의 기세는 어디에서 제지될 수 있을 것인가?

이슬람의 정복 속도, 특히 초창기인 630년대와 640년대의 정복은 역사가들을 늘 깜짝 놀라게 할 뿐 아니라 당혹스럽게 했다. 비잔티움과 페르시아 두 제국 모두 전쟁으로 피폐해졌고 재정이 고갈되었다. 지중해 세계는 6세기 중엽 선페스트腺pest의 발병으로 인구가 감소했고 장기간에 걸쳐 경기가 후퇴함으로써 전체적

---

* 이베리아반도를 다스리던 서고트 왕국의 마지막 왕이었다. '에스파냐 국왕'이라는 표현은 부정확한 용어다.

으로 쇠약해졌다. 아랍인들은 재능 있는 지휘관, 사막에 단련된 병사들, 억누를 수 없는 패기, 서서히 진행되는 전투에 익숙한 적들 앞에서 더없이 요긴한 기동성이라는 자산을 갖추고 있었다. 아랍의 무슬림 군대는 비잔티움과 페르시아 사이의 오랜 갈등으로 인해 극심한 파괴를 경험했던 시리아와 팔레스티나의 지방 주민들에게 가산족의 계승자로 간주되었다. 가산족은 황제와의 조약에 의해 그들의 보호자가 되었기 때문에 타협하는 데 신중했었다. 한편 박해받던 시리아와 이집트의 단성론 그리스도인에게는 무슬림이 해방자로 생각되었다. 이는 박해받던 에스파냐의 유대인들에게도 마찬가지였다.

이슬람에 대한
그리스도인의 반응

이 요인들과 더불어 다른 요인들도 추가될 수 있다. 그렇지만 이슬람의 초기 팽창에 대해 현대인을 만족시켜주는 설명을 추출해내기는 어렵다. 한편 당대인들은 덜 당황스러워했다. 638년 무슬림에게 도시를 양도하는 사안을 두고 협상을 벌였던 예루살렘의 총대주교 소프로니오스Sophronios는 그들의 팔레스티나 침입을 그리스도인들의 죄에 대한 하느님의 심판이라고 설명했다. 무슬림이 하느님의 분노의 도구라는 관념은 그 후에도 오랫동안 이어졌다. 무함마드가 살인자이고 그의 추종자들은 구제 불능의 폭력적 존재라는 묘사도 마찬가지였다. 이 같은 내용은 예루살렘이 항복할 무렵 팔레스티나에서 쓰인 것으로 추정되는 반유대적 성격의 그리스도교적 대화체 논고 『새 세례를 받은 야곱의 가르침Doctrina

Jacobi nuper baptizati』에 처음 등장한다. 글 한 부분에서 화자 중 한 사람인 팔레스티나 유대인 아브라함은 다음과 같이 말한다.

사라센족 중에 한 거짓 예언자가 나타났다. (…) 그들은 그 예언자가 사라센족과 더불어 등장했으며 장차 오실 기름 부음을 받을 자의 강림을 선포하고 있다고 말한다. 나 아브라함은 이 사안에 대해 『성서』에 매우 정통한 한 노인에게 자문을 구했다. 나는 그에게 물었다. "선생이시여, 사라센족 중에 나타난 그 예언자에 대해 당신은 어떤 견해를 갖고 있습니까?"

그는 크게 고심하며 대답했다.

"그 예언자는 대단한 허풍쟁입니다. 그가 칼을 지니고 전차戰車를 타고 다닙니까? 오늘날 이 같은 일이 발생한 것은 혼란의 결과입니다. (…) 아브라함이여, 당신이 나서서 출현한 그 예언자에 대해 파악해주시오."

그리하여 나 아브라함은 조사를 진행했으며 그를 만난 사람들에게도 이야기를 들었다. 그들은 다음과 같은 내용을 전해주었다.

"자칭 그 예언자에게서 진리는 찾아볼 수 없고 단지 살육뿐입니다. 믿기 어렵지만, 그럼에도 불구하고 그는 천국의 열쇠들을 갖고 있다고 말합니다."[5]

여기서도 주목할 점은 이슬람을 성서적 관점(기름 부음, 열쇠들

등)에서 해석하는 경향이다. 그리고 그 예언자가 거짓이며 정통 그리스도교에서 벗어난 자로 판단한다는 사실이다. 이시도르와 후대의 다른 저자들도 이슬람은 이스마엘의 후손이라고 설명했으며 그로 인해 무함마드를 그리스도교의 이단으로 이해했다.

이슬람이 출현하던 시기에 로마 세계 내 그리스도교 사회의 지적 활동은 거의 전적으로 『성서』와 그것의 주해사들에게 집중되어 있었다. 앞선 3세기에 걸쳐 고대의 세속적 지식은 성직자에 의해 특징지어진 그리스도교 세계의 지배 문화와 학문의 요지syllabus에 의해 조금씩 밀려났다. 이것이 이슬람에 대한 그리스도교의 반응을 결정적으로 제약했다. 당대인은 엄밀한 의미에서 이슬람이 '하나의 새로운 종교'일 수 있다는 관념을 상상조차 할 수 없었으며, 당연히 수용할 수도 없었다. 오늘날 현대인들은 인간 사회에 여러 다양한 종교가 있다는 사실을 당연하게 생각한다. 하지만 사람들은 복수의 종교 관념에 익숙해진 후에야 비로소 '하나의 새로운 종교'라는 생각을 품을 수 있다. 이시도르와 소프로니오스의 시대는 그것이 그리 익숙하지 않았던 것이다. 그 후로 여러 세기가 경과하고 나서야 그리스도교 세계의 시야에 최초로 복수의 종교에 대한 관념이 흐릿하게 출현했다(4부 참고). 그 이전까지 믿음의 확신은 압도적이었으며 순전했다. 그리스도교라는 유일한 신앙이 있을 뿐이었다.

물론 가시적으로 그리스도인이 아닌 혹은 아직 그리스도교를 믿지 않는 민족들이 있었다. 그렇지만 그들의 존재가 종교에 대한 이해에 있어서 의심을 유발하지 않았다. 유대인들은 신앙을 제안받았으나 거부했으며, 이 거부에 대한 가공할 죄악 때문에 언젠가 대가를 치르게 될 것이었다. 여전히 봄과 수목들을 숭배하는 이교도들은 페르시아의 조로아스터교도로부터 지중해 배후지의 농민들에 이르기까지 곳곳에 퍼져 있었다. 하지만 하느님의 말씀인 『성서』는 이 모든 사람이 언젠가 그리스도교의 울타리 안으로 모이게 될 것이라고 분명히 선언한다. 그렇다면 누가 거기에서 낙오될 것인가? 정통 그리스도교에서 이탈한 자들 즉 고의로 스스로의 길을 가겠다고 선택한 이단자들임이 명백했다(이단을 지칭하는 그리스어 heresis의 본원적 의미는 '선택'이다).

무함마드와 그의 분파는 단성론자나 그 외 다른 사람들처럼 결정적인 교리 문제에서 길을 잃은 종교적 이탈자의 또 다른 물결이라고 그럴듯하게 설명되었다. (삼위일체 논쟁이 451년 칼케돈 신조로 이미 종식되었다는 주장은 오로지 후대의 관점에서만 제기될 수 있음을 기억하자.) 무슬림들이 믿거나 행동하는 것 가운데 많은 부분은 그리스도인들에게 친숙했다. 그들은 유일신을 믿었고 아브라함, 이삭, 야곱, 모세, 엘리야, 다윗, 솔로몬 등 구약의 족장들, 예언자들, 왕들을 경외했다. 『꾸란』의 한 장(19장 수라트 마르얌)이 동정녀 마리아에 대한 찬미로 채워져 있는 점에서 확인할 수 있듯이 그들은 그녀를 공경했다. 『꾸란』에는 예수와 그의 가르침에 대해 존중하는 내용이 반복적으로 등장한다. 그리스도인들과 마찬가지로 그들은 기도와 금식을 거행했으며 자선을 베풀었고 순례를 떠났다. 그렇지만 무슬림들은 삼위일체는 물론이고 예수가 하느님이 육신을 입고 이 땅에 오신 분이며 사망 후 부활했다는 사실을 모두 부정했다. 따라서 그들의 경전은 『성서』를 패러디한 것이고 그들은 사이비 예언자를 찬미했으며 그리스도인들과 전쟁을 벌여 그리스도인의 성지를 차지한 것으로 이해되었다.

이슬람 현상에 대한 이 같은 초기 반응들은 그리스도교 세계의 가장 먼 지역까지 전달되었다. 잉글랜드 수도사 베다Beda (672/673–735)는 성서학자이며 잉글랜드에 그리스도교의 전파 과정을 서술한 역사가로서 활동하다가 735년에 노섬브리아의 재로우Jarrow 수도원에서 사망했다. 당대 성직자 중 베다보다 무슬림의 중심부에서 멀리 떨어져 있는 사람은 거의 없었다. 그렇지만 베다는 무슬림에 대한 지식이 필요하다는 점을 알고 있었다. 그는 716년에 완성한 한 『성서』 주석에서 그들을 '교회의 적'이라고 서술했다. 그로부터 4년 후 베다는 「창세기」 16장에 등장하는 이스마엘에 대한 주석에서 무슬림에 대한 성 히에로니무스의 글을 인용하고 나서 다음과 같이 언급했다.

그러나 "그는 모든 사람과 싸울 것이고, 모든 사람 또한 그와 싸울 것이다"라고 언급되었듯이, 그들은 이제 아프리카 전역을 통치하며 억

압하는 상황에 이르렀으며 모두에게 적대적이며 미움을 사고 있다. 그들은 아시아에서 그보다도 큰 부분을 통제하에 두고 있으며, 유럽의 일부분도 이미 장악했다.[6]

베다는 731년에 완성한 『교회사』에서 갈리아 남부를 황폐화시키고 있던 '사라센의 가공할 재앙'에 주목했다.[7] 일부 잉글랜드인의 생활은 이슬람 세력의 진출에 따라 직접 영향을 받았다. 거의 동시대에 게르마니아 지역에 파견된 위대한 잉글랜드 선교사 보니파키우스는 고향 잉글랜드에 있는 한 동료 수녀에게 "근래 계속되고 있는 사라센의 공격과 위협으로 인한 소동" 때문에 로마 순례 계획을 연기하는 것이 좋겠다고 조언하는 편지를 썼다.[8]

그리스도교에 대한
이슬람의 이해

이슬람에 대한 그리스도인의 초기 반응은 적의로 가득한 『성서』 해석과 신학적 정통 논쟁의 틀 내에서 설명하려는 시도들로 이뤄졌다. 반면 그리스도교 세계에 대한 이슬람의 초기 반응을 판단하는 것은 한층 어렵다. 살펴보았듯이 이슬람 이전 아랍인들은 서아시아와 지중해 세계에서 주요 단성론적 종교인 유대교와 그리스도교 모두를 잘 알고 있었다.

일부 역사가들은 근대 아프리카의 개종 과정을 관찰해 추출한 인류학적 모델을 근거로 고대 말 아랍인들의 물질과 도덕 문화에서의 변화들이 다신교에서 일신교로의 전환을 준비시켰을 수 있다고 추정했다. 이러한 주장이 제기될 수는 있지만, 증거가 빈약하여 규명될 수는 없다. 상당수의 시리아 아랍인들은 무함마드

시대 이전에 이미 일신교인 그리스도교로 전환했다. 이러한 맥락에서 느슨하지만, 조심스럽게 하나의 정치 질서로 불릴 수 있는 것에 대한 의문들이 제기된다.

　종교적 충성에는 단순한 종파적 소속에 대한 확신 그 이상이 걸려 있다. 일련의 선택들은 일종의 끈처럼 연속으로 이어져 있다. 절대자에 대한 초월적인 신앙을 받아들이는 일은 어떤 의미에서는 지배적인 문화를 인정하고 그에 복종하는 것이었다. 600년경의 그리스도교 신앙은 비잔티움 제국의 질서 및 권위와 긴밀하게 결속되어 있었다. 이슬람은 아랍인들에게 그들의 언어로 기록된 경전을 근거로 그들의 본토에 성지를 두고 그들의 방식으로 예배하고 신앙생활을 영위하는 고유한 일신교를 제시했다.

　『꾸란』은 무슬림들에게 아흘 알-키타브Ahl al-Kitab, 즉 '성서의 백성'인 유대인들과 그리스도인들을 존중할 것을 요구한다.

'성서의 백성'을 인도함에 가장 좋은 방법으로 인도하되 논쟁하지 말라. 그러나 그들 중에 사악함으로 대적하는 자가 있다면 일러 가로되 우리는 우리에게 계시된 것과 너희에게 계시된 것을 믿노라. 우리의 하느님과 너희의 하느님은 같은 하느님이시니 우리는 그분께 순종함이라.[9]

　　　　　　　　　　　　　　　　　　　—『꾸란』29장 46절

가장 이른 시기에 기록된 무함마드 전기는 바히라Bahira라는 한 그리스도인 수도사가 청년 무함마드의 예언자 신분을 인정하는 이야기를 담고 있다. 이처럼 이슬람의 기록 전승에는 그리스도교에 대한 진심이 깊이 배어 있다. 물론 실제로 이런 존중이 항상 유지된 것은 아니다. 가령 총대주교 소프로니오스는 무슬림의 팔레스타인 침입으로 많은 교회와 수도원이 파괴된 일에 대해 한탄했다. 전쟁 중에는 그런 일이 일어나기 마련이었다. 그러나 남아 있는 항복 조약문을 보면 이슬람 지휘부가 『꾸란』의 계율을 준수하려 노력했음을 알 수 있다. 그리스도인과 유대인에게도 그들의 종교 의식을 자유롭게 거행하는 것이 허용되었다. 단, 여기에는 한 가지 조건이 있었다. 이러한 아흐 앗-딤마ahl ad-dhimmah, 즉 '보호민(보호 아래 있는 자들)'은 매년 인두세poll tax를 내야 했다. 또한 신원 확인이 필요해 그들은 주나르zunnar라고 불리는 띠를 두르도록 요구받았다. 그들은 새로운 회당이나 교회를 건축할 수 없었고 종을 치거나 모임에서 함께 찬송가를 부르는 행위 등 눈에 띄는 종교 의식을 거행할 수 없었으며, 군사 장비의 소유 또한 허용되지 않았다. 보호민 남성dhimmi과 무슬림 여성이 성관계를 갖는 것도 금지되었다. 이슬람에 대한 무례한 행위나 무슬림을 타 종교로 개종시키려는 시도도 마찬가지였다.

이슬람의 지배를 받은
그리스도인들

이슬람 지도부가 정복한 지역의 그리스도인 주민들을 우대했던 가장 결정적이며 실제적인 이유가 있었다. 정복자보다 피정복민이 압도적으로 많았을 뿐 아니라 그리스도인만이 통치에 필요한 행정적인 전문성을 갖추고 있었기 때문이다. 아랍인들이 행정에 대해 거의 알지 못했으며, 무심결에 비잔티움 제국 동부로 넘어오고 나서야 비로소 상당히 정교한 제도를 갖춘 세계를 접하게 되었음을 기억해야 한다. 제국의 상부 구조는 세금 제도, 관료제, 기록 문화에 의존했다. 무슬림 정복자들은 그들이 발견한 이같은 체제를 바꾸려 하지 않았다. 달리 대안이 없었다. 그들에게는 인력도 기술도 충분하지 않았으며 세금 수입도 필요했다. 그러므로 정복한 지역을 과거와 같은 방식으로 운영하는 것은 당연

한 처사였다. 단지 지배자만 바뀌었을 뿐이다. 초기 이슬람 칼리
파(아랍어 khalīfa는 예언자의 뒤를 이어받은 '계승자'라는 의미다)는
661년에서 750년 사이 다마스쿠스에 본거지를 두고 있었는데 제
도적인 관점에서 보면 로마 제국의 계승 국가였다.

이와 관련한 생생한 서술은 723년에 성지를 찾은 일단의 잉글
랜드 순례자들이 여행과 고난에 대해 남긴 기록에서 찾아볼 수
있다. 순례단의 지도자는 빌리발트Willibald(700?-787?)로서 웨섹스의
앵글로색슨 왕국 출신이었다. 훗날 독일 아이히슈테트의 주교가
된 그는 여러 해 지나 말년에 이르렀을 때, 과거 경험에 대한 회고
록을 구술해서 받아쓰게 했다. 키프로스에서 배를 타고 바다를
건너 시리아에 도착한 순례자 일행이 첩자로 간주되어 체포되고
투옥된 일화에 관해 빌리발트의 회고담을 직접 들어보자.

그들이 감옥에서 기력이 떨어져 차츰 쇠약해가던 무렵이었다. 에스
파냐에서 온 한 사람이 찾아와 감옥 안에서 그들과 이야기를 나누
었고, 조심스레 그들이 속한 나라와 고향에 관해 물었다. (…) 이 에스
파냐인은 사라센의 국왕* 궁전에서 고관으로 일하는 형제를 두고 있
었다. 얼마 후 법정이 열리고 그들을 감옥에 투옥하도록 결정한 통치
자가 그곳에 등장했을 때, 그들과 감옥에서 대화를 나눈 에스파냐인

---

* 칼리파를 의미하지만, 이 자료에는 왕으로 표현한다.

과 키프로스로부터 항해를 이끌었던 선박의 선장까지 모두 사라센 국왕의 면전에 모습을 보였다. 왕의 이름은 에미르 알-뭄메닌Emir al-Mummenin('Amir al-Mu'minīn'으로 추정되며, 이는 '신자들의 사령관'이라는 의미의 칼리파 칭호였다)이었다. 그 에스파냐인은 그가 그들에 대해 알게 된 모든 것을 자신의 형제에게 이미 다 이야기했다. 그리고 그들을 돕기 원했기에 그의 형제에게 그 모든 정보를 왕에게도 전해줄 것을 요청했다. 결국 그 사안을 판결하기 위해 이 세 사람 모두가 국왕 앞에서 자초지종을 자세히 보고했다. 그 후 국왕은 그들이 어디서 온 자들이냐고 물었다. 신하들은 답했다. "이 사람들은 해가 지는 서쪽에서 왔습니다. 우리가 그들의 나라에 대해 알고 있는 것은 그 너머에는 바다 말고는 아무것도 없다는 사실뿐입니다." 그러자 왕은 그들에게 말했다. "그들이 우리에게 아무런 해도 끼친 것이 없는데, 왜 우리가 그들을 처벌하오? 그들에게 자신의 길을 가도록 허용하시오."[10]

이 작은 일화에서 이 책의 주제와 관련해 흥미를 끄는 사실은 에스파냐 정복 이후 5년이 채 지나기도 전에 그리스도인으로 추측되는 한 에스파냐 출신 인물이 지중해 반대편 칼리파가 통치하는 중앙 정부에서 책임 있는 고관의 지위에 올랐다는 점이다. 이는 누구에게나 호기심을 불러일으킬 만한 사례다. 이슬람 국가의 통치자는 그와 같이 역량 있는 관료들을 필요로 했다.

다행히 그러한 관료들의 가족사 중 일부를 추적하는 것이 가능하다. 만수르Mansur라는 인물은 610년에서 641년 사이에 통치했던 비잔티움 황제 이라클리오스 시대에 다마스쿠스에 거주하며 시리아 지방의 세금을 관리했다. 그의 이름은 아랍어로 '승리를 거둔다'는 의미였다. 만수르는 명백히 제국 내에 정착한 그리스도인 아랍 공동체 중 하나에 속했다. 그는 비잔티움 제국 내의 공직 중에서 최상위급에 속하는 중대한 업무를 맡고 있던 고관이었다. 그에게는 세르기오스Sergios라는 아들이 하나 있었는데, 그도 재무 관리로서 아버지의 뒤를 따랐다.

그러나 세르기오스가 섬기는 주군은 콘스탄티노폴리스에 있는 그리스도인 황제가 아니라 고향 다마스쿠스에 있는 무슬림 칼리파였다. 살펴보았듯이 이 도시는 635년에 이슬람의 수중에 넘어가고 말았다. 세르기오스도 아들을 하나 얻어 할아버지와 같은 만수르라는 이름을 붙여주었는데, 그 역시 가족의 전통을 따라 공직에 진출했다. 그런데 이 지점에서 단절이 발생했다.

청년 만수르가 종교적 소명을 발견한 후 세속적인 생활과 성공적인 경력을 포기하고 수도사가 되기 위해 5세기에 예루살렘과 사해 사이의 황무지에 건설되어 현재까지도 옛 전통과 영광을 간직하고 있는 유명 수도원 성 사바St. Saba*에 들어간 것이다. 요한이라는 새로운 이름을 받은 그가 바로 교회학자Doctors of the Church 중

---

* 현재 명칭은 마르 사바Mar Saba이며 오늘날에는 동방정교회 수도원에 속한다.

한 사람으로 명성을 얻게 된 다마스쿠스의 요한John of Damascus이
다. (빌리발트와 동료들은 석방된 후 성지를 방문하는 길에 성 사바 수
도원을 방문했는데, 그때가 요한이 입소한 지 몇 년이 지난 후였으므로
두 인물이 서로 만났을 가능성도 있다.)

　요한은 신학 저술, 설교, 주해서, 찬송가 등을 다수 남겼다. (그
가 작사한 찬송 중 일부는 영어권에서 닐J. M. Neale의 번역으로 여전히
불리고 있다.) 또한 이슬람에 대해 어느 정도 체계적으로 서술한
최초의 그리스도교 작가였다. 시기는 불분명하지만, 그는 『한 사
라센인과 그리스도인의 대화』(이하 『대화』)를 집필했다. 생애 말년
인 745년경 신학적 이설異說들에 대한 일종의 백과사전이라 할 수
있는 『이단론On Heresis』을 편찬했는데, 이 책에는 '이스마엘 후손들
의 미신 행위'라는 주제도 포함되어 있다.

　『대화』는 한 무슬림이 그리스도인에게 그리스도의 본성, 창조,
자유의지 등에 대해 곤란한 질문들을 던지는 가상의 상황을 설
정한다. 그리스도인이 제기된 질문들을 능수능란하게 받아넘기
자 "그 사라센인이 크게 놀라고 당황해 더는 해야 할 말을 찾지
못하고 제 길을 갔다"는 것이 책의 결말이다.[1] 어떤 상황에서 실
용적 용도로 사용되었을지 상상하기 어렵지만, 『대화』는 일종의
논쟁 교과서였다.

　이스마엘 후손의 미신 행위에 대한 『이단론』의 서술은 더욱 흥
미롭다. 그리스도교의 반이슬람 논쟁에서 반복적으로 등장하게

될 일부 논제들의 배아가 포함되어 있기 때문이다. 여기에서 요한은 이스마엘 후손의 성서적 기원에 관해 설명한다. 이어서 무함마드를 구약과 신약의 가르침은 물론 한 이단적 그리스도교 수도사(즉, 바히라)의 격언 일부까지 도용한 거짓 예언자로 깎아내렸다. 그에 따르면, 무함마드는 '몇몇 우스꽝스러운 이야기'를 쓰고서 이를 하늘로부터 전해 받은 이야기라고 주장했을 뿐이었다.[12]

요한은 또한 몇몇 이슬람 교리 혹은 의식에 대해 비하하고 무함마느에 대한 독설을 늘어놓았다. 주목할 만한 사실은 그가 이처럼 이스마엘 후손의 신앙을 조롱하면서 상당 분량의 『꾸란』을 선별적으로 인용했다는 점이다. 이는 그가 성 사바 수도원에서 집필하던 당시 『꾸란』 전체 혹은 적어도 발췌본을 접했음을 의미한다. 그가 어떻게 『꾸란』에 접근할 수 있었는지 알 수 있다면 분명 더 흥미로울 것이다.

다마스쿠스의 요한의 가족사는 어렴풋이나마 새로이 정착한 무슬림에 대한 그리스도인의 반응을 살펴볼 수 있는 유용한 몇몇 단초를 제공한다. 아랍 인종 출신으로 고위 공직을 맡았던 이들 삼대는 콘스탄티노폴리스의 황제와 다마스쿠스의 칼리파를 연이어 섬기며 시리아 지역의 세금을 관리했다. 이 사실이 의미하는 바는 그들에게 이슬람 계승 국가가 앞선 국가와 마찬가지로 공직을 맡아 봉사할 가치가 있을 정도로 정당화되었다는 점이다. 요한 역시 관료 시절에는 체제 유지라는 임무를 성실히 수행했을 테지만, 그리스도인 작가가 된 후에는 이전 주인을 조롱하고 비방했다.

물론 요한의 글 전체에서 반이슬람 논박은 아주 작은 부분만을 차지할 뿐이기에 이것을 지나치게 과장할 필요는 없다. 다만, 그의 글에 드러난 태도는 상당히 광범위하게 퍼져 있었다. 『이단론』은 성 사바 수도원 내부의 필요를 위해서만 쓰인 글이 아니었다. 그 글은 옛 친구인 가자 지역의 항구 도시 마이우마의 주교 코스마스Cosmas of Maiuma에게 헌정되었는데, 그곳 그리스도교 공동체는 한 세기 전 무슬림 정복자들의 손에 희생된 비잔티움 주둔군의 자랑스럽고도 비통한 순교를 여전히 기억하고 있었다.

그렇다면 새로운 통치 체제를 그토록 경멸했던 요한이 어째서 다른 많은 사람이 그러했듯이 비잔티움 제국의 세력이 차지하고 있던 안전한 다른 장소로 자발적인 망명의 길을 떠나지 않았던 것일까? 거기에는 또 다른 예기치 않은 사건의 전개가 작용했다. 요한이 소명을 깨달을 무렵 콘스탄티노폴리스의 황제들은 종교적 공경의 대상이 되는 이미지들을 파괴하는 성상 파괴 정책에 착수함으로써 큰 논란을 초래했다. 요한은 프레스코, 모자이크, 조각 등으로 표현된 성상들이 그리스도교 신앙에 도움이 된다고 확신했기에 성상의 가치를 열렬히 옹호했다. 당시 그가 머물던 곳에는 황제의 권위가 미치지 않았기에 박해로부터 안전했다. 그가 제국으로 귀환했더라면 자유는 물론이거니와 목숨까지 잃을 수 있었다. 하지만 요한이 멀리 떨어져 있었기에 제국 정부가 할 수 있는 일이란 그저 그를 신랄하게 비난하는 것뿐이었다. 성상 파괴주의자들이 장악한 콘스탄티노폴리스 공의회(754)에 모인 주교들은 다음과 같이 그를 비난했다.

> 저주하라 만수르를! 악인이며 사라센에게 동조한 자.
> 저주하라 만수르를! 성상 숭배자이며 거짓 작가.
> 저주하라 만수르를! 그리스도를 모욕한 자이며 제국의 배반자.[13]

기록이 부족해 다소 어렴풋하기는 하지만, 이슬람 정복지 중 가장 서쪽에 있는 이베리아반도에서도 충성의 모호함을 시사하는 유사한 진술들을 접할 수 있다. 정복 시기에 관한 가장 중요한 사료는 「754년 연대기」로 알려진 일련의 연대기다. (이런 이름이 붙여진 이유는 기록이 남겨진 마지막 해가 754년이기 때문이다.) 라틴어로 이 글을 남긴 익명의 작가는 톨레도의 한 성직자로 추정된다. 이 도시는 에스파냐를 통치했던 서고트 왕의 지배하에서 교회와 국가 두 영역 모두에서 수도의 지위를 차지하고 있었다. 서고트는 서로마 제국의 계승 국가들 가운데 가장 로마화되었던 왕국이었다. 「754년 연대기」 작가는 정복으로 인한 혼란과 711년과 712년의 최초 침입 이후 세대에서 나타난 여파를 종종 애처롭게 한탄했다. 그러나 요한의 가족처럼 그 역시 새로운 주인의 정통성을 수용했던 것으로 보인다. 그는 심지어 친숙했던 서양력과 더불어 이슬람의 연대 표기를 병행해 사용했다.

> 767년(서력 729년), 비잔티움의 레오 황제 통치 11년, 아랍력 112년, 칼리파 히샴Hisham 통치 7년에 에스파냐 정부를 인수하기 위해 우트만이 비밀리에 아프리카에서 건너왔다.[14]

요한과 마찬가지로 이 익명의 작가도 새로운 세력의 출현을 오로지 종족적 차원의 문제로만 다뤘다. 지중해 전역에 전적으로 '새로운' 종교 문화가 부상하고 있다는 식의 진술을 남기지 않았다는 점에서 그 역시 지중해 동부 지역의 작가들과 다르지 않았다. 오히려 그의 글은 문화적 연속성이 유지되고 있었다는 인상을 준다.

> 그때 과딕스Gaudix의 주교 프레도아리우스Fredoarius, 국왕 도시 톨레도의 주교좌교회 수석 성가대 지휘자 우르반Urban, 같은 관구의 부주교 에반티우스Evantius는 한결같이 영성, 예지, 고결함에서 훌륭하다고 평가되었으며 그들의 신앙, 소망, 자선 등 모든 점이 『성서』에 부합해 하느님의 교회를 강화할 것이라고 칭송받았다.[15]

얼마 후 에스파냐에서도 이슬람 예언자에 대해 유사하게 취급한 글이 발견되었다. 이는 「무함마드의 생애Ystoria de Mahomet」라고 알려진 짧은 글인데 아마도 8세기 혹은 9세기에 남부 에스파냐에서 쓰인 것으로 추측된다. 「무함마드의 생애」에는 무함마드를 '어둠의 자식'으로 지칭하고 그가 일부 그리스도교 가르침을 도용했으며, 선지자를 사칭했다고 기록되어 있다.[16] 저자에 의하면 무함마드는 한 탐욕스러운 자가 알려준 부조리한 잡동사니 교리를 천사장 가브리엘이 전해주었다고 주장했다. 그는 추종자들을 선동해 전쟁을 치르게 했으며 욕망의 노예였으나, 하느님의 신령한 인도라고 거짓 주장을 하며 욕망을 법으로 정당화했다. 또 무함마드는 자신이 사망 후 부활할 것이라고 예언했으나, 사실 그의 육체는 개들이 적절하게 먹어치웠다.

다마스쿠스의 요한과 마찬가지로 이 익명의 작가 역시 이슬람에 대해 무지하지 않았기에 『꾸란』 내용 중 그다지 잘 알려지지 않은 부분까지 언급할 수 있었다. "그가 오디새*에 대한 격언을 만들어냈다"는 서술은 『꾸란』 27장 20절을 지시하는 것으로 보인다.[17] 그러나 요한처럼 이 저자는 증오와 경멸에 가득 차 적의를 드러냈다. 그리스도인들은 시리아에서와 마찬가지로 에스파냐에서도 새로운 통치 체제를 수용했으며, 그 내부에서 일하며 살아갔다. 그렇지만 자신들 위에 군림하는 사람들을 은밀하게 비방했다.

---

* 조류의 일종으로 후투티라고도 한다.

이슬람 팽창의 초기 국면 동안 정복자들은 피정복민으로부터 거리를 두었다. 일반적으로 그들은 정복지에 널리 퍼져 정주하지 않고 의식적으로 커다란 군 숙영지에 모여 살면서 점령군으로서의 특권적 생활을 영위했다. 점령군들은 다마스쿠스나 코르도바 같은 기존 도시들에도 거주했으나, 더 빈번히는 메소포타미아의 바스라나 쿠파Kūfah: 현재 지명은 알 쿠파Al Kūfah, 이집트의 푸스타트Fustat: 카이로의 옛 지명, 튀니지의 카이루안처럼 새로운 근거지들을 건설했다. 이 모든 정주 관행은 그들이 피정복민에게 큰 관심이 없었다는 사실을 상징적으로 보여준다. '성서의 백성'은 납세자, 관료, 기술자로서 유용했을 뿐 아니라 긴요했다. 그렇지만 그 정도에서 그쳤으며 그 외에 다른 필요를 느끼지는 않았다. 그들은 이미 광대한 문명을 이루고 있기에 탐구가 필요하지 않았다.

반면 그리스도인들은 이슬람에 냉담할 수 없었다. 초기 기록을 통해 접하는 오해, 분노, 적의 등의 태도들은 후대의 시선으로 보면 유감스러울 수 있지만, 당대의 상황과 조건을 고려하면 충분히 이해할 수 있다. 한편[=이슬람]의 냉담과 다른 한편[=그리스도교]의 적대감이라는 이 구도는 앞으로 여러 세기 동안 현저히 만연하고 지속될 터였다.

2부

두 문명이 만든
새로운 질서

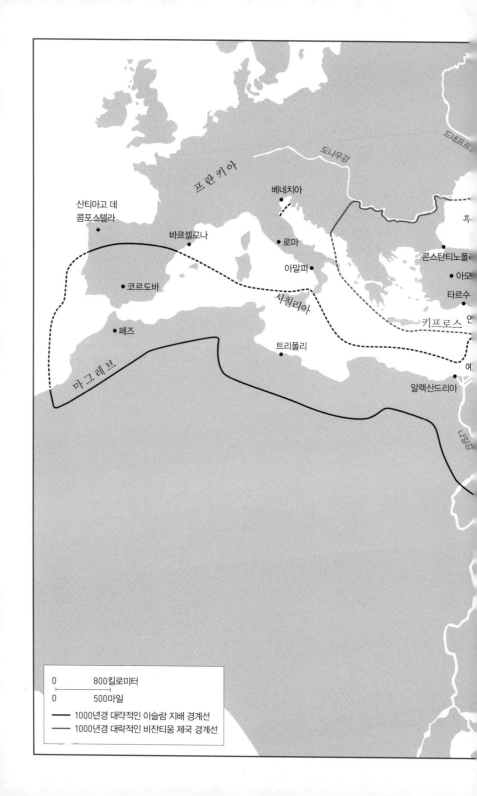

드네프르

도나우강

프 랑 키 아

베네치아

산티아고 데
콤포스텔라

흑

바르셀로나

콘스탄티노폴

로마

아모

아말피

타르수

코르도바

시칠리아

키프로스

안

페즈

여

트리폴리

마 그 레 브

알렉산드리아

나일강

| 0 | 800킬로미터 |
| 0 | 500마일 |

—— 1000년경 대략적인 이슬람 지배 경계선
—— 1000년경 대략적인 비잔티움 제국 경계선

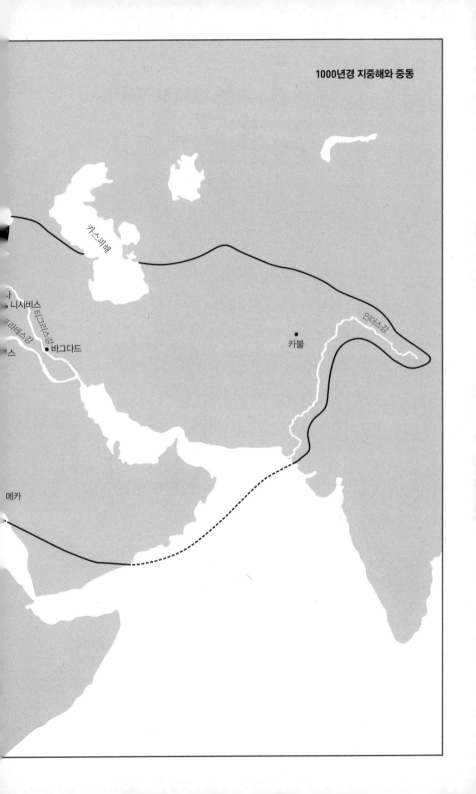

1000년경 지중해와 중동

카스피해

니시비스

티그리스강

유프라테스강

바그다드

카불

인더스강

메카

지식을 확보하는 데 관심이 많던 이슬람 지배 집단의
욕구와 새로운 탐구자들에게 자신들이 보존해온 지적
전통을 소개하고자 했던 그리스도인들의 자발적 의지
가 우연히 맞아떨어졌다. 그리스도인과 무슬림은 이웃
하거나 많은 경우 중첩되기 마련인 전문적 봉사와 지
적 교환의 장을 함께 일구어나갔다.

압바스 혁명,
이슬람 제국의 시작

750년에 이슬람 정권 내부에서 정치적 쿠데타가 발생했다. '살육
자'(아랍어로는 앗 사파흐as-Saffāh)라는 별명을 지닌 아부 알-압바
스Abu-al-'Abbas가 우마이야 왕조 일족을 제거하고 다마스쿠스에서
칼리파로 등극했다. 새로운 통치자는 예언자의 삼촌 알-압바스
의 혈통이라고 주장했으며, 그로 인해 그의 가계를 압바스 왕조
라고 명명했다. 그의 후계자 알-만수르al-Mansūr는 762년 이슬람 제
국의 수도를 특별한 목적을 위해 건설한 완전히 새로운 도시 바
그다드로 이전했다. 압바스 왕가는 1258년 몽골족에 의해 제거
될 때까지 이슬람 세계를 통할했다. 압바스 왕조 초기에 그리스
도교 세계와 다르 알-이슬람, 즉 이슬람 세계는 서로 접촉을 이어
갔지만, 상호 간 이해는 깊어지지 않았다.

압바스 혁명은 단순한 왕조 교체 이상의 사건이자 이슬람 역사의 전환점이었다. 수도 이전은 많은 것을 상징했다. 지중해 해변에서 그리 멀지 않은 곳에 위치한 다마스쿠스는 칼리파들이 처음 양도받을 당시에도 이미 유서 깊은 고대 도시였다. 그곳에서 그들은 고대 후기 두 거대 제국의 잔존물로 구성된 계승 국가를 아랍 정복자들의 이익을 위해 운영했다. 이를테면 자신들이 진심으로 포용할 수 없는 유산의 관리인 역할을 한 셈이었다. 바그다드는 그와 달랐다. 현재 이라크가 위치한 그 지역은 지중해에서 메소포타미아를 향해 동쪽으로 몇백 킬로미터나 떨어져 있었다. 그러므로 바그다드로의 이동은 제국의 새로운 방향성과 지평을 알리는 신호탄이었다.

더욱이 그곳은 기본적으로 앞선 시기의 종교적·문화적 전통으로 인한 혼란이나 분열의 여지를 지니지 않은 배타적인 이슬람 도시였다. 762년에서 766년 사이에 건설된 도시의 원형 중심부는 부분적으로 페르시아의 도시 설계 모델로부터 착안했지만, 이슬람과 압바스 왕가의 권위를 드러내기 위한 건축적 구상이었다. 중앙에 모스크와 궁전 복합 건물을 정성 들여 건축하고 그 주위에는 거대한 정원을 조성했다. 바그다드는 차별화된 형태의 정통성을 주장했으며 이슬람 공동체 움마 내에서 새로운 형식의 통치권을 선포했다. 압바스 왕가 내부에 굳건한 토대를 둔 칼리파의 권력은 전제적 성격을 띠었고 상비군과 관료들을 통해 지탱되었다. 통치자는 일반인의 시선이 닿지 않는 궁정 의식의 보호 장막 뒤로 물러난 채, 접근 불가능한 존재가 되었다. 그것은 이슬람 이전 페르시아의 절대적인 신정적 전통에 근거한 통치 방식이었다.

새로운 수도에 터를 잡고 점차 팽창하던 관료 정치에 페르시아인들이 떼 지어 합류한 사실을 감안하면 이러한 변화가 크게 놀랍지는 않다. 그들은 고위직으로 상승할 기회를 잡을 수 있었다. 이와 관련해 압바스 왕가 초기에 가장 눈에 띄는 사례는 바르마크Barmakid 가문이다. 이들은 본래 이란 동쪽 변경 지역 출신으로 한때 불교 신앙을 갖고 있었다. 그런데 가족의 구성원들이 칼리파 하룬 알-라쉬드Hārund ar-Rashīd(786~809) 시대에 정부 내 핵심 지위를 차지하기에 이르렀다. 물론 그들은 더는 불교 신자가 아니었으며, 무슬림으로 개종했다. 이는 종교적 충성이라는 측면에서 자신들의 종교적 전통을 고수했던 다마스쿠스의 요한 가문 같은 이전 관리들과 대조를 이룬다. 후대의 관리들은 그들의 신앙 대상을 바꿔 이슬람을 수용할 뿐 아니라 깊이 충성하는 경향을 보였다. 그 이유는 곧 다시 다룰 것이다. 지금으로서는 그들이 이슬람 진영에서 더 환영을 받았다는 점을 언급하는 것만으로도 충분하다. 압바스 왕가는 전임자들보다 문화적으로 훨씬 더 포용적인 태도를 보였다.

이 새로운 개방성의 면모는 일부 엘리트들이 고대 세계의 지적인 유산을 기꺼이 수용했다는 사실에서 잘 드러난다. 이라크가 대서양에서 태평양에 이르는 구세계 전역에 뻗쳐 있던 상업망의 중심부에 입지를 두었기에 이슬람 학자들도 그리스와 페르시아의 고대 문명은 물론 인도와 중국이 지닌 전문 지식과 축적된 지혜를 흡수할 수 있었다. 그들은 압바스 왕조 초기에 가공할 열정으로 이 일을 수행했으며, 특히 철학과 과학 분야에서 지적인 창의성을 발휘해 이런 수용 국면에 임했다. 이는 문명의 발진에 광범위한 영향을 미쳤다.

이 과정은 압바스 혁명이 이슬람 세계를 위해 새로운 시각과 전망을 제시한 몇몇 방식들을 보여준다. 하나의 새로운 정체성이 생성되었다고도 말할 수 있을 정도이다. 불과 한 세기 반 이전 아라비아반도에서 그곳을 에워싸고 있던 비옥한 초승달 지대로 쇄도했던 초기 무슬림 정복 군대에 비춰볼 때, 하룬 알-라쉬드 시대 바그다드의 무슬림은 거의 알아보기 어려울 정도로 싱이한 경험을 했음이 틀림없다. 이 같은 지각 변동이 그리스도교 세계와의 관계에는 어떤 의미를 가졌을까?

압바스 왕조 초기에 예속민의 이슬람으로의 개종 추세는 탄력을 받았다. '성서의 백성'에 관한 한, 이슬람은 개종을 강요하는 종교가 아니었다. 이슬람 지도부는 그들로부터 세금 수입이 필요했기에 이슬람 움마로의 가입을 장려하려면 재정적 차원의 불이익을 감수해야 했다. 물론 예속민 중 다수가 그러한 도약을 감행하기는 했다. 하지만 개종이 반드시 대단한 이익을 약속하는 것도 아니었다. 우마이야 시기 동안에 지위, 권력, 부는 이에 대한 경계를 늦추지 않은 아랍계 무슬림 지배층의 전유물이었다.

이슬람 개종자들은 아랍 씨족의 일원, 달리 말하면 한 후견인 protector의 피보호자(아랍어로는 *마울라mawlā*, 복수로는 *마왈리mawālī*)로 받아들여져야만 했다. *마왈리*는 공동체의 완전한 구성원 자격을 누릴 수 없었으며 재정적인 측면 등에서 어느 정도 차별을 겪는 2등 시민에 머물렀다. 여기서 시작된 분노와 사회적 긴장은 결국 폭발하고 말았다. 불만을 품은 피보호자들의 규모는 8세기의 2사분기 무렵에 상당한 규모에 이르렀는데, 이들이 압바스 혁명의 가장 강력한 지지 세력이었다. 압바스 왕조의 성립으로 이들 *마왈리*는 고대하던 것을 얻게 되었다. 사회적 처우의 평등이 인종보다는 종교와 문화에 의해 규정되는 사회, 다시 말해 '아랍' 사회가 아닌 진정한 '이슬람' 사회가 선언되었다.

지배 계급은 더는 인종적으로 아랍인들이 아니었다. 하지만 언어에서는 단기간 내에 아랍어가 지배하게 되었다. 아랍어는 종교의 언어일 뿐 아니라 통치와 상업의 언어였으며 머잖아 풍부하고 다양한 기록의 언어가 될 터였다. 대서양에서 아프가니스탄까지 통용되던 아랍어는 압바스 제국을 통합하는 가장 강력한 힘 가운데 하나였다.

또 다른 힘은 교역이었다. 압바스 왕조는 거대한 자유 무역 지대를 통합했는데 그곳에서는 값비싼 직물, 향료, 요리와 미용에 쓰이는 향신료와 첨가물 등 고가의 상품들이 낙타와 당나귀, 때로는 노예의 등에 실려 상당한 거리를 오가며―중세 이슬람에서는 바퀴를 이용한 교통수단을 거의 이용하지 않았다―정기적으로 거래되었다. 상인과 수공업자들의 활동은 존중되었으며, 경제적으로도 수고에 맞는 넉넉한 보상이 뒤따랐다.

이 상업망을 유지하며 성장한 도시들은 모스크와 더불어 목욕탕, 시장souk, 대상隊商을 위한 숙박소, 꾸란 학교 등 공통되는 요소들을 갖추고 있었다. 이로 인해 여행자들은 카불에서든 페즈*에서든 집처럼 편안하게 지낼 수 있었다. 좁은 거리들에 늘어선 주택들의 창 없는 벽에 가려지기는 했으나, 그 너머에는 종종 따뜻한 가족 결속의 초점이자 이슬람 도덕 문화 특유의 빛과 우아함이 있었다. 이는 이슬람의 도덕과 문화에서 매우 본질적인 부분이었다. 학교들은 하느님의 말씀인 『꾸란』에 대한 지식을 가르쳤는데, 『꾸란』을 낭독할 뿐 아니라 특히 반복해 암송하는 것을 강조했다. 이 사회는 읽고 쓰는 능력에 큰 가치를 부여했으며, 글씨를 솜씨 있게 쓰는 필적筆跡이 좋은 자에게 깊은 존경을 표했다. 그로 인해 선명하고 깔끔한 필체는 성장하고 있던 칼리파 정부에 고용되는 데 필수 조건이었다.

---

* 카불Kabul과 페즈Fez는 각각 아프가니스탄 북동부와 북아프리카 모로코에 위치한다. 즉, 동서 어디에나 균일한 문화적 요소가 존재했다는 의미다.

이것들이 압바스 통치 시기에 모습을 드러낸 이슬람 사회의 두드러진 성격이다. 다만, 종교적으로 그것이 어느 정도까지 이슬람적이라고 할 수 있는지는 학자들이 현재까지도 논쟁을 하고 있다. 종교적 헌신 대상의 변화를 추적하는 일은 역사가들 사이에서도 난해한 작업으로 인정된다. 그런 사항은 좀처럼 문서로 기록되지 않을뿐더러 아무리 해봐야 추상적 수준 이상으로 설명하기도 어렵기 때문이다. 다만 이슬람 군대에 의해 정복된 지역의 토착민 대다수가 얼마 지나지 않아 그리스도교, 유대교 혹은 페르시아의 조로아스터교를 포기했으며 정복자들이 믿고 있던 이슬람 신앙을 채택했다는 점만큼은 일반적으로 인정되고 있다. 소수에 불과하기는 했어도 대체로 도시의 중심부나 부심보다는 촌락에서 이전에 지니고 있던 신앙을 고수하는 경향이 두드러졌다. 유감스럽지만 여기에서는 '대다수'나 '소수' 등 모호한 표현을 쓸 수밖에 없다. 더 정확하게 산정할 수 있는 근거가 없기 때문이다. 대략적인 추정이지만, 이슬람 세계 대부분에서 촌락이 아닌 곳이라면 대략 인구 중 75~90%가 '최종적으로' 무슬림이 되었으며, 10~25%는 그렇지 않았으리라 짐작된다.

이 수치를 '최종적'이라고 표현한 까닭은 개종 속도가 점진적이었다고 추정되기 때문인데, 이 또한 확실하지는 않다. 그동안 개종의 속도를 추산하기 위해 다른 여러 방법이 제안된 바 있다. 그중에는 늘어나는 신자를 수용하기 위해 대도시 모스크가 확장된 시기를 확인하는 식의 순전히 인상 비평에 가까운 방법이 있는가 하면, 작명 관행의 변화 패턴을 종교적 정체성의 준거로 삼은 미국 학자 리처드 불리엣Richard W. Bulliet의 방식처럼 더욱 엄밀한 통계학적 방법도 있었다. 이같이 다양한 방법을 통해 얻은 결과는 조심스럽기는 하지만 대체로 하나로 수렴된다. 즉, 어느 지역이든 이슬람의 통치가 시작된 처음 한 세기 정도까지는 개종이 드물었다가 서서히 진행되었던 것으로 보인다. 하지만 그다음 두 세기 정도에는 개종 속도가 현저한 증가세를 보이며 많은 사람이 그들의 운명을 새로운 종교에 맡겼다. 그 후에는 개종의 추세가 다시 꺾여 보합 상태를 유지했다. 그리스도교와 이슬람 사이의 관계에 대한 현재 논의의 맥락에서 보자면, 대부분의 중동 이슬람 국가들(시리아, 이집트, 이라크 등)에서 그리스도교에서 이슬람으로의 개종은 750년경에서 950년경 사이에 가장 집중적으로 진행된 것으로 추정된다. 에스파냐와 같이 뒤늦게 정복된 지역의 개종이 가장 활발한 시기는 그보다 다소 늦은 800년경에서 1000년경 사이였다.

이슬람 사회에 협력한
그리스도인들

그리스도인들은 이슬람 사회의 탄생에 긴요한 도움을 제공했다. 역설적이지만 이는 사실이다. 그중 하나는 이미 강조했듯이 관료로 봉사한 '성서의 백성'의 역할이었다. 이슬람 국가는 그들의 수고에 의존했다. 그리스도인들도 그들 나름대로 이슬람 문화의 요소들, 무엇보다도 아랍어를 차츰 수용했으며 이슬람 절기와 풍습, 의복, 음식물, 연회 등에도 동화되었다. 아무튼 많은 사람이 서서히 종교적 장벽을 넘어섰으며 이슬람의 문화뿐 아니라 종교까지 받아들였다.

또 다른 도움은 그리스도인들이 이슬람 지배층을 그리스와 페르시아 고대의 지식 문화로 안내하는 데 협력한 점이다. 시리아와 북부 메소포타미아의 그리스도인 공동체들이 주된 통로였다.

첫 단계는 고대적 지식을 시리아 지역어로 번역하는 일이었다. 예를 들면 메소포타미아에서 '아랍인의 주교'로 불리던 게오르게 George of the Arabians(724년 사망)[*]는 아리스토텔레스 저작 여러 권을 시리아어로 번역하고, 그에 대한 해설서를 집필했다. 두 번째 단계는 시리아어 저작 전체를 다시 아랍어로 번역하는 과제였다. 프톨레마이오스Klaudios Ptolemaios(85?–165'?)의 『천문학Almagest』을 아랍어로 옮기도록 의뢰한 사람은 바르마크 가족의 일원이었다. 이 덕분에 이슬람 학자들이 고대에 생산된 가장 중요한 천문학 저작을 이용할 수 있게 되었다. 또 동방 출신의 그리스도인 후나인 이븐 이샤크Hunayn ibn Ishāq(873년 사망)는 압바스 왕조 칼리파 알–무타와킬al-Mutawakkil의 주치의였는데, 시리아어로 쓰인 히포크라테스와 갈레노스의 의학 저술들을 아랍어로 번역했다. 일부 저작은 그리스어를 아랍어로 직접 옮겼다.

이 같은 지식의 전수는 애초에 계획된 것이 아니었다. 그저 막 정주하기 시작한 부유하고 유용한 지식을 확보하는 데 관심이 많던 이슬람 지배 집단의 욕구와 새로운 탐구자들에게 자신들이 보존해온 지적 전통을 소개하고자 했던 그리스도인들의 자발적 의지가 우연히 맞아떨어졌을 뿐이다. 의도된 부분이 있다면 이 과정이 요청에 따라 진행되었다는 점이었다. 이슬람 후견인과 학자

---

* 당대의 대표적인 학자로서 본명은 마르 게오르게Mar George 또는 게오르기Georgi다.

들은 의학, 농업, 식물학 등 실제적인 지식에 관심이 상당했다. 그리고 하느님에 대한 고양된 이해나 측량술에 도움이 될 책들도 찾았다. 예를 들면 천문학 저서나 철학의 발전에 결정적으로 기여한 위대한 플라톤의 철학 저작들이 있었다. 이 같은 지식 추구는 예언자 자신이 재가한 것이었다. 무함마드의 언행록『하디스』에 따르면, 그는 "지식을 얻기 위해서라면 어디라도 가라. 심지어 중국이라도 주저 말라"고 진술했다. 한편 그들은 고대의 과학이나 철학에 대한 저작들과는 달리 문학에는 흥미를 보이지 않았다. 9세기에 페르시아어에서 아랍어로 번역된『천일야화』는 아마도 그 규칙에서 벗어난 유일한 예외일 것이다. 호메로스의 작품 발췌문 일부가 그리스어에서 아랍어로 번역된 적도 있었으나, 흥미를 거의 자극하지 못했다.

비옥한 초승달 지역의 중동 이슬람 국가들에서, 그리스도인과 무슬림은 인접하거나 많은 경우 중첩되기 마련인 전문적 봉사와 지적 교환의 영역을 함께 일궈나갔으며 이를 통해 많은 열매를 맺었다. 서로 간에 차이가 드러나더라도 그들은 매우 공손하게 대했다. 이슬람으로 개종한 한 그리스도인이 저술한 변증서에 그 상황이 담겨 있다. 알-타바리**는 칼리파 궁전으로 차출된 그리스

** 알-타바리Abū Ja'far Muhammad ibn Jarīr al-Tabarī(839~923)는 이란 출신의 걸출한 대학자로 명성을 얻었으며, 역사가이자『꾸란』해석자로서도 많은 업적을 남겼다. 여러모로 개혁적인 면모를 지녔으나 종교법과 관련해서는 개혁적인 변화를 수용하지 않았다.

도인 관료였는데, 후에 무슬림으로 전향했다. 그는 9세기 중반 칼리파의 친구이자 조언자였으며 몇몇 의학 논문을 작성하기도 했다. 그는 이슬람을 거부하는 그리스도인들에게 답하기 위해 종교적 문헌도 저술했다. 그의 주장의 핵심은 무함마드를 예언자로 인정하는 내용이었다. 알-타바리는 그리스도인의 감정을 민감하게 어루만지며 이 핵심적인 주제를 다뤘고, 가능한 한 그리스도인의 『성서』에 언급된 내용으로 자신의 주장을 변호했다. 그는 예수 이후 시대에 등장하는 선지자에 대한 『성서』의 언급들(예를 들면 「사도행전」 13장 1절 "안디옥 교회에 선지자들과 교사들이 있으니…")이 그리스도인이 무함마드를 예언자*로 받아들이기를 거부하는 근거 중 상당 부분을 무력화시킨다고 주장했다.

만일 당신이 이 예언과 성취에 대한 증거들을 숙고한다면, 우리가 예언자 무함마드(그에게 평화가 임하기를)를 받아들인 이유와 원인을 바르게 발견하게 될 것입니다. 이는 당신이 그리스도와 모세(그들에게 평화가 임하기를)를 받아들였던 이유 및 원인과 전혀 다르지 않습니다.[1]

이 같은 문장에서 무슬림과 그리스도인 사이에 우호적인 태도

---

* 이슬람에서는 무함마드를 '예언자'로 표현하는 반면 그리스도교의 『성서』에서는 같은 용어를 '선지자'로 번역한다. '선지자'와 '예언자'는 같은 뜻이지만, 이 책에서는 두 종교의 관행에 따라 각기 다른 번역어를 선택했다.

로 진행된 토론 분위기가 감지된다.

단성론자(또는 콥트교), 시리아파, 다른 분파들과 같은 이슬람 통치하의 그리스도교 교회들은 종종 '포로된' 교회들이라고 불렸다. 그렇지만 이러한 칭호는 오해를 불러일으키기 일쑤다. 실제로는 그들이 콘스탄티노폴리스 정부의 박해로부터 해방된 후 전례 없이 번영했기 때문이다. 그 과정에서 성가, 기도, 설교, 경건 문학 등 종교 문헌들이 풍부하게 만들어졌다. 물론 이슬람 체제에서 그리스도교 교회의 모든 분파가 엄청나게 성장한 것은 아니었다. 일부는 고립되기도 했다. 나일강 상류 지역과 그보다 남쪽의 에티오피아에 자리한 누비아 교회는 그들의 모교회들, 특히 알렉산드리아의 교회와 주기적인 접촉을 이어갔다. 그렇지만 시간이 흐르면서 이러한 활동에 어려움이 가중되었다. 오랜 기간 명맥을 유지하기는 했지만 결국 누비아 교회는 존립 기반을 상실하고 사라졌다. 그와 대조적으로 에티오피아 교회는 고립을 극복하고 고유한 노선을 걸으며 눈에 띄게 발전했다. 16세기 초 포르투갈 방문자들이 그 지역을 찾았을 때 그 교회는 매우 특이한 그리스도인 공동체를 이루고 있었다. 그들은 할례, 음식 규제, 언약궤 숭배 등 유대교 관습들을 고수했으며, 당대 유럽과 구별되는 수도원적 생활 방식을 영위했다.

이집트의 서쪽 북아프리카 지역에서 그리스도인들은 그보다 그리 잘 지내지 못했다. 테르툴리아누스, 키프리아누스, 아우구스티누스 등 초기 그리스도교 교부들의 저작들에서 느껴지는 교회의 활기가 이슬람 지배하에서 사라졌다는 사실은 역사가들을 늘 어리둥절하게 만들었다. 우선 이집트와 시리아에 비해 북아프리카에서는 이슬람 정복 과정이 더 오래 걸렸고 훨씬 파괴적이었던 점이 부분적인 설명이 될 수 있다. 그로 인해 아프리카 교회의 지도사들이 위치도 가깝고 환영받을 것이 분명한 이탈리아 혹은 남프랑스의 피난처들로 이주하는 경우가 많았다. 한편 다마스쿠스의 요한 같은 동방 교회의 '이단 분파들'에게는 이주라는 선택지가 존재하지 않았다는 사실을 기억해야 한다. 비잔티움 제국이 그들에게 결코 안전한 장소가 아니었으므로 그들은 차라리 안전한 이슬람 치하에서 발전을 꾀해야 했다. 일부 지도자들은 기대하지 않았던 멀리 떨어진 목적지로 이주하게 되었다. 아프리카 수도사 하드리아누스는 나폴리 인근 한 항구 지역에서 발탁되어 캔터베리에 있는 한 수도원의 원장으로 파견되기도 했다. 그가 그곳에서 약 40년간 가르쳤던 학교는 젊은 잉글랜드 교회에 지중해 그리스도교의 지식을 전수하는 귀중한 과업을 수행했다.

또 다른 설명으로는 북아프리카가 중동의 그리스도교에 비해 이슬람에 제공할 수 있는 것이 훨씬 적었다는 점을 지적할 수 있다. 간단히 말해 카르타고는 알렉산드리아, 에데사 또는 니시비스 Nisibis* 등의 도시가 지닌 지적인 자원을 보유하고 있지 않았다. 게다가 무슬림들 역시 그 지역에 관심이 적었고 그 같은 자원들에 대한 이해도 상당히 낮았다. 8세기와 9세기에 마그레브와 에스파냐는 무슬림 세계의 '황량한 서부'였으며, 문명의 발전에 도움이 될 것으로 기대되지 않았던 동요하는 변방에 불과했다.

후나인 이븐 이샤크와 그의 주군인 칼리파가 향유했던 평화로운 공존이라는 호사를 그리스도교 세계의 세속 지배층이 알고 있었다 한들 그들이 이를 제대로 이해하거나 구미에 맞다고 생각하지는 않았을 것이다. 그리스도인의 세속적 통제하에 있던 비잔티움 제국과 서유럽 게르만 왕국에 이슬람은 1차적으로 군사적 위협과 다름없기 때문이다. 비잔티움 제국은 650년과 850년 사이 가장 심각한 위험을 겪었다. 674년과 678년 사이, 다시 716년과 718년 사이 두 차례에 걸쳐 시도된 콘스탄티노폴리스에 대한 치열한 포위 공격이 가장 대표적이다. 두 차례 모두 제국을 보호한 것은 이 도시의 성벽이었다. 다른 한편 제국의 생존은 실리시아**의 산악 방벽, 육지와 바다에서의 끈질기고 조직적인 저항, 유산으로 물려받은 효율적인 세금 제도의 토대, 교회가 촉진한 로마-그리스도교적 정체성에서 나오는 확신 덕택이었다.

칼리파 왕좌가 다마스쿠스에서 바그다드로 이전한 것은 이슬람 지배 집단이 동쪽으로의 전환을 꾀하고 있음을 알리는 신호

---

* 현재 터키의 누사이빈Nusaybin. 시리아 국경에 가까운 도시이며 고대에는 교통과 군사의 요충지였다.
** 터키령 아나톨리아 남동부의 지중해 연안 지방으로 그 서쪽은 험한 산악 지대다.

였다. 더는 지중해를 정면으로 대면하지 않게 됨으로써 제국을 분쇄하겠다는 그들의 결연함도 약화되는 조짐을 보이기 시작했다. 그러나 제국의 안전이 실제로 확보되기까지는 오랜 시간이 걸렸다. 이슬람 군대는 838년에도 소아시아를 침략했다. 황제 테오필로스Theophilos(재위 829-842)는 전투에서 패배했으며 하마터면 생명까지 잃을 뻔했다. 중요한 도시 아모리움이 약탈당했으며 많은 전쟁 포로가 시리아로 끌려갔다. 상류층 귀족들은 속전을 내고 풀려났지만, 일반 사병들은 평생 노예로 살아야 했다.

9세기 후반에 이르러 안전을 느끼게 되었으나, 비잔티움 제국은 이미 초강대국이 아니었다. 공세로의 전환은 그보다 더 늦었다. 10세기가 되어서야 니키포로스 포카스Nikephoros Phokas(c. 912-969, 재위 963-969)와 요안니스 치미스키스Joannes Tzimiskes(c. 925-976, 재위 969-976) 같은 군인 황제들의 통솔하에 비잔티움 영토의 *재정복*을 기치로 내세울 수 있었고, 그 결과 타르수스, 키프로스, 안티오크 등의 도시들에서 그리스도교 세력의 통치가 다시 회복되었다.

지중해 중앙 지역에 대한 전망 역시 비관적이었다. 이슬람은 827년에 시칠리아 정복을 시작해 846년에는 로마까지 급습했다. 843년에서 871년 사이의 한 세대 동안 무슬림들은 이탈리아 본토 아풀리아Apulia의 바리Bari에 작은 발판을 확보하고 거기서부터 이탈리아의 아드리아 해안과 달마티아에 공격을 개시했다. 바리에서 축출된 후에도 그들은 곧 나폴리 주변의 서쪽 해안 지역에 또 다른 거점을 확보해 915년까지 점령했다. 시칠리아에 대한 장악력이 확고해지자 무슬림들은 칼라브리아의 해안 지대를 반복적으로 공격했다.

이탈리아에 대한 맹공은 국가 차원에서 기획된 것이 아니라 소속 없는 해적들이 벌인 일이었다. 이들은 보상만 있으면 무엇이든 가리지 않는 기회주의자들이었다. 돌이켜보면 이슬람이 본토에 영구적으로 확고한 기반을 마련할 가능성은 애초에 그리 크지 않았던 셈이다. 그러나 당대인으로서는 이처럼 위로가 될 법한 전망을 세우기 어려웠다. 그리스도인들은 북부 유럽에서 바이킹들에게 그러했듯이 이탈리아에서도 바다의 약탈자들에게 크게 주눅이 들어 있었기 때문이다. 이 적들에게 저항하는 것은 명백히 하느님의 뜻이었다. 853년 이슬람에 맞서 싸울 것을 호소한 교황 레오 4세Leo IV(재위 847-855)는 누구든지 그들에게 대적하다가 목숨을 잃으면 천국에 갈 것이라고 천명했다.

앗-사파흐as-Saffāh가 우마이야 일가를 잔인하게 살육했을 때 살아남았던 유일한 생존자는 모험적인 길을 떠나 에스파냐*까지 갔다. 그는 그곳에서 코르도바를 거점으로 독립된 이슬람 제후국

---

* [원주] 에스파냐는 아랍어 사료에 언제나 '알-안달루스al-Andalus'라고 기록되었다. 알-안달루스라는 이름은 오랫동안 역사가들과 문헌학자들을 혼란스럽게 했다. 이는 아마도 베르베르어에 기원을 두었으나 아랍어화한 용어에서 파생된 것으로 '반달족의 땅'이라는 의미를 지녔다고 추정된다. 반달족은 로마 제국을 침략한 게르만 부족으로 5세기 초 에스파냐 지역을 통과해 이동했으며, 북아프리카를 지배하던 서로마 제국의 통치를 종식시켰다.

을 건설했고, 그의 후손들은 11세기까지 통치했다. 그들은 이웃한 그리스도인들에게 지속적으로 상당한 압력을 행사했다. 이 서고트 왕국의 잔존 세력은 카롤루스 대제 시기에 카탈루냐에 위치를 둔 프랑크 왕국 남쪽 변경의 북서쪽과 북동쪽에 은신하고 있었다. 종종 그들에 대한 압박이 거세지곤 했다. 10세기 말 무렵 알-안달루스의 한 통치자는 이 그리스도인들에 대해 21년 동안 무려 57회의 군사 행동을 전개했다. 그중에는 서양 그리스도교 세계에서 가장 신성한 성유물 중 하나로 여겨지는 산티아고 데 콤포스텔라의 사도 성 야고보의 무덤에 대한 997년의 공격도 있다.

남부 갈리아도 예외가 아니었다. 툴롱과 칸 사이, 생트로페St. Tropez에서 내륙 쪽에 있는 라 가르드-프레네La Garde-Freinet에 9세기 말 무렵 80년 정도 유지되어온 해적 소굴이 있었다. 그들의 약탈로 연안 해운이 마비되었고 알프스산맥의 계곡들과 론강 분지까지 피해를 입었다. 해적들의 가장 유명한 전리품은 부르고뉴의 클뤼니 수도원장 마욜Mayeul이었다. 그는 로마에서 알프스를 통과해 돌아가다가 사로잡혔다. 인질범들은 1,000파운드의 은을 내면 수도원장을 풀어주겠다고 제안했다. 결국 클뤼니의 수사들은 교회의 모든 식기류를 녹여 요구하는 몸값을 마련했다. 라 가르드-프레네의 해적들이 그곳에서 쫓겨난 것은 972년이었다.

그리스도인에 대한 이슬람의
개종 압력

지중해 세계 전역에서 그리스도교는 수세에 몰려 있었다. 칼리파가 이끄는 무슬림 군대도 있고, 제어할 수 없이 날뛰던 프로방스의 납치범들도 있었지만, 그렇다고 위협이 단순히 군사적인 영역에 국한된 것은 아니었다. 언급했듯이 바로 이 시기에 이슬람으로의 개종에 가속이 붙었다. 그리스도교 지도자들은 매주 일요일 점점 위축되어가던 그들의 집회를 지켜볼 수밖에 없었다. 물론 이는 고통스러운 경험이었다. 9세기 중반 지중해 양극단의 두 그리스도인 공동체에는 이 같은 상황을 우려하며 지켜보던 사람들의 증언이 우연히 남겨져 있다.

첫 사례는 남부 에스파냐의 모사라베Mozárabe 그리스도인들이다. '모사라베'라는 용어는 '아랍화하다'라는 아랍어에서 유래했는데, 에스파냐에서 이슬람 지배하에 생활하던 그리스도인들을 지칭했다. 850년대에 알-안달루스의 우마이야 왕조 수도 코르도바에서 생활하던 많은 그리스도인과 그보다 적은 수의 다른 지역 그리스도인이 모의해 이슬람을 공개적으로 모욕하고 그 결과 이슬람 종교법 샤리아sharia에 의해 교수형에 처해진 사건이 있었다. 그들의 죽음에 대해 알-안달루스 그리스도인 공동체의 반응은 둘로 나뉘었다. 일부 지역에서는 그들을 순교자로 추켜세웠지만 다른 지역에서는 자발적으로 죽음을 선택했다는 이유로 그들의 희생을 거짓 순교로 평가했다. 당시 그들을 변호하던 저술들이 현재까지도 전해진다. 그 글들은 당시 모사라베 공동체의 분위기를 엿볼 수 있는 반가운 빛줄기와도 같다.

859년에 순교한 사제 에울로지오Eulogio de Córdova와 이 저작을 남긴 친구 파울 알바르Paul Alvar는 그리스도인 중 열성적이며 헌신적인 부류에 속했다. 그들은 그리스도인 청년들이 이슬람의 신앙과 문화 속에 빠져드는 것을 우려했다. 가족과 노동의 세계에 대해 전해주는 우연한 정보들은 변하기 쉬운 종교적 충성심에 대해 확실한 맥락을 파악할 수 있도록 도와준다. 그에 따르면 당시 그리스도인들은 온갖 종류의 일상적인 압력에 의해 이슬람으로 개종하도록 강요받고 있었다.

이삭이라는 청년의 사례를 살펴보자. 이삭은 851년 코르도바에서 처형된 가장 이른 시기의 희생자였다. 유복한 그리스도인

가정의 이삭은 좋은 교육을 받았으며 아랍어도 능숙하게 구사했다. 이삭은 재능을 십분 활용해 공직에 진출했고 짧은 기간 내에 높은 자리까지 올랐다. 그런데 그 시점에 이삭은 종교적 소명을 발견했다. 그는 곧 그 자리에서 물러난 후 근교 수도원으로 들어가 수도사가 되었다. 그곳에서 이슬람에 공공연히 저항하며 신앙을 증거하는 것이 자신에게 주어진 의무라고 확신했다. 그는 이슬람 신앙의 가르침을 배우겠다는 핑계를 대고 코르도바의 카디 qāḍi, 즉 종교 재판관을 찾았다. 이슬람이 관심을 끌고 있던 당시 맥락에서 카디에게 면담을 청하는 것은 일상적인 일이었으며 매우 빈번했다. 그렇지만 의외로 이삭은 카디의 면전에서 이슬람을 맹렬히 비방했으며, 이슬람법이 그와 같은 죄에 대해 규정한 바에 따라 처벌을 받았다.

다른 사례로는 알로디아Alodia와 누닐로Nunilo라는 두 자매의 이야기가 있다. 이들은 코르도바 출신이 아니라 피레네산맥의 구릉 지대에 속하는 우에스카Huesca의 북쪽 소도시에서 자랐다. 두 자매는 무슬림 아버지와 그리스도인 어머니 사이에서 태어났다. 아버지는 부인에게 딸들을 그리스도인으로 키우도록 허용했다. 첫 남편이 사망한 후 그 부인은 재혼했는데, 이번에도 남편이 무슬림이었다. 두 번째 남편이 배려심이 부족한 사람이라는 사실이 확인되자 부인은 딸들을 그리스도인 자매들과 함께 지내도록 내보냈다. 자녀들이 해를 입거나 신앙이 위협받지 않게 하려는 조치였다. 그러나 그 가족과 적대적 관계에 있던 한 이웃이 당국에 두 자매를 이슬람의 배교자로 고발했다. 체포된 후, 그들은 그리스도교를 공공연히 비난하면 조건이 좋은 결혼을 보장하겠다는 약속을 비롯해 온갖 종류의 권유를 받았다. 하지만 두 자매는 이 제안들을 모두 거부했고, 결과적으로 공개 교수형을 당했다.

이슬람을 추종하라는 일상적인 압력은 이처럼 이웃과의 결혼을 통해서만 생기는 것이 아니었다. 젊은이들에게는 후견인과 일자리를 찾을 때나 동료 집단 내의 압력 등을 통해서도 가해졌다. 개종을 요구하는 이러한 강압들은 거의 모든 종류의 다른 역사적 맥락에서도 흔했다. 확립된 체제에 순응하면 편안하고 이익도 되는 법이다. 기회주의적일지는 몰라도 그렇게 하는 것이 인간적인 반응이다. 열성적인 그리스도교 신자들은 이 점에 분개했다. 그들은 그리스도교 문화와 정체성에 위협을 느꼈다. 그리스도인 공동체 중에서도 코르도바 가까이 위치한 타바노스Tabanos 수도원에서는 그러한 우려와 분노의 감정이 특히 최고조에 다다랐던 것으로 보인다. 결국 그곳에서 많은 순교자가 배출되었는데, 수도사들은 격정적인 감정의 교착 상태를 억누를 수 없었다. 이들은 하느님을 배반하라고 요구하는 세상에서 비통하지만, 자신들이 신앙을 위한 증인으로 선택되었다고 믿었다.

에스파냐에서 이러한 사건들이 발생하던 시기에 팔레스타인의 한 수도원에서 익명의 수도사가 아랍어로 그리스도교를 옹호하는 글을 쓰고 있었다. 그는 글의 도입부에서 당대 그리스도교 공동체 내에 속해 있던 위선자들을 적들로 특정했다.

그들(일부 그리스도인)은 자기 신앙을 숨긴다. 그리고 저들(즉, 무슬림)이 마음에 흡족해할 만한 것들을 발설한다. (…) 그들은 천국에 이르는 길을 벗어나 헤매고 있다. (…) 우리와 같은 신앙의 표지를 지닌 우리 내부에 있는 위선자들이 우리의 집회들에 참여하고 있지만, 신앙에 모순되게 행동하고 있다. 그들은 스스로 자격을 상실한 자들이며 이름뿐인 그리스도인들이다.[2]

이 글에서 고백하고 있는 상황은 에울로지오와 파울 알바르의 글에서 유추할 수 있던 것과 유사하다. 에스파냐는 물론 팔레스타인에서도 그리스도교는 신자들의 이탈과 위선에 의해 위축되고 약화되었다. 더욱이 두 지역의 그리스도인들은 서로에 대해 알고 있었다.

(한때 다마스쿠스의 요한이 체류했던) 성 사바 소속의 게오르게라는 수도사가 남부 에스파냐를 방문한 일이 있었다. 그의 행적이 확인되는 까닭은 그가 그곳에서 열성파 신자 무리에 합류했으며 그들과 더불어 852년에 처형되었기 때문이다. 자세히 알 수는 없어도 그 같은 수도사들이 더 있었으리라 추측된다. 불안에 시달리던 그리스도인들은 이처럼 고민거리를 나누고 간증들을 비

교하면서 가능한 대응 조치들을 의논했다.

성 사바가 되었든 타바노스가 되었든, 어째서 수도원 환경에서 특별히 강한 종교적 열심이 배양되었는지 이해하기란 어렵지 않다. 비록 엄격한 자들에게 배신자라고 비난을 받았을지라도 수도원 밖에서 생활하는 세속적 그리스도인들에게서는 신중하게 적응하는 것을 더 바람직하다고 생각하던 태도가 발견된다. 알-안달루스 지역의 주요 모사라베인 세비야의 주교 레카프레도 Reccafredo가 이런 입장을 견지했던 듯하다. 그는 코르도바의 '순교자들'을 향해 그릇된 행위였다고 비난한 바 있었다. 그들이 죽음을 자청했다는 이유에서였다.

한편 에울로지오와 파울 알바르가 논쟁적인 저작을 쓴 이유는 바로 이 같은 비판을 반박하기 위한 것이었다. 열성파들은 진정한 순교의 의미를 정의하는 문제와 별도로 레카프레도와 그 추종자들을 이슬람 정부에 부역한 친아랍파라고 비난했다. 그러한 고발에 대한 레카프레도의 답변 내용은 확인할 수 없지만, 그는 타협을 통해 가급적 박해를 피하는 것이 자기 신자들을 최대한 보호하는 길이라는 논지를 펼쳤을 것이다. 여기에는 늘 반복되는 숙고해야 할 윤리적 난제들이 있다.

코르도바의 순교 이후 한 세기 만에 다시 똑같이 어려운 문제가 발생했다. 10세기 중엽에 독일의 오토 1세 궁정과 코르도바 궁정 사이에 여러 차례 사절들이 오갔다. 외교적 교류의 목적은 라

가르드-프레네의 해적에 대항하기 위해 상호 결속을 다지는 것이었다. 그러한 시도가 실제로 어떤 성과를 거두었는지 알려진 바는 없다. 953년에 사절단을 통솔한 이는 라인란트 지방 고르체 Gorze 수도원의 저명한 독일인 수도사 요한이었는데, 그는 목적지에서 코르도바의 주교로 추측되는 요한이라는 이름의 또 다른 그리스도인을 만났다. 이 에스파냐 주교는 그의 손님에게 알-안달루스의 그리스도인이 어떻게 생존하고 있는지 설명했다.

우리가 어떤 조건에서 살고 있는지 생각해보십시오. 우리는 죄 때문에 여기까지 내몰려 이단들의 통치를 받고 있습니다. 사도의 말씀이 금하고 있으므로* 우리는 권력에 저항할 수도 없습니다. 우리에게 남아 있는 유일한 위안은 그처럼 막심한 재앙이 닥쳤지만, 우리가 신앙에 따라 사는 것을 그들이 금지하지 않은 점입니다. (…) 우리는 당분간 다음과 같은 지침에 따를 것입니다. 즉 우리의 종교에 해를 입히지 않는 한 우리는 모든 방면에서 그들에게 복종할 것이고, 우리의 신앙에 저촉되지 않는 한 그들이 내리는 모든 명령을 수행할 것입니다.[3]

고르체의 요한은 그가 비겁한 태도를 보이자 충격을 받고 무조

---

* 바울이 기록한 「로마서」 13장 1절을 의미하는 것으로 보인다. "각 사람은 위에 있는 권세들에 복종하라 (…) 모든 권세는 다 하느님께서 정하신 바라."

건적 저항을 주장했다.

상당히 화난 상태에서 고르체의 요한이 답했다. "그와 같은 의견은 주교인 당신이 아니라 다른 누군가가 표명하는 것이 더 적합할 것입니다. 당신같이 높은 지위에 있는 성직자는 신앙을 옹호하는 자로서의 역할을 해야 합니다. (…) 두려움이라든가 우정을 핑계로 하느님의 법을 거역하는 것에 나는 결코 동의할 수 없습니다. (…) 설령 당신이 그들에게 협조하는 것이 불가피하다는 점을 받아들인다고 할지라도, 나라면 결코 어떠한 두려움이나 유혹 혹은 호의에도 굴하지 않을 것입니다. 다행히 나는 지금 하느님 은총으로 그런 불가피함에서 자유롭습니다만 (…) 당신의 처지라 할지라도 내 목숨을 위해 진리에 대해 증언하는 사명으로부터 도망치지 않겠다는 말입니다."[4]

다행스럽게도 요한은 주변의 설득으로 이같이 격한 태도에서 한 발 물러섰고, 사절단 역시 감정에 동요가 없지 않았지만 결국 납득하고 돌아갔다. 이 내용의 전거典據는 요한의 「성인전」으로, 고르체 수도원장이 요한을 성인으로 추대하기 위해 그가 사망한 후 곧바로 작성토록 요청한 기록이다. 「성인전」 작가가 성인 후보의 신앙적 위업을 축소했으리라고 기대하기는 어렵다. 달리 말하면, 두 요한의 만남에 대한 세세한 기록까지 모두 있었던 사실을 그대로 반영한 것은 아닐 수 있다. 그렇지만 전체적인 맥락은 신뢰할 만하다. 알-안달루스의 모사라베 그리스도인들은 위협을 받아 두려움에 떨고 있던 집단이었기 때문이다. 다만, 에울로지오 시대 이래로 이슬람 개종자들이 꾸준히 증가세를 띠던 한 세기는 이미 지나갔다. 피레네산맥 너머의 그리스도교 세계에서 오던 방문자들은 활기가 넘칠 뿐 아니라 대결도 피하지 않던 사람들로 이 점 때문에 고향의 그리스도인 동료들로부터 칭송받았다. 이는 다가올 시대에 대한 일종의 징후였다.

이질적인 두 세계의
접촉과 교류

중세 초 서양 그리스도교 세계는 압바스 왕조 시기에 부상하던 이슬람 사회와는 전혀 다른 방식으로 발전했다. 다르 알-이슬람이 정기 교역을 통해 연결된 도시들의 세계였던 반면, 서양은 압도적으로 농업 경제가 지배하는 사회였다. 도시들은 규모가 작고 널리 흩어져 있었다. 교역은 대체로 국지적인 범위로 국한되었으며 그 규모도 미미했다. 상인 역시 사회에서 영향력이 크거나 특별한 지위를 차지하고 있지 않았다. 통합된 법 체제, 세금 제도, 관료제, 상비군 등 예전 로마 제국을 떠받치고 있던 하부 구조를 더는 찾아볼 수 없었다.

카롤루스(재위 768-814) 통치하의 프랑크 왕국은 광대하고 강력했으나, 같은 시기 하룬 알-라쉬드(재위 786-809) 지배하의 압바스 왕국과 비교하면 고래 앞의 새우와 같았다. 게다가 프랑크 왕국은 압바스와 전혀 다른 방식으로 작동했다. 왕권은 궁극적으로 고분고분하지 않고 호전적인 귀족들의 충성심과 협력에 의존했는데, 이들 중 거대한 토지를 소유한 영주 가문들조차 자신들의 영지 내에 정부라고 인정하기 어려운 초보적 통치 기구를 거느리고 있을 뿐이었다. 성직자들 외에 읽고 쓰는 능력을 지닌 사람을 찾아보기 어려웠으며, 더구나 이들의 식자識字 수준도 그리 높지 않았다. 서유럽에서 글을 읽고 쓰는 능력이 이슬람 세계에서만큼 가치 있게 평가되지 않았던 탓이다. 고대 고전의 과학과 철학 지식은 물론이거니와 그것의 매개 수단인 그리스어도 거의 잊혔다. 그것을 대체한 것은 주로 『성서』와 아우구스티누스 같은 라틴 교부들에 기반을 둔 지식 문화였다. 이 문화는 본질적으로 과거 지향적이며 철저히 보수적이었다. 그러고 보면 압바스 시대의 무슬림들이 서양 혹은 라틴 그리스도교 세계에 대해 그토록 적은 관심을 보인 것도 이상한 일이 아니었다. 그들로부터 제공받을 만한 것을 찾기 어려웠기 때문이다. 10세기 여행자이자 지리학자였던 이븐 하우칼Ibn Hawqal의 오만한 태도는 전형적이었다. 그에 따르면 프랑크 왕국은 노예의 주요 공급처일 뿐 그 외 언급할 만한 것이 하나도 없는 지역이었다.

그렇다고 해서 그리스도교 세계와 다르 알-이슬람 사이에 상호 교류가 전혀 없었다는 의미는 아니다. 오히려 그 반대로 이전

우마이야 시대보다 교류가 더 깊어졌을 뿐 아니라 다양해졌다. 우선 외교적 관계가 형성되어 있었다. 카롤루스와 하룬 알-라쉬드는 800년경 외교적 접촉을 했다. 칼리파가 프랑크 왕국의 통치자에게 코끼리 한 마리를 선물로 보냈다. 튀니지를 거쳐 801년에 이탈리아에 도착한 이 코끼리의 이름은 압바스 왕조 개창자의 이름을 따라 아불 압바스Abul 'Abbas라고 붙여졌다. 이 특별한 선물은 황제 대관과 관련을 맺고 있었던 듯하다. 카롤루스가 로마에서 황제의 관을 머리에 쓰게 된 것이 바로 같은 해 성탄절이었던 데다가 중동에서 코끼리는 여러 세기 동안 권위의 상징으로 간주되고 있었기 때문이다. 이 이국적인 동물은 본질적으로 더할 나위 없이 괴리되어 있던 두 문명 사이에 가느다란 연결고리를 형성했다. 추측하건대 아불 압바스는 라인란트 지방 아헨에 있던 카롤루스의 왕궁에서 어슬렁거리며 위엄 있게 활보했을 것이다. 불편한 생활이었겠지만 이 코끼리는 그곳에서 9년을 생존했다. 810년 공식 국왕 연대기에 사망 소식이 기록될 만큼 이 동물은 충분히 중요한 존재였다.

전쟁 포로를 석방하기 위한 협상들은 종종 외교적으로 교류할 기회였다. 10세기 초 키프로스의 성 데메트리아누스St. Demetrianus가 바그다드로 파견된 것은 바로 이러한 임무를 수행하기 위해서였다. 이때 그가 전달한 콘스탄티노폴리스 총대주교 니콜라오스 미스티코스Nikolaos Mystikos의 편지에는 압바스 왕조의 칼리파가 "내

최고의 친구"라고 표현되어 있다.[5] 물론 이런 표현은 외교적 언사였다. 콘스탄티노폴리스의 관리들은 인접 민족들과 관련된 외교적 교류 및 자료들을 남겼을 뿐 아니라 그 기록들을 어떻게 사용해야 할지도 기록해두었다. 7세기에 범했던 지식 수집에서의 실수를 반복하지 않기 위해서였다. 10세기에 학자 군주 콘스탄티노스 포르피로엔니토스_Konstantinos Porphyrogennetos(재위 913-959)의 영도 아래 그 문서들을 선별해 제작한 외교 편람도 오늘날까지 전해진다. 이 자료는 사라진 옛 제국 문서고 내에 무엇이 보존되어 있었는지 어렴풋하게나마 추측하는 단초가 된다.

성 데메트리아누스가 바그다드에 파견되었을 때 그의 고국 키프로스는 약 2세기 반 동안 이슬람 통치하에 있었다. 그런 사절 임무를 부여받은 데서 미뤄볼 때, 아마도 데메트리아누스는 아랍어에 능통했던 것으로 보인다. 마찬가지로 이슬람 측에서도 그리스도인 통치자들과 접촉하기 위해서 라틴어 지식을 겸비한 그리스도교 성직자를 고용했다. 예컨대 고르체의 요한을 알-안달루스에 사절로 보낸 것에 대한 답례로 레세문도_Recemundo라는 성직자가 코르도바에서 독일 오토 1세의 궁정으로 파견되었다. 레세문도는 남부 에스파냐 엘비라_Elvira: 후에 그라나다 지역의 모사라베 주교였으며, 알-안달루스를 대표하는 지식인으로 평가되던 중요한 인물이었다.

여행은 언어적·문화적으로 통합된 압바스 왕조하의 이슬람 세계 내에서 별다른 제약이 없었다. 이븐 하우칼 같은 사람은 다르 알-이슬람 내부는 물론이고 그 너머 멀리까지도 여행했다. 그는 심지어 위험을 무릅쓰고 사하라 사막을 횡단했으며, 황금이 산출되는 니제르Niger 계곡의 남쪽까지도 돌아봤다. 그러나 그처럼 널리 돌아다니는 여행자들조차 그리스도교 세계 내부로는 결코 여행하려 들지 않았다. (그나마 상인들이 이따금 그런 시도를 했는데, 이는 뒤에서 언급할 것이다.) 그들은 단순히 거기에서 흥미로운 무엇인가를 발견할 수 있으리라고 기대하지 않았다.

압바스 시대의 이슬람 세계는 여러 방식으로 자기 충족적이었다. 예를 들어 무슬림 성지들은 모두 다르 알-이슬람 내부에 있었다. 따라서 메카로 순례할 때 이슬람 세계를 벗어날 필요가 없었다. 반면 그리스도인의 경우 당시에 가장 거룩한 성지들이 그리스도교 세계 밖에 놓여 있었다. 중세 내내 예루살렘과 다른 팔레스타인 성지들로의 순례 행렬이 많지는 않았지만, 꾸준히 이어졌다. 그들 중 아주 소수가 남긴 여행기가 오늘날까지 전해진다. 이 기록들 대부분이 성지의 위치에만 관심을 두는 단순한 일정표에 불과하지만, 개중에는 가끔 당대의 낯선 세계를 마주한 순례자들의 반응을 언급한 것들도 있다.

프랑크 주교 아르쿨프Arculf의 기록은 가장 이른 사례 중 하나다. 670년대에 지중해 동부 지역을 방문한 그는 이집트에 들러 나일 강에서 악어를 보게 된 일이나, 단 하루 만에 알렉산드리아를 걸어서 횡단하려다 그 도시의 거대한 규모에 놀랐던 경험 등을 생생히 기록했다. 팔레스타인에서는 자신의 고향 갈리아에서 흔히 볼 수 있던 마차 대신 낙타들이 모든 것을 실어 나른다는 이야기며, '신앙 없는 사라센인들'이 다마스쿠스에 '새로운 교회'⁶를 건축했다는 이야기도 있는데 이것이 우마이야의 대규모 모스크로 알려진 건물이다. 귀환 길에도 우여곡절이 많았다. 아르쿨프가 탄 배가 갈리아 인근 대서양 해안에서 표류한 것이다. 아르쿨프는 여러 모험 끝에 결국 스코틀랜드의 서쪽 해안에 있는 아이오나ɪona 수도원에 다다르게 되었다. 그곳에 머물면서 수도원의 한 서기에게 자신의 순례 경험을 구술해 기록하게 했다. 이 기록뿐 아니라 다른 여러 기록에서도 눈에 띄는 특징은 여행자들이 이슬람 종교 문화에 대해 별다른 관심을 보이지 않았다는 사실이다. 일반적으로 무슬림들이 그리스도교에 무관심한 것만큼이나 그리스도인 역시 이슬람에 관심을 보이지 않았다.

정복자들을 따라 전파된
문화와 기술

이는 일반적인 문화의 확산 과정에서 나타나는 상호작용하는 모습과는 달랐다. 그리스도인 예술가와 장인들은 초기 이슬람 종교 건축에 동원되었다. 사례로는 아르쿨프가 다마스쿠스에서 직접 본 모스크 또는 예루살렘에 있는 바위 사원을 들 수 있는데, 그들은 새로운 장인들에게 석조 조각과 모자이크 기술을 전수했다. 한 12세기 작가는 칼리파 알−왈리드 1세al-Walīd I(재위 705–715)가 콘스탄티노폴리스의 황제에게 다마스쿠스의 모스크 건축을 위해 1만 2,000명의 장인을 파견해달라고 요청한 사실을 언급했다. 그 수는 과장되었을 가능성이 크지만, 진술 자체는 신뢰할 만하다. 그 기술자들이 누구인지 구체적으로 밝혀내기는 거의 불가능하지만, 다른 실용적인 기술들도 이리저리로 건너갔다.

당대인을 공포에 떨게 했던 '그리스의 불'을 예로 들어보자. 콘스탄티노스 포르피로옌니도스가 "관을 통해 뿜어나오는 유동성 화염"이라고 명명한 이 무기는 석유를 기반으로 했던 것으로 보인다. 그는 그 무기의 비밀을 하느님이 계시했다고 주장했다. 한 천사가 나타나 "오직 그리스도인만 그리고 콘스탄티노폴리스같이 그들이 통치하는 도시에서만 제작하고 그 외의 도시에서는 금하며, 다른 어떤 민족이나 국가에 전수하거나 가르쳐줘서는 안 된다"고 엄격히 지시했다는 것이다.[7] 좀 더 평이한 전승도 있다. '그리스의 불'은 7세기 레바논의 기술자 칼리니쿠스Calinicus의 발명품이며 그가 이슬람을 피해 비잔티움 제국으로 도망쳐 나오면서 제조법을 지니고 왔다. 제조법을 비밀로 유지하려던 당국의 조치는 그리 오래가지 못했던 것으로 보인다. 콘스탄티노스가 관련 지식을 기록으로 남기도록 지시하면서 끝부분에 뇌물을 받고 비밀을 누설한 한 관리가 하늘에서 내려온 불에 타버렸다는 도덕적인 이야기를 덧붙이기도 했으나, 당시 이슬람의 해군 지휘관들이 그 기술을 익히 알고 있었기 때문이다. '그리스의 불'은 10세기경 그리스도인과 무슬림 양 진영에서 '전함의 필수 무기'였다.[8]

기술이 그리스도교 세계로부터 다르 알-이슬람으로 확산된 사소한 사례로는 밑창에 코르크를 댄 샌들을 들 수 있다. 이것은 로마 시대 에스파냐에서 개발된 신발로 코르크-떡갈나무의 껍질을 재료로 이용했다. (영어 '코르크cork'는 아마도 '떡갈나무oak'를 의미하는 라틴어 '퀘르쿠스quercus'에서 간접적으로 유래했을 것이다.) 무슬림이 에스파냐를 정복한 이후 정복자들은 이 가볍고 내구성이 좋으며 편안하고 비싸지 않은 신발을 넘겨받아 북아프리카를 거쳐 중앙 이슬람 국가들이 있는 동쪽으로 확산시켰다. 그로부터 14세기가 지난 현재까지도 계속 사용하고 있다.

반대 경로, 즉 기술 이전이 다르 알-이슬람에서 그리스도교 세계로 이뤄진 다양한 사례 중 세 가지만 살펴보자. 이것들은 단순하지만, 결정적인 중요성을 지닌 것들이다. 첫째는 관개灌漑 목적으로 동물의 힘을 이용해 물을 끌어 올리는 기술이다. 이를 아랍어로 *싸끼야*saqiya라고 부른다. 당나귀, 노새 또는 낙타 등의 동물은 연결봉에 밧줄로 매어져 있고, 그 봉이 회전반을 돌린다. 이 회전반은 일종의 톱니바퀴 방식으로 연결되어 그와 연동된 또 다른 회전반을 돌리는데 다시 수원水源 위에 수직 방향으로 놓인다. 이 수직 회전반 둘레에 달린 여러 개의 단지가 돌면서 물을 채운다. 회전반이 돌면서 그 속에 든 물로 수조를 채움으로써 다시 필요한 곳에 물을 공급할 수 있다. 이 장치의 제작과 유지는 복잡하지 않으나, 인간의 노동력을 대폭 절감시킨다. *싸끼야*는 이슬람 등장 이전에 지중해 동쪽 지역에 알려져 있었으나 실제로 널리 확산된 것은 이슬람 지배하에서였다. 에스파냐에는 아마 9세기경에 전해졌고, 11세기에는 안달루시아의 농법 학자들이 *싸끼야*에 대해 논의하기도 했다. 그들은 '단지 화환pot-garland'이라고도 불린 수직 봉의 회선반에 올리브 같은 단단한 나무를 써야 하고 물의 압력에 의한 파손을 방지하기 위해 단지들에 배출 구멍이 하나씩 있어야 한다고 권고했다. 12세기에 안달루시아의 한 시인은 시를 지어 이 물 회전반을 찬양하기도 했다. 에스파냐의 그리스도인들은 이 기술을 이웃 무슬림들로부터 들여왔거나 무슬림 영토를 재정복했을 때 취득했을 것이다. 근대 에스파냐에서 수압 응용 기계에 대한 용어들이 대부분 아랍어에서 기원한 사실은 이러한 맥락을 반영하고 있다.

두 번째 사례는 수판abacus이다. 수학 계산을 도와주는 이 단순한 도구는 로마 제국부터 중국까지 고대 세계에 널리 알려져 있었다. 그렇지만 중세 초 서양에서는 그에 대한 지식이 잊혔다. 매우 이례적이게도 수판이 서양에 재도입된 시기는 비교적 정확하게 확인할 수 있다.* 960년대에 오리야크의 제르베르Gerbert d'Aurillac라는 젊은 프랑스 성직자가 일정 기간을 카탈루냐에서 공부하며 보냈다. 그는 프랑스로 귀환하는 길에 랭스에 몇 년간 체류하면서 수학 선생으로 명성을 얻었다. 제르베르는 984년 동료에게 서신을 쓰면서 에스파냐인 요셉Joseph the Spaniard이 저술한 작은 책 『곱셈과 나눗셈에 대하여On the Multiplication and Division of Numbers』를 빌려

---

* 국내에 번역된 낸시 마리 브라운의 『주판과 십자가』(최정모·김유수 공역, 자연과사람, 2015)에 관련 내용이 상세히 서술되어 있다.

달라고 요청했다.[9] 당시에 '에스파냐인', 즉 라틴어로 히스파누스 Hispanus는 이베리아반도에 본래부터 거주했던 사람이 아니라 최근에 알-안달루스, 즉 무슬림화된 에스파냐로부터 이주해온 사람을 가리키는 말이었다. 따라서 요셉이 무슬림화된 남쪽에서 온 그리스도인이거나 유대인 이주민이었음을 알 수 있다. 그가 이 지식을 들여왔으며, 그 수학 서적이 세르베르가 카탈루냐에서 공부하는 동안 그의 주의를 끌었다. 제르베르도 수판에 대한 책을 한 권 썼는데, 이는 요셉의 유실된 책을 기반으로 했음이 거의 확실하다. 수판 지식은 11세기 동안 서양 그리스도교 세계에 확산되면서 빠르고 정확한 계산을 처음으로 가능케 했다. 라 가르드-프레네에서 체포된 마욜의 후임 클뤼니 수도원장 오딜로Odilo는 1049년 임종했는데, 55년 동안 수도원장으로 재직하며 얼마나 많은 미사를 드렸는지 알기 원했다. 바로 그때 한 수도사가 순식간에 그 의문을 풀어줄 수 있었던 것은 전적으로 수판 덕이었다.

종이가 세 번째이자 마지막 사례다. 이슬람 사료들은 종이 만드는 비법을 압바스 왕조 초기 사마르칸트에서 벌어진 전투 중 사로잡힌 한 중국인 전쟁 포로로부터 입수했다고 주장한다. 이 이야기가 진실이든 아니든 확실한 사실은 종이가 8세기 말 이전 바그다드에서 생산되었으며 그 기술이 이후 약 2세기에 걸쳐 그곳으로부터 시리아, 이집트, 북아프리카로 확산되어간 사실을 추적할 수 있다는 점이다. 당시 한 전문가가 목록화한 종이의 종류 중에는 유난히 가벼운 '깃털 종이bird's papier'도 있었다. 전송 비둘기를 통해 전달해도 충분할 정도로 얇아서 붙어진 이름인데, 최초의 항공 우편용 종이였던 셈이다. 알-안달루스에서는 발렌시아 인근의 하티바Játiva라는 도시가 종이 생산의 중심지였다. 이곳 기술이 에스파냐의 그리스도인 지역에도 전파되어 늦춰 잡아도 12세기에는 카탈루냐에서도 종이가 생산되었다. 가령 1196년 바르셀로나의 어느 증인들은 최근 사망한 한 관리의 유언을 아마도 다른 사적인 문서와 더불어 '종이 책libro de paperio'에 필사했다고 대수롭지 않게 공표할 수 있었다.[10] 아라곤의 왕 차이메 1세Chaime I d'Aragón(1208-1276)가 1244년 하티바를 정복한 이후에도 그곳의 종이 제작 산업이 국왕의 보호 아래 계속되었고, 이로써 왕국의 상서청chancery이 주요 필기도구를 양피지 대신 종이로 교체할 수 있었다.

아랍인들은 위에서 언급한 기술뿐 아니라 다른 여러 기술을 정복 과정에서 우연히 접한 후 수용했고 이슬람 세계 내부에 확산시켰으며, 이어 그리스도교 세계로까지 전파했다. 고대의 학문에 대해서도 같은 확산 방식이 적용되었다. 2부 앞부분에서 살펴보았듯이 그리스로부터 시리아를 거쳐 아랍으로 이어지는 지식의 전달은 8세기와 9세기 동안 활발했다. 그 후에 서로 연계된 두 종류의 진전이 있었다. 하나는 이슬람 지식인들이 이 집적된 지식을 확장하고 심화시킨 일이고 다른 하나는 이 지식이 다르 알-이슬람 전역에 걸쳐 확산된 일이다.

탁월한 지성의
이슬람 지식인들

확장과 심화의 국면을 설명하기 위해 걸출한 세 인물을 소개할 필요가 있다. 알-킨디Al-Kindī(800?-867)는 이슬람 세계에 등장한 최초의 저명한 철학자였다. 그는 바그다드의 고위 관리이자 칼리파 가족의 조언자로서 거의 모든 지식의 영역을 아울렀는데, 그중 수학, 천문학, 점성술, 화학, 야금술, 해몽법 등에 대해 글을 남겼다. 그가 사상가로서 명성을 얻게 된 이유는 이슬람 내에서 그리스, 특히 아리스토텔레스 철학과 『꾸란』에 구체화되어 있는 계시 사이의 관련성을 숙고하고 나아가 조화시키려 시도한 최초의 인물이었기 때문이다.

서양에 아비센나Avicenna라는 이름으로 알려진 이븐 시나Ibn Sīnā(980-1037)는 궁정에 빈번하게 드나들던 군주들의 조언자였다. 그는 알-킨디보다 좀 더 동요하던 시대를 살았으며, 경력도 꽤 이례적이었다. 그는 철학자로서 이성과 계시 사이의 항존하는 갈등 문제에 관심이 있었다. 주저 『(무지로부터) 치유의 서Kitāb ash-Shifā』는 논리학, 물리학, 수학, 형이상학에 대한 표제어들로 구성된 일종의 철학 백과사전으로 플라톤, 아리스토텔레스, 신플라톤주의자들을 광범위하게 참조했다. 이븐 시나는 걸출한 의사이기도 했다. 그는 갈레노스의 저작들에 기반을 두고 고대의 의학 지식을 집성했으며, 『의학 정전al-Qānūn』은 그가 사망한 후 오랫동안 의학의 표준 교과서로 쓰였다.

이븐 시나와 동시대에 살면서 그와 절친한 관계를 맺고 있던 알-비루니al-Bīrūnī(973-1048)는 과학적 지식과 역량이 매우 뛰어난 학자였다. 그는 군주의 조언자 자격으로 인도를 여행했으며, 거기서 산스크리트어를 배웠다. 그가 그 경험을 토대로 해박한 지식을 담아 저술한 『인도의 책Kitāb al Hind』은 동료 무슬림들에게 힌두교의 지식을 보급하는 중요한 역할을 했다. 그 외에도 천문학, 식물학, 약리학 등에 대해 집필했다. 그가 자신보다 1,000년 앞서 활동했던 고대의 위대한 약학자 디오스코리데스*보다 약 5배나 많은 약초에 관해 기술했다는 사실은 이슬람권 과학자들이 앞선 시대의

---

* 페다니오스 디오스코리데스Dioskorides는 1세기 중엽에 활동한 그리스의 약학자이자 식물학자다. 저서 『약물지De Materia Medica』는 약 600종의 식물과 1,000종에 달하는 약용 식물을 다루고 있어 16세기까지 권위 있는 서적으로 활용되었다.

학자들에 견주어 얼마나 탁월했는지 비교하는 하나의 척도로 여겨지곤 한다. 알-비루니는 숙련된 과학 기구의 제작자이기도 했다. 1018년 오늘날의 이슬라마바드 근처에서 관측한 지구의 반경과 원주는 현대의 측정치와 비교해도 그 오차가 각각 15킬로미터, 200킬로미터에 불과할 정도로 놀랍도록 정확했다.

이슬람 세계 내부에서 문화가 확산되는 속도를 실감하려면 지중해 가장 서쪽을 다시 살피는 것이 좋다. 이 지역이야말로 중동 지방의 지식을 수용함으로써 종전의 야만적 모습을 빠르게 탈피했기 때문이다. 9세기 초에 건설된 페즈는 단기간 내에 교육 도시로 평판을 얻었다. 코르도바 역시 10세기 우마이야 왕조 지배하에서 비슷한 발전을 겪었다.* 우마이야 통치자 중 한 사람은 서적수집가로 유명해 멀리 이란까지 가서 책을 구해오도록 지시하기도 했고, 획득한 책을 신속히 필사해 보급하려고 코르도바에서 명필가 집단을 거느렸다. 이처럼 군주의 후원은 언제나 문화적 확산을 가능케 하는 가장 중요한 요인 중 하나였다.

그런가 하면 외교적 교류를 담당하던 현지 대리인도 비슷한 역할을 할 수 있었다. 949년 비잔티움 제국의 어느 사절이 코르도바 궁정에 디오스코리데스 저작물의 호화스러운 필사본을 선물

---

* 우마이야 왕조가 멸망한 후 그 일족인 아브드 알 라흐만이 코르도바에 건설한 이슬람 국가(756-1031)를 가리킨다. 929년부터는 칼리파국을 자칭했다. 후우마이야 왕조 또는 서칼리파국으로도 불린다.

로 전달했다. 그런데 그 저작물이 이미 아랍어로 번역되었지만, 번역판이 아직 알-안달루스까지 도달하지 않은 상황이었다. 에스파냐에는 그리스어를 읽을 수 있는 학자들이 없었기에 코르도바 궁정은 콘스탄티노폴리스에 지원을 요청했다. 그리하여 그리스어를 잘 아는 수도사 니콜라스가 951년 에스파냐에 파견되었다. 시칠리아에서도 그리스어 지식을 지닌 무슬림 학자 한 사람을 발견할 수 있었다. 이 두 사람은 함께 일군의 에스파냐 학자들에게 디오스코리데스 텍스트를 설명했다. 이 집단에는 흥미로운 사람들이 포함되어 있었다. 훗날 디오스코리데스 주해서를 쓴 알-안달루스 토박이 출신의 이슬람 학자 이븐 줄줄Ibn Juljul이 있었고, 저명한 유대인 의사이자 궁정 관리 하스다이 이븐 샤프루트 Hasday ibn Shaprut, 농경법과 식물에 대한 정보들을 담은 『코르도바 달력Calendar of Córdoba』의 제작자이자 독일에 사절로 파견된 경험도 있던 엘비라의 모사라베 주교 레세문도 등도 있었다. 이들은 진정 국제적이며 여러 종파에 속한 학자 집단이었다. 그들의 연구와 토론으로부터 11세기 에스파냐에서 적극 활동한 비공식적인 식물학 '학파'가 발전했다. 그들은 종종 이슬람 세계의 지배층으로부터 높이 칭송받았던 정원들에 배속되었다. 정원은 본질적으로 감각을 즐기고 낙원의 정원을 미리 맛보는 휴식 장소였지만, 그 외에 '의술 및 의약 정원'인 약장藥藏, physic gardens으로서의 기능도 중시되었다.

교역의 영향과
피렌 테제

그리스도교 세계와 이슬람 세계 사이에는 외교, 순례, 기술, 사상 등 다양한 영역에서 상호작용이 있었다. 여기에 반드시 추가해야만 하는 영역이 바로 교역이다. 중세 초기 교역 연구는 불가피하게 위대한 벨기에 역사가 앙리 피렌Henri Pirenne(1862-1935)의 이름과 연결되어 있다. 그는 로마 제국에서 중세적 세계 질서로의 이행 과정에 대해 숙고하면서 이슬람의 흥기가 초래한 경제적 영향에 중대한 의미를 부여했다. 그가 자신의 생각을 처음으로 상세히 표명한 것은 독일군이 벨기에를 점령함으로써 1916년 졸지에 포로 신세가 되어 맞게 된 포로수용소의 낯선 환경에서였다. 그곳 동료 수감자들을 대상으로 했던 유럽 경제사에 관한 일련의 강의들에서 그 유명한 '피렌 테제'의 씨앗들이 배태되었다. 피렌의 견해들은 1차 세계대전 이후 1920년대에 발표된 다수의 논문과 저서들을 통해 발전적으로 도출되었고, 그가 사망하기 직전 완성한 책에 최종적으로 명료하게 표현되었다. 그 책의 영어판은 1939년에 『무함마드와 카롤루스Mohammed and Charlemagne』라는 제목으로 출판되었다. 피렌의 핵심 주장은 본질적으로 단순했다. 그에 따르면, 로마적 질서는 지중해의 도시들과 교역이라는 토대에 의존하고 있었으며, 이는 5세기의 게르만 대이동에 의해서도 거의 붕괴되지 않았다. 본격적인 혼란과 변화는 그보다 늦은 7세기에 이슬람에 의해 이뤄졌다. 무슬림들이 지중해를 차지한 후 경제 활동에서 다른 세력의 참여를 배제함으로써 서양 그리스도교 세계를 후퇴시켰다. 남부의 도시화된 경제로의 접근이 거부됨으로써 프랑크 왕국으로 대표되는 서유럽 문명은 '미발달한' 농촌적이며 봉건적인 모습을 띠게 되었다. 이 같은 논리에 따르면, 피렌이 만들어낸 가장 유명한 경구 "무함마드가 없었다면 카롤루스라는 존재는 생각할 수 없다"는 전적으로 옳다.[11]

피렌 테제는 지난 80년 동안 역사가들 사이에 광범위하게 논의되어왔다. 그의 주장은 거시적이면서도 반박될 수 없는 진실을 담고 있다. 즉, 이슬람이 지중해 세계로 터져 나오면서 그 넓은 공간을 절반으로 나누었다는 점, 비잔티움 제국을 이전 시기의 그림자에 지나지 않을 정도로 축소시켰다는 점, 그리스도교 문화의 북서쪽으로의 이동이 북해의 해안에도 문명의 융성을 가능하게 하는 조건들을 만들어냈다는 점은 모두 논란의 여지 없는 사실이다. 그러나 피렌의 주장 중 적지 않은 세부 사항들은 이제는 설득력이 없는 것으로 여겨지고 있다. 피렌 시대에 중세 고고학과 고전학古錢學 같은 분과 학문이 유아기에 불과했다면, 오늘날에는 이용 가능한 자료가 방대하게 늘어났다. 예를 들면 마르세유의 고고학적 증거들은 이슬람의 침입 *이전에* 시중해 세계에 극심한 경제적 혼란이 시작되었음을 보여준다. 기록 문헌들을 면밀하게 검토한 역사가들은 피렌이 도출해낸 결론들에 대해 신중한 입장을 취한다. 그가 연구에 활용한 성인전 역시 근래 연구에서 규명한 이 사료의 구조와 목적의 미묘함을 감안하면 그가 지나치게 단순하고 일방적으로 해석한 것으로 판단된다. 피렌이 견지하고 있던 가정들과 편견들도 영향을 끼쳤다. 피렌은 벨기에의 산업혁명을 통해 성장한 상층 부르주아지의 일원이었던 탓에 농업과 농촌 사회에 전혀 관심을 두지 않았다. 이러한 기질적인 성향은 압도적으로 농업적 사회였던 고대와 중세 초 세계의 경제 생활에 대한 오해를 유발했다. 간략히 줄이면, 피렌이 중세 초 유럽의 사회 경제사를 매우 단순화해 설명했던 것에 비해, 오늘날에는 훨씬 더 복합적이고 미묘하며 특성이 다양한 것으로 해석하고 있다.

중동의 이슬람은 특정 생필품에 대한 요구가 점증해 그 주변 지역들을 끌어들였다. 아마도 세계사에서 가장 빠른 속도로 급성장했을 바그다드에 뒤이어 티그리스강 유역의 사마라Samarra 같은 궁전 도시들이 건설되면서 건축과 가사 노동을 담당할 대규모의 노예가 필요해졌다. 동아프리카, 중앙아시아, 후에 러시아가 들어서는 북쪽의 광활한 미개지 등 그들은 발견할 수 있는 곳이라면 그 어디에서라도 노예들을 얻으려 노력했다. 이 러시아 지역의 주요 공급책은 사료상에 루스Rus 또는 로스Rhos라고 언급되는 스칸디나비아의 상인 탐험가들이었다. 이븐 파들란Ibn Fadlān이라는 무슬림 관리는 이 사람들에 대한 생생한 기록을 남겼다. 그는 922년 외교 업무를 수행하던 중 볼가강 상류에서 한 튀르크족 족장을 만났다.

그들이 자신들의 나라를 떠나 이곳으로 와 머무르면서 거대한 강 볼가의 한쪽 기슭에 배를 묶어둘 때면 해안가에 한 동에 10~20명을 수용할 수 있는 커다란 목재 가건물들을 짓는다. (…) 그 배들이 정박 장소에 도착하면 모든 사람은 배에 실린 빵, 고기, 양파, 우유, 맥주를 갖고 해안가 쪽으로 이동하고 이어서 곧추선 긴 기둥 앞으로 간다. 그 나무에는 사람의 모습을 한 큰 형상이 하나 있으며 주변에는 그보다 작은 형상들이 둘러싸고 있다. 그 뒤쪽의 바닥에는 말뚝들이 박혀 있다. 한 루스인이 그 큰 조각상 앞에 부복한 채 "오 신이시여, 나는 먼 나라에서 왔습니다. 아주 많은 여자와 담비 모피를 지니고 있습니다"라고 말한다. 이어서 그는 다른 상품들도 일일이 열거한다. 그러고 나서 "나는 당신에게 드릴 선물들을 가져왔습니다"라고 말하고 신에게 바치는 것을 그 옆에 늘어놓는다. 이어서 "당신께서 내 상품들을 구매할 많은 디나르와 디르함을 보유한 상인을 보내주시기를 원합니다."[12]

노예들은 이슬람의 노동력을 증대시켰고, 외국에서 온 모피들은 이란의 추운 겨울 동안 지배 계층을 돋보이게 했다. 그 상품들에 대한 대가로 압바스 왕조에서 통용되던 디나르와 디르함, 즉 은화가 지불되었다. 발굴된 러시아와 스칸디나비아의 동전 저장소들에서는 이런 은화들이 수없이 많았다. 이는 이븐 파들란의 보고가 사실이었음을 보여주는 반박할 수 없는 증거들이다. 9세기와 10세기에 북쪽에서 풍부하게 유통되던 이 은괴 가운데 일부는 서유럽의 민족들과 교류하는 새로운 사업에 주로 투자되었다. 로마 시대 이래로 서유럽에서 가장 두드러진 도시들의 성장이 루앙, 링컨, 요크, 더블린 등 스칸디나비아 상인들이 자주 드나들고 정착했던 거점들에서 이뤄졌다는 사실은 우연이 아니다. 중동 이슬람의 경제적 견인이 그 같은 간접적인 방식으로 서유럽 시민 계층의 성장을 촉진했다. 북유럽과 관련해보자면 피렌 테제는 반박되었다.

지중해가 '이슬람의 호수'가 되었으며, 그리스도인 상인들이 그곳에서 추방되었다는 피렌의 판단은 과장되었다. 앞서 서술한 이슬람 이전의 경제적 혼란은 그 기원이 흑사병*에 의한 인구 감소에 있었다. (물론 이 부분에 대해서는 현재도 여전히 논란이 진행 중이다.) 지중해의 원거리 교역은 감소했고 도시들은 축소되었으며 산업은 쇠퇴했다. 콘스탄티노폴리스조차 침체를 겪었는데, 공공건물들이 방치되었고 5세기에 지어진 성벽 내의 넓은 공간들이 채소를 재배하고 양과 소를 방목하는 용도로 전용되었다. 그 후로도 경기 후퇴는 지속되었다. 8세기에 최저점을 기록했으며 9세기에는 거의 감지하기 어려울 정도로 서서히 회복되기 시작했다. 그러나 그리스도인과 무슬림 지역들 사이에 상업적 접촉이 완전히 단절된 적은 없었다. 교황청 상서청은 이 기간 내내 이집트에서 수입한 파피루스 재료로 계속 문서들을 생산해냈다. 앵글로색슨 웨섹스 왕국의 알프레드 대왕Alfred the Great(재위 871-899)은 전기 작가이자 웨일스의 사제였던 친구 아서Asser에게 동아프리카산이나 인도산 향료를 "건장한 남자 한 사람이 짊어질 양만큼" 보냈다.[13] 아마도 그 향료는 지중해를 거쳐 서유럽 그리스도교 세계에 수입되었을 것이다.

10세기와 11세기에는 그리스도인과 무슬림 상인들 사이에 상업적 교류가 꽤 활발했다. 특히 이탈리아 도시 두 곳이 이슬람 세계에서 상품이 유입되는 중요한 통로였다. 한 도시는 나폴리 남쪽의 아말피였고, 다른 하나는 북동쪽의 베네치아였다. 불리한

---

* 이는 흑사병의 첫 번째 판데믹을 의미하는데, 이 역병은 541년 유스티니아누스 황제 재위기에 이집트에서 발생해 콘스탄티노폴리스는 물론 교역로를 따라 지중해 전역으로 확산되어 비잔티움 제국의 재건에 치명적인 타격을 주었다.

상황에서 최선을 다해오던 아말피 사람들은 10세기에 들어 무슬림 약탈자들의 편을 들면서 번영을 누렸다. 아말피 상인들이 대가로 얻은 보상은 상업적 특권이었다. 이들은 비단, 각종 향신료, 상아 등 서유럽 봉건 귀족들이 구하려고 혈안이 되었던 사치품들을 유통해 큰돈을 벌어들였다. 이븐 하우칼이 이 도시를 "롬바르디아(즉 이탈리아)에서 가장 번성하고 있는 도시"라고 언급한 것은 조금도 이상한 일이 아니었다.[14] 바다에 둘러싸인 베네치아는 중세 초 외부의 공격에서 벗어난 덕에 부상하게 되었다. 이도시는 명목상으로 비잔티움 제국에 종속되어 있었으나 실제로는 10세기에 독립적인 도시 국가였으며, 그리스도교 세계에서 유일하게 전적인 상업 도시였다. 11세기에 한 방문자가 경이롭게 여겼듯이 "주민 중 땅을 갈거나 파종하고 포도를 수확하는 사람은 아무도 없었다."[15] 베네치아의 상인들은 콘스탄티노폴리스와 거래하며 유리한 조건들을 협상할 수 있었다. 한편으로 그들은 이슬람의 상인들과도 거래했다. 11세기 초의 한 비망록에는 다음과 같은 글이 적혀 있다.

베네치아인들은 (롬바르디아 지역의) 파비아에 올 때마다, 1년에 한 차례씩 회계 책임자에게 후추, 계피, 금방동사니galingale: 생강의 일종, 생강 각각을 1파운드씩 상납해야 한다. 그의 부인에게는 상아 빗과 거울 하나씩, 화장대 장신구들을 제공해야 한다.[16]

이는 전형적인 이슬람 세계의 상품들로서 틀림없이 베네치아 상인들이 이집트에서 구입했을 것이다. 그렇다면 이들은 그 대가로 무엇을 주었을까? 확실히 알 수는 없지만, 노예, 목재, 소금 등이 카이로에서 지속적으로 필요로 했던 상품들이었다.

이같이 대략 750년에서 1000년 사이 그리스도교 세계와 이슬람은 서로 왕성하게 접촉했다. 어떤 경우는 폭력적이며 파괴적이었고, 또 어떤 경우는 관계가 화목해서 서로 이득이 되었다. 부지런히 교류를 이어준 사람들은 전사, 외교 사절, 개종자, 상인, 순례자, 학자, 예술가, 장인, 노예였다. 두 문명의 이질적인 성격을 고려할 때 꽤 의아스러운 점은 양측 모두 상대 문명의 종교에 대한 관심이 결여되어 있었다는 사실이다. 그리스도인들은 이단적인 이스마엘의 후손들에게 언짢은 적의를 유지했다. 무슬림들은 그리스도교 세계에서 과학적 지식이나 생필품의 풍부한 원천을 발견했지만, 그 외에는 가치 있는 것을 찾지 못해 무시했다. (9세기 바그다드에서 활동한 알-타바리와 주변 지식인 집단은 예외에 해당한다.) 그리스도인과 무슬림은 서로 종교적 반감을 지니고 있었지만, 그 상태에서 어울리며 공존했다. 그 같은 상황에서 누군가 종교적 열정을 내세우며 격렬하게 선동한다면 폭력적인 대결로 발전하는 것은 불가피했을 것이다.

3부

경계를 넘은
그리스도교와 이슬람

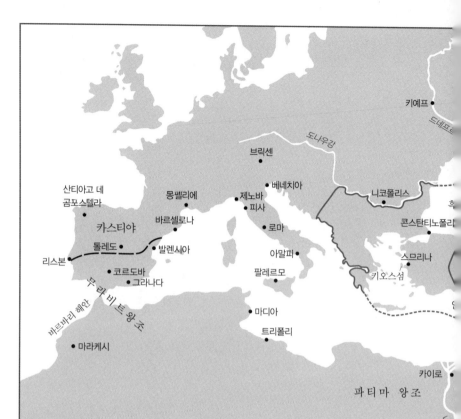

키예프 •

드네프르

도나우강

브릭센

베네치아
제노바 •
몽뻴리에   피사

산티아고 데   •   니코폴리스
곰포스텔라

카스티야   바르셀로나   로마   콘스탄티노폴리

톨레도   발렌시아   아말피   스므리나

리스본   팔레르모   키오스섬

• 코르도바
• 그라나다

무라비트왕조

바르바리 해안

마디아

트리폴리

• 마라케시   카이로 •

파 티 마 왕 조

나일강

흑

0   800킬로미터
0   500마일

—— 1140년경 대략적인 비잔티움 제국 경계선
① 우트르메르 ① 에데사 백령 ② 안티오크 공령 ③ 트리폴리 백령 ④ 예루살렘 왕국
--- 1147년 리스본 정복 후 이베리아반도의 그리스도교와 무슬림 간 경계선

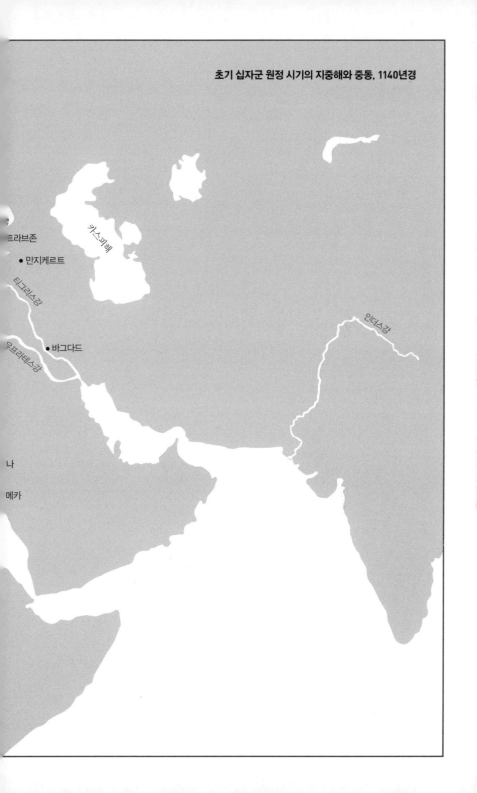

초기 십자군 원정 시기의 지중해와 중동, 1140년경

카스피해

트라브존
● 만지케르트

티그리스강

유프라테스강

● 바그다드

인더스강

나

메카

中세 그리스도교 세계는 십자군에 엄청난 관심을 기울였고 이를 진지하게 지속적으로 관심을 가져 마땅한, 도덕적 무게감과 위엄을 지닌 주제로 여겼다. 이슬람 화자들에게 십자군 원정은 이슬람 세계 가장자리를 성가시게 한 소규모 접전에 지나지 않았다. 십자군은 이를테면 한때 왔다가 떠난 이들이었다.

동서 변경 지대의
그리스도인과 무슬림

10세기에 진행된 비잔티움 제국의 '재정복' 활동이 성공을 거두어 아르메니아, 남동부 아나톨리아, 북부 시리아의 영토들이 수복되는 과정에서 비잔티움 병사들은 『꾸란』의 사본을 모두 수거해 소각하라는 명령을 받았다. 그런데 당시 콘스탄티노폴리스 중심지에는 외교관이나 상인, 전쟁 포로 등을 위한 '사라센인들의 모스크'¹가 꽤 오랜 기간 존재했다. 이 모스크는 2부에서 언급했던 황제 콘스탄티노스 포르피로옌니토스의 지시로 제작된 외교 편람에도 등장한다. 더욱이 편람의 저자는 '모스크'에 대응되는 정확한 용어까지 알고 있었다. 이는 그리스어 마스지디온*masgidion*이라는 단어로 어원은 아랍어 마스지드*masjid*였다. 이 지점에서 군영의 비관용적 분위기와 상대적으로 우호적인 수도의 분위기가 분명한 대조를 이룬다. 어찌 보면 이는 그리 놀라운 일이 아닐지 모른다. 콘스탄티노폴리스에 대해 알려진 지식에 비해 지방에 대한 정보가 아주 적다는 사실은 비잔티움 문명에 관한 연구에서 언제나 역사가들을 곤경에 처하도록 만든 문제였기 때문이다. 그렇다면 그리스도인과 무슬림이 나란히 생활하던 변경 지대에 어떤 편견이나 태도가 퍼져 있었는지를 파악할 방법이 정말 없을까?

다행히 주인공 이름을 딴 「디예니스 아크리티스Digenes Akrites」라는 제목으로 알려진 시의 존재 덕에 이 질문에 대해 조심스레 긍정적 답변을 내놓을 수 있다. 서사시이자 원시 기사도 소설 혹은 담시譚詩, ballad 모음이라고도 할 만한 이 시는 바실리오스Basileios라는 영웅의 용맹스러우면서도 호색적인 무훈담이다. 주인공은 디예니스, 즉 '두 번 태어난 자'이면서 동시에 아크리티스, 즉 '변경 군인' '국경 수비대' 혹은 '변경의 평화를 수호하는 자'이고 이야기의 무대는 콘스탄티노폴리스에서 수백 킬로미터 떨어진 동부 오지의 변경 지대다.

이 시는 기이하고 인상적인 동시에 문제적 작품으로서, 오늘날 전해지는 형식으로 엮어진 시기는 아마도 1100년 전후였을 가능성이 크다. 그러므로 당대인이 가졌던 일단의 태도들이 이 작품에 반영되어 있으리라고 기대해볼 만하다. 작품 속 설명에 따르면, 바실리오스가 '두 번 태어난 자'라는 별칭을 얻은 이유는 '무슬림 아버지와 비잔티움인 어머니' 사이에서 출생했기 때문이다.[2]

그의 아버지는 시리아의 어느 에미르emir*였는데, 비잔티움 세국을 노략질하던 중 바실리오스의 어머니를 납치해갔다. 그는 결국 그리스도교로 개종한다는 조건으로 납치된 여성의 가족으로부터 결혼 승낙을 받아냈다. 즉, 두 남녀는 사랑과 결혼을 위해 종교적 신념까지 바꾼다. 문화를 뛰어넘은 사랑이야말로 이 작품의 중요한 주제인 셈이다. 실제로 이 작품에서는 모든 종류의 문화적 충성이 꽤 유동적이다.

두 번 태어났다는 영웅 자신이 화자로 등장하는 제5권을 예로 들어보자. 디에니스 아크리티스가 청년이었을 때의 일이다. 그는 결혼하고 나서도 변경 지역에서 혼자 살다가 어느 날 시리아 내륙으로 여행을 떠났다.[3] 여행 도중 그는 어느 오아시스에서 슬픔에 빠진 한 여인을 만나 사연을 듣게 된다. 이 여인은 '모든 것의 에미르, 하플로랍데스Haplorrabdes'의 딸인데[4] 아버지에게 잡혀 있던 어느 비잔티움인 포로와 사랑에 빠져 집에서 함께 도망쳐 나왔다. 그런데 남자가 이 오아시스에서 돌연 자신을 두고 떠나버려, 같은 자리에서 벌써 열흘째 그가 돌아오기를 하염없이 기다리고 있다는 것이다. 여인은 덧붙이기를, 아랍인에 포로로 잡힌 아들의 몸값을 치르러 길을 가던 어느 여행객으로부터 "닷새 전

---

* 사령관, 장군 또는 상왕High King을 의미하는 용어로 아미르Amir로 표기하기도 한다. 본래는 칼리파가 파견한 군사 지휘관을 가리키는 용어였으나 압바스 칼리파국의 몰락 이후로는 독립적인 '제후'의 지위를 얻는다.

에 당신 연인이 무수르Mousour라는 악명 높은 강도의 습격을 받은 것을 보았으나, 용맹한 변경 청년(바로 디예니스 아크리티스)이 그를 구출해주었다"는 이야기를 들었다고 했다. 바로 이때 아랍인 약탈자들이 공격해오면서 둘 사이의 대화가 잠시 중단된다. 우리의 영웅인 주인공이 그들을 쫓아버리자 그제야 여인은 그의 정체를 묻는다. 이에 디예니스는 자신이 무수르를 처단하고 연인의 생명을 구해준 바로 그 변경 사람이라고 고백한다. 그러면서 여인에게 "만약 당신이 그 천박한 에티오피아인의 신앙[=이슬람]만 부인한다면 연인과 다시 만나 결혼할 수 있도록 돕겠다"고 제안한다.[5] 여인은 연인의 권유로 이미 그리스도인이 되었다면서 "욕망의 노예가 된 처지였으므로 그가 하는 말은 무엇이든 흘려들을 수 없었다"고 설명했다.[6] 이렇게 해서 그들은 함께 길을 떠나게 된다. 그런데 여정 중에 바실리오스가 그녀를 유혹해 동침하는 일이 벌어진다. 여인의 의사에 반한 행위였던 만큼, 이것은 아마도 강간에 가까운 사건이었을 것이다. 머잖아 바실리오스는 과오를 뉘우친다. 그는 두 연인을 재회시켜주고는 앞으로 상대에게 충실히 행동하라며 남자를 훈계(!)까지 한 후 양심의 가책을 느끼며 본처에게 돌아간다. 그러나 본처는 남편의 외도를 알게 되고 함께 다른 지역으로 떠나자고 제안한다. (같은 작품 제7권에 이르면 바실리오스가 유프라테스 강변, 즉 제국의 동부 경계 너머에 자신을 위해 건설한 웅장한 궁전 이야기가 등장한다.)

이 시의 세계 속에서 등장인물들은 기분 전환을 위해 혹은 남의 일을 도우려는 와중에 문화적 경계를 가로질러 여행을 떠난다. 그들은 사랑 때문에 자기 신앙까지 서슴없이 바꾼다. 이 세계최대의 적은 이교도가 아니라 강도와 비적이다. 실제로 작품 제8권에서 바실리오스가 사망하자, 장례식장에 바그다드와 바빌론의 귀족들도 참석하는 것을 보면 무슬림들마저 그를 존경했음을알 수 있다. 바실리오스를 거룩한 전쟁을 벌이는 인물로 평가하는 구절은 전체 작품 중에서 단 한 구절, 그가 하느님의 도움을입어 "하갈 후손의 오만을 모두 꺾어놓았다"는 대목뿐이다.[7] 하지만 이조차 종교적 분쟁에 관한 것은 아니었고, 그저 바실리오스가 약탈 행위를 막고 혼란스러운 변경 지대에 평화를 도입했다는맥락에서 나온 말이었다. 저자는 분명 이슬람 신앙과 관습에 대해 상당한 식견을 갖추고 있었으며, 이를 적대적인 태도가 아니라 중립적 시각에서 언급하고 있다.

「디예니스 아크리티스」 속에 드러난 분위기와 비교해볼 만한 또하나의 사례를 지중해 정반대 쪽 경계인 알-안달루스에서 발견할수 있다. 11세기는 이 지역의 격변기였다. 코르도바를 중심으로 운영되던 통일된 에스파냐-무슬림 국가는 위풍당당함을 뽐내던 전성기 10세기가 지나가자 11세기 초부터 후계 문제를 둘러싼 분쟁과 내전, 분열을 겪었다. 흔들리는 국가의 자리를 대신한 것은 수많은 군소 제후국이었다. 역사가들은 세비야와 발렌시아 같은 도시 및 그 배후지에 주로 자리 잡고 있던 이 제후국들을 통칭해 '타이파taifa 왕국'이라고 부른다. 이 명칭은 '분파' '당파'를 의미하는 아랍어에서 유래했다. 이 타이파 소국들은 서로 지리멸렬한 경쟁을 벌이곤 했으므로 그 세력이 매우 취약했다. 에스파냐 북부의 그리스도교 왕국들의 통치자들, 특히 레온-카스티야León-Castile의 국왕과 바르셀로나 백작들은 그러한 경쟁 관계를 이용하는 데 곧 익숙해졌다. 타이파 통치자들의 군사적 보호자 노릇을 함으로써 막대한 양의 재산을 조공으로 뽑아낼 수 있었던 것이다. 11세기에 이슬람권 에스파냐에서 그리스도교권 에스파냐로 금이 유출되는 현상은 이후 지대한 결과를 초래하게 된다.

보호를 명목으로 돈벌이를 해 이득을 본 이가 국왕들만은 아니었다. 역사상 가장 유명한 에스파냐인이자 엘 시드El Cid라는 이름으로 더 잘 알려진 로드리고 디아즈Rodrigo Díaz는 11세기 카스티야의 귀족이자 대단히 성공적인 이력을 가진 프리랜서 용병이었다. 하지만 살아생전의 그는 후대의 전설이 묘사하는 것처럼 무어인들로부터 자기 고국을 해방하고자 분투했던 애국적 십자군이 아니었다. 오히려 정반대였다. 유능한 지휘관이면서 운도 좋았던 디아즈는 자신의 능력을 무슬림, 그리스도교인 가리지 않고 누구에게나 팔았고, 종국에는 발렌시아에 기반을 둔 타이파의 통치자가 되기까지 했다. 디아즈가 사망한 지 얼마 지나지 않아 그의 이력을 꽤 충실히 기록했던 한 익명의 작가는 자기 영웅이 때로는 그리스도교 측인 레온-카스티야의 알폰소 6세Alfonso VI에게 돈을 받았다가, 때로는 사라고사의 무슬림 에미르의 돈을 받고 싸웠다는 사실에 조금도 놀라지 않았다. 가상의 영웅 바실리오스처럼 실존 인물 로드리고 역시 변경 지역에서 활동하고 있었고, 이곳에서 충성이란 얼마든지 타협 가능한 것이었기 때문이다.

에스파냐의 무슬림과 그리스도교 제후들 사이의 관계가 어떠했는지를 보여주는 동시대의 증거가 하나 있다. 다름 아니라 타이파 소국의 통치자 중 하나였던 에미르 압드 알라ʿAbd Allāh가 남긴 자서전이다. 1073년에서 1090년까지 그라나다를 통치했던 그의 기록은 11세기 알-안달루스 사회 및 정치 환경을 폭넓게 조명해주는 매우 유익한 자료다. 이 자서전은 저자 본인을 아주 인간적인 존재 즉, 너그럽고 매력적인 동시에 좋은 이야기꾼이며 자기 허물에 대해 솔직한, 그러면서도 조금은 소심한 사람으로 그리고 있다. 몇몇 지점에서 저자는 알폰소 6세나 그의 사절과 벌였던 협상의 과정을 생생하게 묘사한다. 다음은 1089년에서 1090년 사이의 겨울에 일어난 협상들에 관한 저자의 서술이다.

[(이하 인용문 안은 모두 저자 주) 왕 휘하의 지휘관 중 하나이고 엘 시드의 친척이기도 한] 알바르 파녜즈Áalvar Fáñez가 알폰소로부터 그라나다와 알메리아에 관한 처분을 위임받았다. 국왕의 요구를 이행하지 않고 있던 그곳의 [무슬림] 우두머리들을 공격할 수도 있었고, 그들에게서

합의금을 받거나 아니면 무언가 이익이 될 만한 다른 일을 찾아 간섭할 수도 있었다. 처음에는 알바르 파네즈가 자기 명의로 된 서신을 내게 보내, 곧 과딕스로 쳐들어갈 테니 이를 피하고 싶다면 몸값을 지불하는 것 외에 다른 방법이 없을 것이라고 위협했다. 나는 자문했다. '누구의 도움을 받아야 이 위협을 모면할 수 있을까? 이곳을 방어할 병력 하나 남아 있지 않은데 무슨 수로 그를 알메리아만灣에 묶어둔단 말인가?'* [전전긍긍하며 스스로에게 던지는 질문 몇 개가 더 이어진다.] 나는 적당한 돈을 주고 알바르 파네즈를 회유하기로 하는 한편, 돈을 받고 나서는 우리 촌락 중 그 어디에도 접근하지 않기로 하는 협정을 맺기로 했다. 그는 조건을 받아들이겠다고 약조하면서도, 돈을 받으며 이렇게 말했다. "나와의 관계에서만큼은 당신은 안전할 것이오. 그러나 알폰소 국왕을 회유하는 것이 더 중요한 일이오. 그의 바람에 응하는 자들은 안전할 테지만, 그렇지 않은 자들이라면 국왕께서 내게 상대하게 하실 것이니⋯."**8**

이 자료는 요구와 간청, 위협과 공갈이 난무하던 당시의 분위기를 잘 전달해준다. 사태가 이 지점에 이르자 압드 알라는 극도로 마음을 졸였다. 충분히 그럴 만한 상황이었다. 실제로 불과 몇 달 후에 그라나다 통치자의 자리를 빼앗겨 망명을 떠나야 하는 신

---

* 과딕스Guadix는 알메리아만에서 북서쪽으로 약 60킬로미터 떨어진 산간 내륙에 위치하고 있다.

세가 되었다. 이 사료를 읽을 때는 회고록을 작성하던 당시의 저자가 쫓겨난 왕의 신분이었다는 사실을 염두에 둘 필요가 있다.

하지만 정작 그를 쫓아낸 이는 국왕 알폰소도 다른 어떤 그리스도교 군주도 아니었다. 그를 몰락의 길로 밀어낸 것은 북아프리카에서 침입한 같은 무슬림이었다. 압드 알라의 회고록도 모로코에서 기록되었다. 무대에 새로 등장한 인물의 이름은 유수프Yūsuf였다. 그는 '신자들의 에미르Emir of the Believers'를 자칭하던 자로서, 오늘날 시각으로 보면 일종의 이슬람 근본주의 분파라고 할 만한 무리의 지도자였다. 이 집단은 무라비트Almoravids로 알려져 있는데, 이 이름은 '[이슬람] 신앙을 지키기 위해 함께 모인 자들'이라는 뜻의 아랍어에서 유래했다. 무라비트는 근래에 모로코 남부 지역에서 성장한 분파로 금욕적·원리주의적이면서 비관용적인 집단이었다. 이들은 지브롤터해협 너머 에스파냐에서 벌어지는 행태들에 큰 충격을 받았다. 그곳에서 무슬림들이 비무슬림들에게 공납을 강요받고, 또 이를 마련하기 위해 『꾸란』이 재가한 바 없는 각종 세금까지 징수하고 있었기 때문이다. 유수프는 1086년 이슬람 율법의 준수를 관철하겠다는 일념으로 에스파냐로 건너가 카스티야 국왕 알폰소에게 큰 패배를 안긴 후, *타이파* 군주들을 몰아내고 그곳에 무라비트의 지배권을 확립했다. 이렇게 해서 알-안달루스는 다시 한번, 그러나 이전보다 비무슬림들에게 더욱더 적대적인 세력 아래에서 통합을 이루게 된다.

같은 시기에 지중해 동부 지역들 역시 유사한 혼란을 겪고 있었다. 이곳에 새로 도착한 이들은 중앙아시아에서 발흥해 11세기에 서쪽으로 이주해온 반半유목민 집단, 셀주크 튀르크Seljuk Turks였다. 이들이 발을 들여놓은 세계는 압바스 왕조 초기의 영광스러운 시절의 모습과는 확연하게 달라져 있었다. 앞서 살펴보았던 9세기 당시만 해도 (서쪽 멀리 망명을 떠나 있던 코르도바 에미르국을 제외하고) 한데 통합되어 있던 이슬람권이 11세기에는 여러 조각으로 분열된 상태였다. 이는 1부에서 다뤘던 이슬람 내부의 분열, 즉 순니파와 쉬아파 사이의 다툼이 초래한 장기적인 결과였다.

애초 북아프리카 지역에서 조용히 성장하던 쉬아파 세력은 10세기에 이르러 이집트를 장악하고는 969년 카이로에서 그들 나름의 칼리파국caliphate을 창건한다. 이슬람 세계의 영적 권위자를 자처한 이 새로운 세력의 이름은 파티마 왕조Fatimid caliphate로 지배 왕가가 무함마드의 딸 파티마의 후손임을 주장한 데서 유래했다. 한편 바그다드에서는 압바스 왕가가 (궁정 중심의 정치 체제가 가진 고질적 병폐인) 파벌 싸움과 군사 쿠데타로 인해 약화되었다. 이후 압바스 왕가는 겨우 존속하기만 했을 뿐 실제적인 통치 권력을 차지하지 못했다. 파티마 왕조가 부상하게 된 원인인 동시에 결과이기도 한 이런 상황 속에서 시리아나 팔레스타인 같은 압바스 왕조의 주변부는 그저 재량껏 운영되도록 내버려졌고 그 결과 독립적인 지방 제후국들로 쪼개져버렸다. 이들은 알-안달루스의 *타이파* 소국들과 별반 다를 바 없어서 자기들끼리 다투기 일쑤였으며, 힘도 약했으므로 당연히 더 강력한 이웃 세력의 먹 잇감이 되곤 했다.

그런 이웃 중 하나가 파티마 왕조였다. 그들은 11세기 내내 시리아 및 팔레스타인 지방에서 불완전하게나마 지배력을 행사할 수 있었다. 또 다른 이웃으로는 비잔티움 제국이 있었다. 10세기까지 비잔티움의 지배 계층은 변화된 환경에 적응하기 위해 부단히 노력하면서 군사적 쇠퇴와 경제적 침체, 문화적 갈등으로 점철된 직전 3세기 동안의 악조건을 극복해가고 있었다. 다시금 풍요와 자신감을 되찾게 되자, 비잔티움의 호전적 황제들은 옛 영토 수복 계획에 착수했다. 정의롭고 거룩한 전쟁을 통해 마땅히 그리스도교도들의 소유여야 할 땅을 수복하는 것이 '하느님께 선택받은 백성'의 지도자들로서 그들이 부여받은 신성한 의무였기 때문이다. 비잔티움의 사령관들은 북부 시리아에서 압바스 왕조의 지배력이 약화된 틈을 십분 활용했다. 비잔티움 군대는 969년, 즉 이집트에서 파티마 왕조가 시작된 바로 그해에 그리스도교와 인연이 깊은 도시인 안티오크를 재탈환했다. 바실리오스 2세Basileios II(재위 976-1025) 재위기에 비잔티움 제국은 이슬람의 출현 이래로 가장 방대한 영토를 얻게 된다.

셀주크 튀르크의
출현과 영향

셀주크 튀르크는 이처럼 혼란스럽고 불안정한 상황에서 등장했다. 그들이 이주 과정 중에 이슬람 신앙, 그중에서도 하필 순니파 신앙을 채택했다는 사실은 아주 중요하다. 이는 그들이 스스로를 바그다드 압바스 왕조의 충성스러운 신민으로 간주했다는 의미다. 그러므로 그들에게는 신앙의 경쟁자들에게 정통 순니 이슬람 신앙을 재확인시킬 의무가 있었다. 가장 주요한 경쟁자는 필연적으로 이단적 신앙을 가진 이집트의 파티마 왕조일 수밖에 없었고 그들에 비하자면 아랍인, 쿠르드족, 베두인족, 아르메니아인 등이 세운 이라크 북부와 시리아의 군소 에미르국들은 물론 그리스도교 국가인 비잔티움 역시 한참 덜 중요한 상대였다.

셀주크인들은 무시무시한 전사들로서, 특히 마상에서의 정확한 궁술로 맹위를 떨쳤다. 그들은 11세기 중반부터 비잔티움 영향권 아래 있던 소아시아에 침입해오기 시작했다. 조직적인 침공이라 기보다 간헐적인 약탈과 점진적인 침투의 형태였음에도 콘스탄티노폴리스는 이를 반드시 앙갚음해야 할 모욕으로 여겼다. 하지만 정작 시도된 보복의 결과는 재앙적이었다. 1071년 황제 로마노스 Romanos IV Diogénēs(재위 1068~1071)가 지휘한 일군의 비잔티움 군대가 오늘날 터키 동부의 반Van 호수 인근의 만지케르트Manzikert에서 괴멸되었다. 황제가 포로가 되기는 했으나 이 전투의 즉각적인 여파는 그리 대단치 않았다. 셀주크 측이 로마노스를 격식을 갖춰 대하고는 국경 지대의 몇몇 거점과 거액의 몸값을 조건으로 그를 풀어주었기 때문이다. 하지만 만지케르트 전투가 초래한 장기적인 영향은 아주 중대해서 이 사건을 역사상 가장 결정적인 문명 간의 충돌 중 하나로 꼽는 일도 무리가 아닐 정도다. 만지케르트 이후 튀르크인들의 소아시아 진출은 더욱 용이해졌고, 콘스탄티노폴리스의 지배 계층은 이에 아연실색한 나머지 급기야 서방 그리스도교 세계에 군사적 원조를 요청하게 된다. 여기에 대한 응답이 바로 '십자군 원정'이었으며, 이 원정의 장기적 결과 중 하나가 비잔티움 제국의 치명적 쇠락이었다. 이를테면 1453년 오스만 제국에 의한 콘스탄티노폴리스 함락은 무려 4세기 전의 만지케르트 전투까지 거슬러 올라가는 연원을 가진 셈이다.

외국인 용병 부대를 고용하는 일은 태곳적부터 이어져 내려온 로마-비잔티움 제국의 오랜 정책이었다. 이런 용병은 나름의 지휘자를 갖춘 채 단기 계약으로 활동하는 형태일 수도 있고 아니면 스칸디나비아와 잉글랜드에서 모집된 그 유명한 바랑기안 친위대Varangian Guard처럼 제국 당국이 직접 지휘하는 항구적 분견대의 형태일 수도 있었다. 그러므로 1095년 교황 우르바누스 2세 Urbanus II(재위 1088–1099)에게 사절단을 보내 공개적으로 군사적 원조를 요청한 황제 알렉시오스 1세Alexios I Komnenos(재위 1081–1118)의 조치는 결코 새로운 일도, 특이한 일도 아니었다. 알렉시오스가 어떤 식의 응답을 예상했는지는 꽤 잘 알려져 있다. 그가 기대한 것은 비잔티움 장수의 지휘 아래 통제될 수 있을 만큼 규모가 적당하면서, 세밀한 군사 임무에 배치되는 데 필요한 무장과 훈련까지 갖춘 전사 집단이었다. 하지만 실제로 등장한 것은 열성적이기는 하나 훈련이라고는 거의 받지 못한 거대한 오합지졸이었다. 비잔티움 영토를 시끄럽게 가로지르고 시리아와 팔레스타인까지 내달려 1099년 7월 예루살렘을 점령해버린 이 싸움꾼 무리를 보통 '제1차 십자군'이라고 부른다. 물론 그들 스스로 이 명칭을 사용한 것은 아니다. 그들로서는 자신들이 연이어 벌어질 원정의 첫 번째 부분에 참여하고 있음을 알 도리가 없었던 탓이다.

그렇다면 그들은 과연 자신들이 무엇을 하고 있다고 생각했을까? 십자군 운동의 기원은 그 자체로 흥미로운 주제이지만 지금 여기에서 방향을 틀어 그 문제를 조사할 수는 없다. 다만 여기에서는 1095년 11월 클레르몽 공의회Council of Clermont에서 교황 우르바누스가 설교를 통해 군사 원정을 제창했을 때, 그의 발언이 청중의 가슴과 머릿속에 막연하게나마 공유되고 있던 정서를 건드렸다는 점을 지적하면 충분할 것이다. 우르바누스의 설교가 정확히 어떤 내용이었는지는 알 수 없다. 그의 연설에 대해 상반된 증언들이 존재하기 때문이다. 하지만 한 가지 사실만큼은 꽤 확실하다. 교황이 예루살렘을 향한 무장 순례에 참여하는 자들은 단순히 동방에 있는 그들의 그리스도교 형제들에게 도움을 주는 것을 넘어 영적 공적을 얻어 천국에서 한자리를 차지하게 되리라고 선언했다는 점이다. 순례나 성전聖戰, 그리스도교 세계가 처한 위협, 예루살렘이 가진 불가해한 거룩함 등이 완전히 새로운 개념은 아니었다. 다만 교황 우르바누스는 그러한 요소들을 신앙심이 그다지 세련되지 못했던 서유럽의 기사 집단이 거절할 수 없는 방식으로 한데 엮어냈다.

우르바누스의 설교에 대한 반응을 제대로 이해하려면 가장 열성적인 호응을 보인 집단이 프랑크 왕국 북부의 전사 귀족 계층이었다는 점을 염두에 둬야 한다. 이들은 이슬람에 대해서는 거의 아는 바가 없는 사람들이었다. 「디예니스 아크리티스」의 사례를 통해 비잔티움 변경 사람의 심성을 유추해냈던 것처럼, 교황의 말에 열렬히 호응했던 프랑크인들의 태도를 엿보는 데 매우 적합한 작품이 있다. 바로 서사시 「롤랑의 노래Chanson de Roland」다. 중세 북부 프랑스어*로 쓰인 이 시의 필사본은 1100년경의 것이 살아남아 있는데, 아마도 그보다 조금 전에 최종적 형태를 갖추게 된 것으로 보인다. 「롤랑의 노래」는 8세기경 프랑크족 엘리트 내부에서 벌어진 분쟁과 전투를 주제로 삼고 있으나, 작품의 분위기가 철저히 귀족적이며 등장하는 소품들도 11세기의 것이다. 그래서 이 작품은 제1차 십자군에 참여했던 전사 계층의 성장 과성에 대한 단서를 제공한다는 평가를 받곤 한다.

굳이 따져보면 이 시는 실제 역사적 사건을 모티브로 삼고 있다. 778년 롤랑의 지휘 아래 있던 카롤루스 대제 군대의 후위가 피레네산맥을 가로지르는 론세스바예스Roncesvalles 고개에서 인근 바스크 부족민들의 공격을 받아 패퇴한 일이 그것이다. 그러나 이 사건은 저자(들)의 작업에 의해 새로운 이야기로 변형되어 적군이 에스파냐의 무슬림들로 바뀌고 배반 사건이 전체 이야기의 전환점이 되었으며, 롤랑은 영웅으로 격상되었다.

론세스바예스에서 벌어진 그 오래전의, 군사적으로 볼 때 그리 대단치도 않았던 사건이 그리스도교 세계와 적대 세력 사이의 장엄한 전투로 탈바꿈된 것이다. 이 적대 세력은-물론 부정확하게도-'유대 회당과 마호메트 신당'에서 마훈Mahoun과 아볼루온

---

* 정확히는 Old French. 8세기에서 14세기 사이 북부 프랑스에서 주로 쓴 이 언어가 훗날 랑그 도일langue d'oil로 집대성되어 남부 프랑스의 언어 랑그도크langue d'oc와 대비를 이루게 된다.

Apollyon, 테르바간트Tervagant라는 거짓 우상을 섬기는 '이교도들'로 규정되었다. (이는 그리스도교의 삼위일체에 대한 일종의 패러디였다.) 저자는 다음과 같이 분명하게 진술한다. "이교도들은 그르고 그리스도인들은 참되다."⁹ 이교도는 신의를 모르고 배신만 일삼는 잔인한 이들이자 본성부터가 그리스도교적 도덕 질서의 적이다. 그러므로 그들과의 싸움은 가치 있는 보속 행위이고, 그 와중에 전사하는 자는 순교의 면류관을 얻게 될 것이다. 제1차 십자군의 의기양양함 아래에는 바로 이런 태도들이 깔려 있었다.

규율이라고는 모르던 십자군 무리가 1099년 예루살렘을 함락시킬 수 있었던 데는 뜻밖의 행운이 따랐다. 십자군이 시리아를 침공한 시점에 하필이면 그 주변의 이슬람 세계가 극도의 혼란을 겪고 있었다. 원정이 끝나자 대부분의 십자군은 다시 썰물처럼 집으로 돌아갔다. 그렇지만 새로 얻은 땅을 그대로 둘 수 없었다. 문제는 어떤 누구도 그 땅을 비잔티움 제국에 돌려주고 싶어 하지 않았다는 데 있었다. 수복한 땅을 돌려받게 되리라는 황제의 기대에 이렇게 퇴짜를 놓을 경우, 원정 와중에 싹튼 십자군과 그리스인들 사이의 균열은 더욱 커지게 될 터였다.

결국 동방에는 최소한의 십자군만 남아 그곳에 독자적 그리스도교 제후국들, 즉 가장 북쪽의 에데사 백령County of Edessa부터 안티오크 공령Principality of Antioch, 트리폴리 백령County of Tripoli, 가장 남쪽의 예루살렘 왕국Kingdom of Jerusalem을 건설하게 되었다. 일반적으로

'바다 건너'라는 의미의 우트르메르Outremer로 통칭되는 이 나라들은 정복 활동의 우연한 파생물에 불과했다. 따라서 애초부터 충분한 인적 자원도, 효과적 통치에 필요한 경제적 자원도 갖추지 못한 절름발이 신세였다. 자연히 십자군이 건설한 우트르메르 국가들은 곧 이슬람 세력이 꾀한 반격의 목표물이 되었다. 에데사가 1144년에 맨 먼저 다르 알-이슬람 세력의 수중에 돌아갔다. 이론상으로는 셀주크 술탄의 대리인이지만 사실상 독립적인 순니파 군주였던 북부 시리아 알레포와 모술의 통치자 장기*에 의해서였다. 제2차 십자군(1147-1149)은 에데사 재정복에 실패했을 뿐 아니라 우트르메르 국가들을 강화하는 데 거의 기여하지 못했고 도리어 십자군과 그리스인들 사이의 불화만 심화시켰다.

앞뒤 사정을 알고 보면 사태 전개의 결정적 시점이 1170년 전후였음을 쉽게 알 수 있다. 장기의 아들 누르 앗-딘Nūr ad-Dīn이 1169년 무궁무진한 농업 자원의 원천인 이집트를 손에 넣었기 때문이다. 그의 휘하에 있던 쿠르드족 출신 사령관이자 그리스도교 세계에 '살라딘'으로 더 잘 알려진 살라흐 앗-딘Salāh ad-Dīn은 이후 2년 동안 이집트의 순니파 신자들을 규합해 1171년, 순니파의 미움을 받아온 파티마 왕조를 축출해버렸다. 누르 앗-딘이 1174년 사망하자, 살라딘은 그의 뒤를 이어 시리아와 이집트를 통

---

* 본명은 이마드 앗딘 장기Imad ad-Din Zengi(c. 1085-1146)다.

합한 왕국의 지배자가 되었다. 이로써 당시 가장 부유한 지역이었던 이집트를 포함해 지중해 동부의 이슬람 세계가 다시 한번 통일을 이뤘다. 유전의 상업적 개발로 모든 균형점이 바뀌기 이전의 1,000년 동안은 이집트를 차지하는 세력이 지중해 동부를 지배한다는 이야기가 대체로 사실이었던 셈이다.

이슬람 세계의 통일과 십자군

이슬람 세계의 재통일이 십자군 운동에 끼친 영향은 크게 두 가지였다. 첫째, 살라딘과 그의 후계자들이 우트르메르의 그리스도교 국가들을 양쪽에서 압박할 수 있게 되었다. 이러한 구도가 가져다준 중대한 초기 성과가 바로 1187년 하틴Hattin 전투에서의 승리와 뒤이은 예루살렘 탈환이었다. 잉글랜드 국왕 '사자심' 리처드 1세Richard I 'the Lion heart'의 용맹한 통솔에도 불구하고, 제3차 십자군(1190-1192)은 예루살렘을 탈환하지 못했다. 둘째, 이슬람 세계의 통일로 인해 십자군 운동이 가진 기존의 웅대한 전략이 재고될 필요가 있음이 비로소 분명해졌다. 시리아의 거친 해안선을 향한 정면 공격은 너무나도 위험천만했다. 소아시아를 가로지르는 육로 공격도 녹록하지 않았다. 너무 길고 고되면서도 위험하기는 매한가지인 데다가 비잔티움 제국과 온갖 종류의 긴장만 초래했기 때문이다. 새로운 대안으로는 훗날 '이집트의 길'이라고 불린 방식이 있었다. 이집트에 교두보를 마련함으로써 적의 자원에 대한 통제력을 확보한 후, 시나이반도 북부를 따라 남쪽에서부터 예루살렘으로 진입한다는 것이다.

이 새로운 전략은 꽤 그럴싸해 보였다. 다만, 이를 실행하기 위해서는 존속 가능한 십자군 병력과 군마, 군수 물자 및 식량을 실어 나를 함선을 구해야 했는데, 그러자면 큰 비용이 필요했다. 제4차 십자군 원정을 파국으로 이끈 것은 바로 이 같은 비용 문제였다. 본래는 베네치아가 함선을 제공하기로 했다. 그러나 십자군이 함선 이용에 관한 비용을 지급할 수 없게 되면서 원정은 교착 상태에 빠졌다. 그때 비잔티움 제국의 한 왕위 주장자*가 이 난관에서 벗어날 길을 제시했다. 그가 자신을 콘스탄티노폴리스의 왕좌에 앉혀주는 것을 조건으로 통 큰 재정적 대가를 약속한 것이다. 하지만 십자군이 약조를 적절히 실행에 옮기자마자 이 거래는 상상 밖의 끔찍한 방식으로 어그러졌다. 새 황제가 십자군과 맺은 약조를 어기자 십자군과 베네치아인들은 알아서 손해를 충당하는 수밖에 없었다. 십자군은 1204년 콘스탄티노폴리스를 함

---

* 폐위된 이사키오스 2세Isaakios II(재위 1185-1195, 1203-1204)의 아들 알렉시오스 4세Alexios IV(재위 1203-1204)였다. 복위한 부왕과 공동황제 자리에 올랐던 그는 불과 반년 만에 자리에서 쫓겨나 감금되었다가 1204년 2월 살해당했다.

락해 철저히 약탈했고, 황제 정부를 소아시아의 니케아로 쫓아낸 후 그 빈자리에 라틴 제국을 세워 1261년까지 존속시켰다. 비잔티움 제국은 이때의 충격으로부터 결코 완전히 회복하지 못했고, 그리스 교회와 라틴 교회 사이의 관계 역시 오늘날까지 껄끄러운 채로 남았다.

'이집트의 길' 전략은 제5차 십자군 원정에서 재차, 프랑스 국왕 루이 9세의 십자군 원정(1248-1250)*에서 또다시 시도되었다. 그러나 프랑스 왕국의 거대한 재원과 세심한 원정 준비조차 성공을 가져다주지 못했다. 이때 이후로 나머지 우트르메르 국가들의 운명은 거의 정해진 것이나 다름없었다. 1268년 안티오크, 1289년 트리폴리, 1291년 최후의 기지였던 아크레Acre까지 이슬람군의 수중에 떨어졌다. 물론 이것으로 십자군 운동이 완전히 막을 내린 것은 아니었다. 그러나 아크레의 함락 이후 유럽의 군대는 기의 6세기 동안이나 지중해 동부 그 어디에도 항구적 주둔지를 확보하지 못하게 된다.

십자군 원정 시기에 벌어진 그리스도교 세계와 다르 알-이슬람 사이의 군사적 충돌은 지중해 동부에 국한된 현상이 아니었다. 제1차 십자군 원정이 시작되기도 전에, 남부 이탈리아에 진출해 정

---

* 교섭에 가까웠던 프리드리히 2세Friedrich II의 제6차 십자군(1227-1229)에 이어 제7차 십자군 원정이라고도 하고 제2차 이집트 원정이라고도 한다.

착한 노르망디의 전사-모험가들이 1060년에서 1091년 사이에 시칠리아와 몰타를 무슬림 세력으로부터 서서히 탈취한 바 있기 때문이다. 비록 오래가지 못했으나, 12세기 중반에는 북아프리카 튀니지 해안에 위치한 몇몇 전초 기지도 확보되었다. 이베리아반도에서도 그리스도교 왕국들의 영토가 간헐적으로나마 12세기 내내 계속 확장되었다. 이웃한 무슬림 지역을 희생양 삼아 꾸준히 진행된 이 과정은 처음에는 무라비트 왕조에 의해, 그 후에는 모로코의 광신적 종교 세력이 세운 무와히드 왕조al-Muwaḥḥidūn, 무라비트와 이름이 유사해 혼동하기 쉽다에 의해 저지당했다. 그러다가 1212년 라스 나바스 데 톨로사Las Navas de Tolosa에서 카스티야 국왕 알폰소 8세 Alfonso VIII가 결정적인 승리를 거둔 이후부터 그리스도교 세력의 정복 활동이 남부 에스파냐까지 확장되었다. 코르도바와 세비야가 각각 1236년과 1248년 카스티야의 수중에 넘어가고, 발렌시아는 1238년 아라곤 국왕 차이메 1세에게 정복당했다. 한편 포르투갈에서는 그리스도교 세력권이 타구스Tagus강 유역을 따라 확대되었다. 1147년에 리스본이 정복되고 13세기 전반에는 알가르브Algarve 지방도 흡수되었다. 1250년경에 이르러 이베리아반도에 남은 독립적 이슬람 국가는 그라나다 에미르국뿐이었다.

십자군 원정에 대한
상반된 반응

앞선 몇 단락의 내용은 십자군 원정 시기의 군사사를 그야말로 요점만 정리한 것에 불과하다. 지난 반세기 동안 영국과 프랑스, 독일, 미국에서 배출된 다수의 연구자가 십자군의 역사를 더욱 세밀하게 보충해왔다. 이 연구들을 가능하게 한 것은 대단히 풍성한 자료들, 특히 십자군 원정에 자극을 받아 작성된 당대 사료들이다. 사료의 종류는 놀라울 만큼 다양하다. 예컨대 티레의 대주교 기욤Guillaume de Tyre(c. 1130-1186)이 쓴 『바다 너머에서의 행적Historia rerum in partibus transmarinis gestarum』(c. 1186)이나 뒤이어 13세기에 등장한 아류작들은 십자군의 역사를 '망라'해 보이겠다는 야심 찬 기획들이다. 원정에 참여했던 개개인이 남긴 증언들도 있다. 익명의 남부 이탈리아 출신 기사가 엮은 『프랑크인들의 행적

Gesta Francorum』이 좋은 예인데, 이는 십자군 관련 기록 중 가장 이른 시기의 작품이기도 하다. 그런가 하면 어느 잉글랜드 사제는 리스본 공성전 및 점령 과정에 직접 참여한 후 경험을 글로 남겼고, 아라곤 국왕 차이메 1세 역시 십자군 경험에 관한 자서전『공적서Libre dels Feyts』를 펴냈다. 장 드 주앵빌Jean de Joinville(1224-1317)이 군주이자 벗이었던 루이 9세에 관해 남긴 애정 어린 회고록도 있다. 이 작품은 프랑스군이 이집트에 상륙한 후 벌어진 싸움을 묘사하는데, 전투 묘사에 관한 한 역사상 가장 생생한 기록 중 하나다. 이 밖에도 무수히 많은 자료가 있다. 19세기에 발간된 십자군 원정 관련 표준 사료집만 해도 이미 2절판 서적 5권 분량이었고, 그 이후로도 새로운 사료들이 계속 발굴되어왔다. 중세 그리스도교 세계는 십자군에 엄청난 관심을 기울였고 이를 지속적으로 진지한 관심을 가져 마땅한, 도덕적 무게감과 위엄을 지닌 주제로 여겼다.

그런데 이 점은 중세 이슬람의 경우와 흥미로운 대조를 이룬다. 이슬람권에는 그리스도교 세계에서 생산된 것과 같은 십자군 원정 관련 사료들이 존재하지 않기 때문이다. 당대의 이슬람 화자들에게 십자군 원정은 이슬람 세계의 주변부를 성가시게 한 소규모 접전에 지나지 않았다. 십자군은 이를테면 한때 왔다가 떠난 이들이었다. 연대기 작가들 역시 십자군의 활동을 가끔 언급했을 뿐 이를 깊이 천착할 문제로 여기지 않았다. 역사가나 전기 작가들이 주목한 십자군 시기의 이슬람권 인물은 살라딘이 유일했다. 그가 순니 이슬람의 버팀목이자 성지 예루살렘을 무슬림 품에 다시 수복시킨 인물이었고 훌륭한 자질을 갖춘 위대한 지도자였으며 나아가 (반드시 언급해야 할 부분인데) 스스로를 호인으로 포장하는 데 달인이었던 까닭이다. 즉, 이슬람권 저자들이 살라딘에 주목한 것이 반드시 십자군과의 군사적 대결 때문만은 아니었다. 이슬람권의 무관심은 용어 문제에서도 얼마간 확인된다. 이슬람권 기록에서 십자군은 언제나 프란지*Franjii*, 즉 '프랑크인들'이다. 그들의 출신지가 시칠리아든 헝가리든 스코틀랜드든 마찬가지다. 이 침입자들이 뭔가 특별하고 독특한 전쟁 행위에 연루되었음을 암시하는 그 어떤 아랍어 용어도 만들어지지 않았다. 십자군에 대한 무관심은 중세 이슬람 세계가 그리스도교 세계의 문화 전반에 얼마나 무관심했는지를 보여주는 핵심 요소이다.

오늘날의 진보적 비평가들은 십자군 원정을 빈번히 비난하곤 한다. 최근에는 어느 저명한 학자가 십자군을 "수치스럽다"고 표현하기까지 했다.[10] 그러나 현재의 도덕 관점을 기준 삼아 과거를 비난하는 일은 역사적 이해 증진에 아무런 도움을 주지 못한다. 십자군 원정 당시에는 그 어떤 정통 그리스도교 저자도 그런 방식으로 십자군 원정을 비판하지 않았다. 예외가 있다면 평화주의를 근거로 원정을 비판한 극히 소수의 '이단'들뿐이었다. 십자군 원정에 대한 비판은 많았지만, 근본적인 원칙들이 부정되지는 않았다. 당대의 비판은 주로 원정 참여자들의 도덕적 상태와 기질이나 특정 원정을 조직하는 방식에 집중되었다. 십자군의 바탕을 이루는 핵심 이슈, 즉 그리스도교 세계의 성지들을 회복하기 위해 군사적 수단을 동원하는 일은 정당하며 그처럼 선한 목표를 달성하기 위해 적극적으로 애쓰는 개개인 역시 칭송받아 마땅하다는 생각에 대해서는 의견이 일치했다. 오늘날의 시각에서야 받아들이기 어려울 수도 있겠으나 이 같은 신조는 남녀노소와 계층을 불문한 수백만의 사람들에게, 그것도 몇 세기에 걸쳐 별다른 비판 없이 받아들여졌다.

1050년에서 1300년 사이, 그리스도교 세력은 시리아와 팔레스타인까지 진출했다가 시칠리아로 물러서더니, 이베리아에서는 반도 대부분을 재흡수하기에 이르렀다. 당시 지중해 세계의 그리스도교와 이슬람은 항구적 '적대' 상태(항구적 '전쟁'과는 다른 상태이다)에 놓여 있었다. 이것이 그리스도교인과 무슬림 간에 불관용의 장벽이 세워져 있었음을 의미하는가? 이 질문에 대한 대답은 겉보기만큼 그리 간단하지 않다.

십자군 원정기는 종교적 열정으로 가득 찬 시대였다. 이슬람으로 개종한 지 얼마 되지 않은 셀주크 튀르크의 열성, 모로코 이슬람 분파의 광신주의, 프랑크 전사들의 편협성과 그리스도교 설교자들의 호통도 있었다. 이 두 유일신 신앙의 추종자들이 가진 종교적 열성은 자기가 옳다는 확고부동한 믿음을 바탕으로 하는 것이어서 정의상 비관용적이었다. 다시 강조하지만 당시 서구 그리스도교 세계의 교회 지도층은 그리스도교인의 규범을 더욱 엄격하게 규정하는 동시에, 이를 더 광범위하게 전파하고 또 신자들에게 강제할 수단 역시 그 어느 때보다 더 효과적인 방식으로 고안해내고 있었다. 따라서 이단들처럼 정통 신앙에서 이탈한 세력을 발견하고 그들을 강압하기도 점점 쉬워졌다. 이를테면 1300년의 유럽은 1000년경의 유럽에 비해 더욱더 강한 박해 의지, 더욱더 세련된 박해 기술을 갖추고 있었다. 이러한 태도는 당연히 십자군에게도 옮아갔다. 결국 십자군이란 아직까지는 그리스도교의 이단으로 간주되던 이슬람이라는 세력과 싸움을 벌이는 사람들이었기 때문이다. 1150년경 프랑스의 음유 시인 마르카브뤼Marcabrun가 그리스도의 적들이 차지한 땅을 십자군들이 '정화'하고 있다고 노래했을 때, 그는 이후로도 긴 생명력을 가지게 될 (오늘날에는 마침내 불신하게 된) 일종의 새로운 수사를 사용하고 있었다. 50여 년 뒤, 어느 이름 모를 시인이 에스파냐어 서사시 「시드의 노래Poema de Mio Cid」를 지었는데, 그는 자신의 영웅을 3부 앞부분에서 언급한 익명의 전기 작가와 전혀 다른 시각으로 묘사했다. 엘 시드가 무슬림 편에서 용병으로 봉사한 모든 기록을 편집·삭제한 것이다. 말하자면 과거를 현재의 이해관계에 맞춰 조정한 셈이다. 엘 시드는 이제 완전한 그리스도교인이자 십자군, 카스티야인 애국자가 되어 있었다.

경계를 넘나든
사람들

여기까지만 해도 (최소한 겉보기에는) 단순명료하다고 할 만하다. 복잡한 부분은 이제부터 시작이다. 적대심이란 그 자체로 일종의 관계이기에 변동이나 유지에는 반드시 상호 간의 작용이 필요하기 마련이다. 우트르메르의 그리스도교 국가들을 예로 들어보자. 인적 자원이 부족해 처음부터 절름발이 신세였던 이 국가들의 지배 엘리트는 생존이 전쟁뿐 아니라 외교의 문제라는 사실을 곧 깨달았다. 이때의 외교란 '적'으로 여긴 인근의 이슬람 세력과 조심스럽게 관계를 맺고 때로는 거래도 해야 한다는 의미였다. 사절을 교환하고 동맹이나 휴전을 교섭·조율해야 했으며 포로들의 몸값 역시 치러야 했다. 그런가 하면 이런 활동 이면에 존재하는 첩자들의 그늘진 세계를 통해 정치·군사 정보도 수집·감정해야 했다. 당연한 이야기지만 이런 첩자들은 우리가 가진 사료들에 거의 등장하지 않는다. 하지만 아주 가끔 이 세계에 드리운 커튼이 젖혀질 때가 있다. 제3차 십자군 원정에 관한 동시대 연대기 중 하나인 다음 기록이 사태를 엿볼 실마리를 제공한다.

이제 그들 모두 약속하는 중이었네
각자 그 포위전에 무얼 기여할지 말이지
그때 시리아 출신의 한 사내가 나타났네
그가 바로 이 사람, 첩자 베르나르였지
현지인 둘을 더 데리고 그는 다가왔네
사라센의 의복을 걸쳐 입고 나타난 그들
그들은 바빌론[=카이로]에서 돌아온 상태
거기서 그들은 단 하나의 임무를 수행했지
직들을 염탐하는 일을 마치고 온 것일세
독자들이여 내 당신들께 확실히 말하리니
그보다 더 사라센인처럼 보이는 이도,
그보다 더 완벽히 사라센 말 구사하는 이도
나는 결코 만나보지 못했네[11]

여기서 화자는 베르나르를 위험천만한 첩보 임무에 적합한 이로 만든 그의 유창한 아랍어 실력에 주목하고 있다. 우트르메르에 이중 언어 사용이 얼마나 퍼져 있던 걸까? 현존하는 사료만으로는 이 중요한 질문에 대답하기 무척 어렵다. 다만 그곳에 거주하던 그리스도교인 중 베르나르처럼 아랍어 구사 능력을 갖추었다고 알려진 몇몇 인물을 지목할 수는 있다. 최고위 계층에서 그런 사람을 꼽자면 안티오크 공작 르노 드 샤티용Renaud de Châtillon이 있다. 그는 알레포에서 전쟁 포로 신분으로 15년을 지내면서 자신을 억류하고 있던 이들의 언어를 배웠다. 르노는 아랍 세계의 생활 방식을 받아들인 우트르메르의 수많은 엘리트 중 하나였다. 그렇다고 해서 그가 방면된 이후 무슬림 이웃에게 더 많은 동정심을 가지게 되지는 않았다. 폭력적이고 부도덕한 인간이었던 르노는 휴전 약속을 깨뜨리고 평화로이 메카로 향하던 순례자들을 공격했다. 결국 그는 하틴 전투 이후 다시 붙잡혀, 오늘날로 치면 전쟁 범죄를 저지른 대가로 살라딘에게 직접 처형당했다.

포로의 신분이었던 르노 드 샤티용이 비자발적으로 경계를 넘어간 경우라면, 자진해서 경계를 넘은 것으로 보이는 고위층 인사들도 있다. 포르투갈의 왕자 동 페드루Dom Pedro(1187-1256)의 기이한 행보를 예로 들어보자. 1211년, 동생의 포르투갈 왕위 계승을 막으려는 몇 차례의 시도가 실패하자 그는 고향에서 도망쳐야 했다. 페드루는 이웃이자 사돈지간이었던 레온의 알폰소 9세Alfonso IX의 궁정에서 은신처를 찾았다. 하필 바로 그해에 교황이 주창한 십자군 원정이 준비되고 있었는데, 알폰소와 동명으로 사촌이자

적이기도 했던 카스티야 국왕 알폰소가 이끌게 될 이 원정은 이 듬해 라스 나바스에서 커다란 승리로 귀결될 터였다. 그런데 알 폰소 9세는 이 원정에 대해 눈에 띄게 냉담했다. 심지어 그가 알-안달루스와 모로코의 무와히드 군주가 보낸 무슬림 뇌물에 매수 당했다는 뒷말이 돌 정도였다. 이 소문이 사실이든 아니든 당시 레온과 모로코가 상당히 호의적인 외교 관계를 유지하고 있었다 는 것만큼은 분명하다. 그러므로 동 페드루의 다음 목적지가 모 로코였음은 그리 놀랄 일이 아니다. 거기서 그는 용병대의 대장 자격으로 1216년부터 1228년까지 무와히드의 외인부대를 지휘 했다. 그와 같은 경력이 대단한 흠이 된 것도 아니어서 에스파냐 로 돌아온 이후 페드루는 아라곤 국왕 차이메의 궁정에까지 진 출할 수 있었다. 혼인 관계가 다소 난잡했던 국왕은 페드루의 보 좌를 통해 물질적으로 상당한 이익을 얻었다. 이에 대한 보상으 로 페드루는 1231년에 이슬람 세력에게서 막 빼앗은 마요르카 Majorca의 지배권을 손에 넣었고 뒤이어 아라곤이 벌인 이비사Ibiza 와 발렌시아 정복 활동에도 참여했다. 이처럼 놀라운 이력은 한 세기 반 전 엘 시드의 사례와 어느 정도 닮았다. 물론 엘 시드의 공훈은 당시 문화적 환경에서 수용 불가능한 것으로 여겨졌고, 결국 그 이미지가 적절히 조정되었다.

어떤 이들은 경계를 완전히 넘어가기도 했다. 장 드 주앵빌은 이집트에서 마주친 한 사람이 자신을 충격과 슬픔에 빠뜨렸다고 술회했다. 해당 사건은 1250년 봄, 프랑스 국왕 루이와 다른 십자군 원정 지도자들이 만수라Mansourah 전투에서 패배해 생포된 이후 진행된 협상 과정에서 일어났다. 주앵빌은 유창한 프랑스어로 말을 건네며 다가온 어느 무슬림을 보고 국왕 루이가 매우 놀라는 장면을 다음과 같이 묘사했다.

어디에서 프랑스말을 배웠느냐고 국왕께서 물으셨을 때, 그 사내는 자신도 한때는 그리스도교인이었노라고 대답했다. 이에 왕께서는 그에게 말씀하셨다.

"저리 물러가라! 너와 더는 이야기하고 싶지 않다!"

나는 그 사내를 한쪽으로 불러 세운 후 본인의 사연을 좀 이야기해달라고 청했다. 그는 자신이 프로뱅Provins[저자 주 - 파리에서 남동쪽으로 80.5킬로미터 정도 떨어진 도시] 태생이며 나중에 이집트로 건너와 현지인과 결혼했고 지금은 매우 유력한 인물이 되었다고 말해주었다. 내가 그에게 말했다.

"지금 이 상태로 죽게 된다면 정죄 받아 지옥에 가게 되리라는 것을 정녕 모르시오?"

그는 자신도 그 점에 대해 잘 알고 있으며, 나아가 그리스도교만큼 좋은 종교가 없다는 것도 확실히 알고 있다고 대답했다. 그러면서도 이렇게 덧붙이는 것이다.

"하지만 나는 혹시 당신네 편으로 되돌아갔을 때 내가 겪어야 할 가

난과 모욕을 마주하기가 두렵소. 매일 누군가가 내게 '어이, 쥐새끼 같은 녀석!'이라고 말을 걸 것이오. 안 봐도 뻔한 그런 상황에 처할 바에야 차라리 이곳에서 부유하고 편안하게 살고 싶소."

나는 그에게 최후의 심판 날 그의 죄가 모든 사람에게 드러나게 될 테고, 그러면 그가 지금 말한 것보다 훨씬 커다란 모욕을 당해야 할 것임을 지적해주었다. 그를 위해 그리스도교적 충언을 많이 건넸지만, 아무런 소득이 없었다. 그는 그대로 내게서 떠났고 나도 다시는 그를 보지 못했다.[12]

분별력 있는 전사라면 상대방의 전투 실력을 늘 존중하는 법이다. 「롤랑의 노래」에 등장하는 영주들 역시 자신들이 상대하는 '이교도' 적들이 용맹한 싸움꾼임을 알고 있었다. 튀르크인들과 직접 싸워본 경험이 있던 『프랑크인들의 행적』의 저자는 그들보다 "더 용맹하고 숙련된 군인들을 찾을 수 없었다"는 점을 인정했다.[13] 십자군들은 상대편이 전사로서 보여준 진가뿐 아니라 그들의 도덕성도 높이 평가했다. 여러 사례가 있으나 그중 최고는 단연 살라딘이었다. 그는 신의를 중요시하고 경건하고 지혜로운 인물이었으며 관대하고 공평무사하면서도 르노 드 샤티용처럼 전쟁의 규칙을 업신여기는 자들에게만큼은 무자비했다. 장 드 주앵빌은 공감을 표하며 살라딘의 금언들을 인용했다. "살라딘은 한 번이라도 빵과 소금을 함께 나눈 사람*이라면 결코 죽여서는 안 된다고 말한 바 있다."[14] 그러고 보면 다음 세기의 작가 단테 Dante Alighieri(1265-1321)**가 살라딘을 림보Limbo에 있는 고결한 비그리스도인들 사이에, 그러니까 호메로스, 플라톤, 아리스토텔레스와 함께 위치시킨 것은 결코 우연이 아니다.

이슬람 측에서 역시 비슷한 태도가 발견된다. 다시 한번 주앵빌을 참고하자면, 그는 사자심왕 리처드의 명성을 다음과 같이 기록했다.

리처드 왕이 바다 너머에서 벌인 대담한 공훈들로 워낙 유명해진 탓에, 사라센인들은 자기 말이 관목 앞에서 겁을 먹을 때면, "저게 잉글랜드 왕 리처드라도 되느냐?"라며 핀잔하곤 했다.[15]

이슬람 쪽의 태도에 대해 가장 풍부한 증언을 제공하는 인물은 우사마 이븐 문키드Usāmah ibn Munquidh(1095-1188)다. 그가 남긴 자서전은 그라나다의 압드 알라의 기록이 그랬던 것처럼 그 시대의 실상을 잘 드러낸다. 우사마는 시리아 북부에 위치한 샤이자르Shaizar의 에미르로서, 당대 기준으로는 예외적으로 긴 생애를 살았

---

* '빵과 소금'을 함께 먹는 행위는 슬라브 및 중동 문화권에서 손님에 대한 환대 혹은 상호 간의 화합과 동맹을 상징하는 행위다. 이 구절은 손님으로 환대한 이를 죽이는 것은 도리에 어긋난다는 의미다.

** 본명은 두란테 델리 알리기에리Durante degli Alighieri. 지옥, 연옥, 천국을 연이어 여행하면서 그리스도교 신앙 및 윤리 및 철학에 대해 고찰하는 『신곡Divina Commedia』의 작가다.

고 넓은 인맥에 풍부한 견문까지 갖춘 인물이었다. 그는 여러 일화로 구성된 회고록에 경험을 생생히 기록했는데, 여기에 우트르메르 프랑크인들과의 조우에 관한 매우 귀중한 기록이 담겨 있다.

우사마는 프랑크인들을 당연히 적으로 여기면서도 나름 훌륭한 상대로 평가했다. 그는 프랑크인들을 언급할 때면 언제나 "프랑크인들 – 신께서 멸하시기를!"[16]이라는 표현을 쓰곤 했다. 그들 문화의 특정 부분, 예를 들어 약제의 개념에 대한 무지 등을 경멸하는가 하면 그리스도교 여성들이 누리던 사회적 자유에 대해서는 당혹감을 표하기도 했다.

하지만 휴전 시기에는 프랑크인들과 친구가 되고 공통의 관심사도 찾을 수 있었다. 우사마는 열정적인 운동선수이자 예리한 야생 관찰자였는데, 이것이 프랑크인 귀족들과의 접점이 되었다. 그는 자서전에서 프랑크인 친구들과 함께했던 사냥 여행에 관해 스스럼없이 여러 차례 언급한다. 우사마의 아버지는 샤이자르에서 프랑크인 예루살렘 국왕을 대접했던 일이 있고, 우사마도 정기적으로 예루살렘 궁정을 찾곤 했다. 때로는 외교관 자격이었지만, 흥미롭게도 적어도 한 번은 소송인 자격으로 방문해 프랑크인 백작을 상대로 가축 방목을 둘러싼 민사 소송을 제기하기도 했다. 궁정에서 그리스도교인과 무슬림이 목축에 관한 문제로 소송을 벌이는 장면은 십자군 국가들 내 두 집단 사이의 관계를 예상 밖의 관점에서 바라보게 한다. 그러므로 이 문제에 관해서는 열린 시각을 가질 필요가 있다. 물론 우사마의 기록이 워낙 희귀한 자료이므로 그 내용을 얼마나 일반화할 수 있느냐 하는 문제가 제기될 수 있다. 신중해서 나쁠 것은 없다. 하지만 모든 상황을 종합해볼 때 우사마가 유난히 독특한 태도를 보이고 있다고 믿기는 어렵다.

세계에 대한
인식의 확장

십자군 원정기는 흔히 그리스도인과 무슬림 사이의 적대감이 점증하던 시기로 묘사되곤 한다. 이런 접근에 따르면 십자군 원정 이전, 즉 실존 인물인 압드 알라나 로드리고 디아즈, 가상의 인물인 디예니스 아크리티스의 시대만 하더라도 사람들은 '각자 자기만의 방식대로' 살아가고 있었다. 그런데 중앙아시아에서든, 북부 그리스도교 세계에서든 혹은 서아프리카에서든, 지중해 세계 바깥에서 침입자들이 난입해 적대감이라는 위험천만한 격정을 촉발하면서부터 세상이 격화되었다. 결국 르노 드 샤티용의 폭력 행위나 루이 9세의 차디찬 광신주의로 요약되는 십자군 시대의 도덕 감성이 출현했다. 물론 이것도 당대를 해석하는 하나의 방식일 수 있다. 하지만 우사마 이븐 문키드나 포르투갈의 동 페드루 같은 인물들의 이야기는 사태가 단순하지 않았음을 시사한다. 사실 사람들 사이의 관계들은 보통 공생이냐 적대냐의 문제로 단순화되기 어려운 법이다.

십자군이 더 큰 세계에 대한 의식을 일깨우는 데 기여했음을 인정한다면 십자군을 조금은 긍정적으로 이해할 수 있다. 제1차 십자군이 시리아와 팔레스타인에 들어섰을 당시, 그들은 낯설기만 한 이국적 성격의 종교 공동체들과 마주했다. 이들은 단성론자(콥트교도)를 위시한 동방 그리스도교 분파의 신자일 수도, 사마리아인처럼 완전히 다른 신앙 전통을 고수하는 사람들일 수도 있었다. 동방과 서방 그리스도교인들 사이에는 애초부터 그리 대단한 이해관계가 없었다. 그러므로 우트르메르에 십자군 국가들이 수립되면서 위태로워진 것은 꽤 조화롭던 동방 그리스도교인들과 그들의 정치적 지배자였던 이슬람계 사이의 관계였다. 구원자를 자처하던 십자군들이 그들이 도울 대상이었던 동방 그리스도교인들에게 기껏해야 미심쩍은 눈초리만 받게 된 이유도 바로 여기에 있다. 서방인들 역시 동방 그리스도교인들을 거만하고 매력 없는 먼 친척으로 간주하면서 특이한 관습과 전통에 대해 적당한 거리를 두는 것을 최선으로 여겼다.

이에 비하면 훨씬 더 멀리 떨어져 있는 이국적 그리스도교 공동체에 대한 태도가 차라리 더 관대했다. 1145년 우트르메르 출신의 한 주교가 교황을 알현해 동방의 어느 유력자에 관한 소문을 들려준다. 항간에 베들레헴의 아기 예수를 방문했던 동방 박사 중 하나의 후손으로 알려진 요한John이라는 신비로운 지도자가 우트르메르의 그리스도교인들에게 도움을 주기를 몹시 갈망해 동쪽에서 이슬람 세력을 공격하고자 한다는 이야기였다. 바로 이것이 '사제Presbyter, 즉 성직자priest 요한'의 전설에 관한 최초의 역사 기록이다. 20년 후에는 사제 요한이 직접 썼다는 서한이 유럽에 전달되었다. 거기에서 요한은 스스로를 '세 인디아'의 통치자로 지칭하고 그리스도교 세계의 적을 섬멸하기 위한 군사적 원조를 제공할 의사가 있음을 천명했다. 별 보잘것없던 이 속임수에 교황을 위시한 많은 고관대작이 현혹된 까닭은 그리스도교 세계의 지도자들이 믿고 싶었던 바와 정확히 맞아떨어졌기 때문이다. 이슬람의 배후를 공략해 성지를 수복하려는 서방 십자군들에게 도움을 줄 만한 군사력을 지닌 그리스도교 동맹국이 멀리 동방 어딘가에 존재하리라는 기대였다. 사제 요한의 전설은 이후 수 세기 동안이나 회자되었고 사람들은 이 미지의 왕국 위치를 아시아, 인도 혹은 아프리카 등으로 추정했다. 물론 적대적 무슬림 세력으로부터 그리스도교 세계가 해방되기를 염원하던 몽상가들의 수고는 물거품이 되었다.

어쩌면 사제 요한에 관한 최초의 보고가 실제 사건들에 기초한 것일 수 있다. 1141년, 중앙아시아에 있는 카라-키타이 제국Qara-Khitai Empire*의 군주가 페르시아의 셀주크 세력을 패배시킨 일이 있다. 이 사건에 대한 소문이 적으로 둘러싸여 있던 우트르메르의 그리스도교인들에게 이런저런 경로로 전해졌을 때, 그 전승자에 게 그리스도인 군주이자 이슬람에 맞선 잠재적 동맹 세력으로서 의 역할을 부여하지 않기란 거의 불가능했을 것이다. 1177년 교 황 알렉산더 3세Alexander III(재위 1159-1181)는 사제 요한에게 교황 사절 단을 보내기에 이른다. 그러나 그들의 흔적은 우트르메르 지역을 통과할 때까지만 추적 가능할 뿐이어서 이후의 행보는 알려진 바가 없다. 만약 일찍이 이 시기에 그리스도교 세계와 먼 동방 '어 딘가' 사이에 외교적 연결고리가 성립되었다면 곧이어 중앙아시 아로부터 날아든 충격이 한층 완화될 수 있었을지 모른다.

여기서 말하는 충격은 다름 아닌 몽골의 침입이다. 몽골은 세 계사에 비교할 대상이 없는 전무후무한 제국이다. 1200년을 전 후로 몽골의 부족들은 테무친Temuchin**이라는 이름의 지도자 아 래에서 통일을 이루었다. 이때부터 테무친은 칭기즈 혹은 징기 스 칸Chingiz/Genghis Khan, 즉 '보편 군주'라는 의미의 칭호를 얻게 된 다. 몽골 부족의 통일은 곧 일류 군대의 창설이라는 결과로 이어 졌다. 이 군사 조직은 어딘가에 활용되어야만 했다. 다시 말해 통 합을 유지하는 데는 외부로의 정복 활동이 필수적이었다. 이것이

---

* 중국을 지칭하는 옛 단어 '케세이Cathay', 우리말로는 서요西遼가 여기에서 유래했다.
** 보르지긴 테무친(1162?-1227). 몽골어의 영어식 철자로 그 밖의 다양한 표기법이 있다.

몽골의 확장에 대한 가장 설득력 있는 설명이다. 1227년 사망하기 전까지 칭기즈 칸은 동으로는 중국 북부, 서로는 카라-키타이와 북부 이란 이슬람 국가들의 무릎을 꿇렸다. 팽창은 그의 죽음이후에도 계속되었다. 그의 아들 우구데이Ögede(재위 1229–1241) 치세에 들어서면 중국 북부에 대한 몽골의 장악력이 더욱 견고해졌다. 1230년대 후반에는 서쪽으로 또 다른 공세가 개시되어 러시아 남부의 공국들이 황폐해지고 키예프가 1240년에 약탈당했다. 몽골의 진격은 헝가리와 폴란드, 심지어 독일 지역까지 거침없이 계속되었다. 몽골의 장군들이 서유럽 방면의 공세를 포기한 것은 1241년 우구데이 칸이 사망하고 나서의 일이다.

1240년대에 이르러 몽골 제국은 동유럽에서 태평양 연안까지 확장되어 있었다. 몽골은 사제 요한의 제국이 아니었다. 그렇지만 겁에 질린 유럽인들은 자기방어 차원에서라도 몽골에 관해 조사할 수밖에 없었다. 이 문제는 교황 인노켄티우스 4세Innocentius IV(재위 1243–1254)가 1245년 직접 주재한 리옹 공의회Ecumenical Council of Lyon에 모인 최고위 성직자들 사이에서도 논의되었다. 심사숙고 끝에 교황은 몽골에 세 차례에 걸쳐 사절들을 파견했다.

사절의 임무는 외교 관계를 개시하고 몽골을 관찰해 보고하며 동방의 그리스도교 공동체들과 접촉하는 일이었다. 몽골이 그들의 종교로 보이는 샤머니즘을 포기하고 그리스도교를 받아들이도록 설득할 수 있을지 모른다는 막연한 기대감도 있었다. 만약 그렇게만 된다면 몽골이 서방과 협력해 중동의 이슬람 세력에 맞서는 군사 행동에 나설 수 있을 터였다. 바로 이 점이 중세 그리스도교-이슬람 관계사에서 몽골이 중요한 이유다. 몽골인들이 사제 요한으로 변할지 모른다는 진지한 믿음이 13세기 서방의 최고위층 사이에 존재했던 것이다.

물론 결국에는 이처럼 열정적인 희망들이 전적으로 허황한 생각이었음이 명백해졌다. 상당수의 유력 몽골인들이 네스토리우스파 그리스도교를 받아들이기는 했지만, 몽골 전체가 유럽의 가톨릭 그리스도교를 받아들이게 될 가능성은 전혀 찾아볼 수 없었다.* 도리어 몽골은 금세 서방에서 눈길을 뗐다. 두려움의 대상이었던 몽골의 공세 역시 결코 현실화되지 않았다. 이는 아마도 오늘날 생태적 혹은 환경적 요인이라고 부르는 원인들 때문이었을 것이다. 몽골이 거느린 수백만의 군마들은 초원 지역이 공급하는 목초에 의존하고 있었는데, 우크라이나 서쪽에는 그런 자원이 충분치 않았다. 몽골의 이라크 침입으로 바그다드가 점령되어 약탈당했으며 이것이 1258년에 압바스의 마지막 칼리파가 폐위당한 후 살해당하는 사태로 이어지기는 했다. 하지만 이를 두

---

* [원주] 네스토리우스파Nestorian는 동방 교회의 한 분파였다. 콘스탄티노폴리스의 총대주교(재위 428-431)였던 네스토리우스는 이단적 사상을 가졌다는 혐의를 받고 파문당했다. 그의 추종자들은 피난처를 찾아 로마 제국 동쪽의 지역으로 이동했으며 메소포타미아에 강력한 근거지를 형성했다. 그곳에서부터 네스토리우스 공동체가 중앙아시아를 거쳐 중국까지 확산되었다.

고 서방과의 협조 아래에서 이뤄진 '십자군' 활동이라고 부를 수야 없을 것이다. 2년 뒤 몽골의 군대는 갈릴래아 지방의 아인 잘루트Ayn Jālūt에서 살라딘을 계승한 이집트의 이슬람 왕조인 맘루크Mamlūk에게 패배했다. 하지만 이후 몽골이 시리아에서 물러서게 된 일도 실은 예정된 수순이었다. 광활한 목초지가 없어 매력이 없기란 지중해 변경이나 농경지 중심의 유럽이나 매한가지였다. 칭기즈 칸에 의해 창조된 단일한 몽골 제국 또한 벌써 느슨해져 14세기 후반이면 중국, 중앙아시아, 페르시아, 러시아에 위치한 여러 정치체로 해체되고 만다.

그러나 1240년대에 개시된 접촉 시도들만큼은 현실화되었고 보고서들도 여럿 작성되었다. 이 문서들은 대단히 흥미로운데, 그중에서도 프란체스코회 선교사였던 빌럼 반 뤼브룩Willem van Rubroeck이 편찬한 보고서가 가장 주목할 만하다. 프랑스 국왕 루이 9세에 의해 파견된 그는 1253년에서 1255년 사이에 칭기즈 칸의 손자이기도 한 몽골의 몽케 칸Möngke Khan을 예방했다. 뤼브룩이 남긴 기록은 세계 최고의 여행기라 할 만하다. 기민하고 관찰력 있는 인물이었던 그는 주군에게 보고할 요량으로 여정을 소상히 기록했다. 유럽인의 처지에서 봤을 때 익숙한 구석이라고는 거의 없는 지역을 거치며 겪었던 수많은 난관과 위험, 도상에서 마주친 낯설고 이국적인 사람들의 용모와 복식, 신앙 등이 관찰 대상이었다. 익숙하지 않은 대상에 대한 뤼브룩의 묘사는 훨씬 후대에 쓰이게 될 민족지적民族誌的, 인류학적 글쓰기의 예고편이라는 느낌이 들 정도로 꼼꼼하다. 몽골인들의 주거 환경*에 대한 설명을 예로 들어보자.

몽골인들이 기거하는 거주 공간은 나뭇가지를 서로 엮어 만든 원형 기초가 상단으로 갈수록 좁아져 다시 작은 원형을 이루는 구조로 안쪽의 원형이 굴뚝처럼 바깥으로 돌출되어 있다. 그들은 이 공간을 하얀색 펠트로 덮고, 종종 이 펠트에 석회 가루나 하얀 점토와 뼛가루를 문질러 더 밝게 보이게 하거나 반대로 검게 칠하기도 한다. 또한 상단의 잘록한 부분 주변의 펠트를 다양하고 정교한 무늬로 장식한다 (…) 이런 공간은 때로 너비가 9.1미터에 달하는 크기로도 세워진다. 한번은 내가 직접 마차 바퀴들 사이의 거리를 재어보니 6미터였는데, 거주용 천막이 마차에 실려 있을 때 양 바퀴 바깥쪽으로 적어도 1.5미터 넘게 튀어나와 있었으니 말이다. 천막 하나를 실은 마차를 끄는 황소의 수는 22마리로, 마차 폭에 맞춰 한 줄에 11마리가 늘어서고, 그 앞에 나머지 11마리가 늘어섰다. 마차는 차축만 해도 웬만한 배의 돛 정도로 커다랬는데 한 남자가 마차 위, 천막의 입구에 해당하는 부분에 서서 소를 몰았다.[17]

---

* 몽골의 가옥 게르Ger.

운송에 쓰이는 동물 중에는 낯선 것들도 있었다. 다음은 야크에 관한 유럽 최초의 서술이다.

그들은 극히 강인한 가축들을 소유하고 있는데, 그 꼬리가 말처럼 무성하고 배와 등에도 털이 많았으며 다리는 다른 가축보다 짧지만, 훨씬 더 튼튼하다. 몽골인들의 커다란 천막들을 끌고 다니는 이 녀석들에게는 길고 가느다란 모양의 구부러진 뿔들이 달려 있는데 어찌나 날카로운지 그 끝을 계속 잘라내야 할 정도라고 한다.[18]

빌럼 반 뤼브룩은 이처럼 하느님의 부름을 따라 당도한 세상의 낯선 모습에 경탄해 마지않으면서 프랑스 궁정에 있는 1차적인 독자들을 위해 이를 정확히 기록했다. (현존하는 사본 증거에 비춰볼 때, 뤼브룩의 작품은 잉글랜드에도 유포되었던 듯하다.) 하지만 뤼브룩이 유일한 기록자는 아니었다.

장 드 주앵빌은 1309년에 『성왕 루이의 전기La vie de saint Louis』를 완성했다. 당시 그는 매우 연로한 인물이었지만 작품 중 주요 부분은 그보다 40년 정도 앞선 시기에 편집되었을 것으로 보인다. 주앵빌이 주군과 함께 이집트와 시리아 지역으로 십자군 원정을 떠나 도중에 마주친 지명과 인물에 관해 남긴 서술은 놀라우리만치 생생해서 저자와 현대 독자 사이에 700여 년의 시차가 있다는 사실이 무색할 정도다.

주앵빌의 글은 자신이 속한 세계를 예리하게 관찰하면서 그 속의 모든 요소에 대해 강한 흥미를 느꼈던 한 작가의 의식을 선명하게 전달해준다. 물고기 화석에 관한 묘사를 살펴보자.

국왕께서 사이다Saida*에 머무르셨을 때의 일이다. 누군가 국왕께 여러 조각으로 깨진 돌덩이 하나를 가져왔다. 그것은 가히 세상에서 가장 신비한 돌덩이였다. 깨진 조각 중 하나를 들어 올리자 두 암석 조각 사이로 바닷물고기의 모습이 드러났다. 온전히 돌로만 이뤄진 이 물고기는 형태나 눈과 뼈 색상 등 무엇 하나 부족한 것이 없어 살아 있는 것이라고밖에는 달리 생각할 수 없을 정도였다. 왕께서 그 돌덩이 중 하나를 내게 건네주셨다. 그 안에서 내가 발견한 것은 고동색 잉어였는데, 어느 면에서 봐도 잉어가 갖춰야 할 모양 그대로였다.[19]

마지막 사례로는 중세 유럽의 여행자 중 가장 유명한 인물인 마르코 폴로Marco Polo를 들 수 있다. 마르코는 여행자 가족 출신이었다. 그의 아버지 니콜로와 삼촌 마페오는 1260년에 콘스탄티노폴리스에서 크림반도까지 사업적 목적의 출장에 나섰다가 예기치 않게 중앙아시아와 중국까지 건너가 1269년에야 귀향했다.

---

* 오늘날 레바논 시돈 지역에 해당한다.

1271년에는 교황의 공식 대사 자격으로 쿠빌라이 칸Khan Qubilai*에게 전달할 외교 서신을 가지고 새 여정에 올랐는데, 이때 어린 마르코가 동행하게 된다. 약 3년 반 후, 마르코 폴로 일행은 쿠빌라이의 여름 별궁인 상두Shangdu에 도착했다. 일행은 이후 17년 동안 중국에 머물렀다. 이 기간에 마르코 폴로는 제국의 관료 체계 내에서 일종의 재정관직을 수행한 것으로 보인다. 덕분에 그는 제국 곳곳을 두루 여행하고 관찰할 기회를 얻었다. 그러다가 1291년경 폴로 일가는 공주 한 명을 이란까지 호위해달라는 요청을 받아 남중국해와 자바, 수마트라, 실론, 인도, 호르무즈해협을 지나 임무를 수행하고 이후 타브리즈Tabriz, 트라브존Trabzon, 콘스탄티노폴리스를 거쳐 마침내 1295년 고향 베네치아로 귀환했다. 이때 마르코 폴로는 루스티첼로Rustichello라는 피사의 대필 작가를 시켜 자신의 여행 경험을 기록(얼마간은 윤색)하게 된다.

빌럼 반 뤼브룩과 장 드 주앵빌, 마르코 폴로의 저작, 이 밖에 1250년에서 1320년 사이의 몇몇 작품에 드러난 넓고 낯선 세계에 대한 인식은 유럽적 정신의 발전에 있어 중요한 진전이었다. 「롤랑의 노래」에 귀 기울이던 11세기 전사들이 무지몽매해 정신적 지평이 좁았던 반면, 14세기 초의 상당수 서유럽인들은 이 세

---

* 영국의 시인이자 비평가인 세뮤얼 콜리지Samuel Taylor Coleridge(1772-1834)가 작품 〈쿠블라 칸 Kubla Khan〉의 소재로 삼기도 했다.

상에 자신들의 고향과는 상상을 초월할 정도로 다른 산맥과 바다, 동물과 사람, 관습과 신앙들이 존재하고 있음을 알고 있었다. 아직 희미하기는 했으나 종교의 다원성 개념 역시 바로 이 시기에 처음으로 나타나기 시작했다.

결코 우연의 일치일 리 없는 이러한 발전은 유럽 그리스도교 세계의 정신적 성숙에 있어 결정적 요소였다. 하지만 여기에 대해 탐구하기 전에 먼저 짚어봐야 할 질문이 있다. 마르코 폴로 일가 같은 베네치아 사업가들이 구세계를 동으로 가로질러 베이징과 상두까지 가서 대체 무얼 했던 것일까? 우리가 베네치아 상인에 대해 마지막으로 언급했던 1000년경만 해도 그들은 그제야 콘스탄티노폴리스와 알렉산드리아에 진출하고자 아드리아해 쪽으로 기수를 내리고 있었는데 말이다. 그 이후로 분명 많은 일이 일어났음이 틀림없다.

4부

상업에서 지적 교류까지,
지중해에서 만난 문화

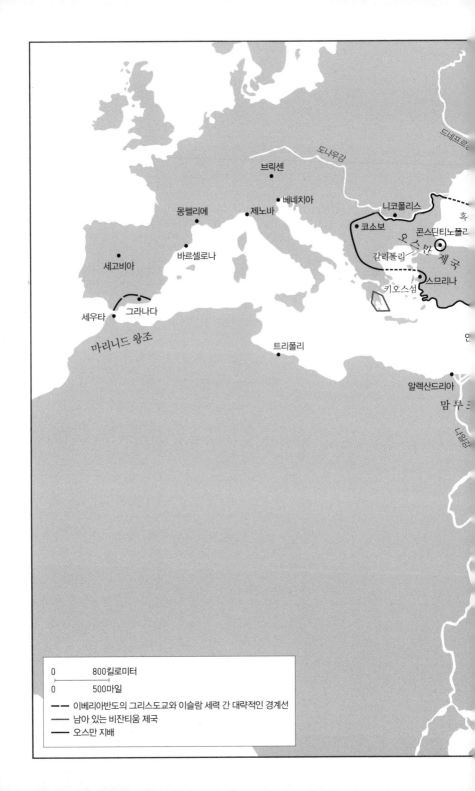

드네프르강

도나우강

브릭센

몽펠리에

베네치아

제노바

니코폴리스

코소보

콘스탄티노플

오스만 제국

갈리폴리

스므리나

세고비아

바르셀로나

키오스섬

세우타

그라나다

마리니드 왕조

트리폴리

알렉산드리아

맘루크

나일강

0   800킬로미터
0   500마일

- - - 이베리아반도의 그리스도교와 이슬람 세력 간 대략적인 경계선
──── 남아 있는 비잔티움 제국
──── 오스만 지배

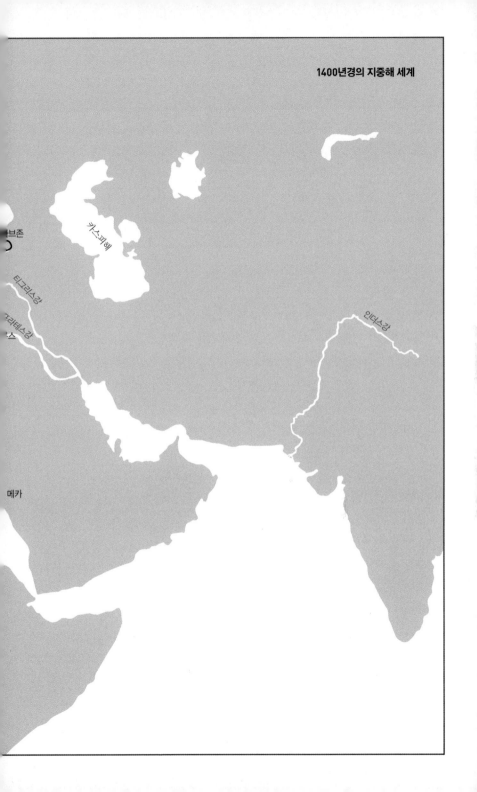

카스피해

브존

티그리스강

유프라테스강

스

인더스강

메카

정보들이 아랍어에서 라틴어, 즉 서방 그리스도교 세계의 학문 언어로 번역되었고, 이로써 학자들에게 가용하게 되었다. 이러한 과정이 세계 지성사에서 차지하는 중요성은 아무리 강조해도 지나치지 않다. 철학 혹은 과학 문화와는 달리 종교 문화와 관련해서는 지적 교류의 상황이 다소 달랐다. 이슬람의 식자층은 그리스도교에 대해 여전히 거의 관심을 보이지 않았다.

지중해를 둘러싼
교역 경쟁

1050년 즈음, 예루살렘에 거주하던 한 유대인 여성이 이집트에 있는 자신의 물품 공급자에게 서신을 보내 '샤드후나 퀴르미즈 Shadhūna qirmiz'를 주문했다. 샤드후나는 에스파냐 남부의 메디나-시도니아Medina-Sidonia를 말하고 퀴르미즈는 털가시나무의 껍질 속에 주로 서식하는 코쿠스 일리키스Coccus ilicis라는 딱정벌레를 짓이겨 만든 일종의 염료인데, 심홍색crimson이라는 단어가 여기에서 나왔다. 이로부터 약 75년 후, 정확히는 1125년 8월 11일에 이븐 할리프Ibn Halif라는 알렉산드리아 상인이 사업차 떠난 여행 중에 에스파냐 남동부의 알메리아Almeria에서 사망한다. 우연히 보존된 문서 기록과 묘비 명문銘文 덕분에 알려진 이 두 사례는 재화와 사람이 자유롭게 이동하던 지중해 세계의 상업적 통일성과 그 속에서 이슬람 상인과 유대인 사업가들이 누렸던 헤게모니를 엿보게 해준다.

그러나 이 헤게모니는 그리스도교 세계의 경쟁자들로부터 도전받고 있었다. 구체적으로 말하자면 최초의 도전자는 이탈리아인들이었다. 2부에서 살펴보았듯이 아말피와 베네치아의 상인들은 10세기부터 서유럽의 부유층이 원하는 사치품을 찾아 이집트의 항구를 과감히 드나들고 있었다. 다른 이들도 곧 베네치아의 선례를 따르기 시작했다. 피사와 튀니지 사이의 교역은 1060년대에 확실히 자리 잡은 상태여서, 한 유대인 교역상의 경우 알-마흐디야al-Mahdīyya의 후추 판매에 관한 서신을 자기 동료에게 보내면서 아무렇지도 않게 피사의 화폐 단위를 사용했을 정도였다. 그런데 이런 거래의 현장은 험악한 모습을 띠었다. 교역에 해적 행위가 동반되곤 했던 것이다. 실제로 1087년 피사인들은 제노바와 아말피에서 온 파견대와 함께 알-마흐디야를 공격해서 엄청난 재화를 노략질했고, 귀환해서는 그 일부를 캄포 산토*를 장식하는 데 썼다. 그런 까닭에 일부 역사가는 이 약탈 행위를 일종의 원형 십자군Proto-Crusade으로 간주하기도 한다.

그런 면에서 보자면 이탈리아 상인들이 제1차 십자군 및 우트

---

* 피사 중앙 광장 북쪽에 위치한 납골 공원으로 도시의 주요 명사가 매장되는 장소였다. 전승에 따르면 '거룩한 장소holy field'라는 캄포 산토Campo Santo의 문자적 의미에 걸맞게 현재의 회랑을 건설할 13세기 후반 당시 제3차 십자군이 가져온 예루살렘 성지의 흙을 기초로 삼았다고 한다.

르메르 공국들의 건립과 함께 발생한 기회들을 재빨리 포착한 것은 결코 놀라운 일이 아니다. 이 신생 전초 기지들은 기반이 취약했다. 따라서 기초 필수품에 해당하는 식량이나 무기류 등을 공급해줄 선단이 절실했다. 그런데 이탈리아인들만이 이를 제공할 수 있었다. 출발이 빨랐던 쪽은 제노바였다. 그들은 예루살렘이 함락되기 꼭 한 해 전에 안티오크의 새로운 주인 보에몽 1세로부터 도성 내의 창고와 30여 개의 가옥, 우물, 예배당 등을 얻어냈다. 이 자산들에 임대료나 세금이 전혀 부과되지 않았다는 사실만으로도 그들의 해상 지원이 얼마나 가치가 컸는지 알 수 있다.

베네치아인들 역시 에게해와 흑해에 걸쳐 있던 비잔티움 제국의 상업권으로 진출하기 위해 전력을 기울였다. 그들은 이미 10세기 말 이전에 이 지역에 관한 통상 조약을 체결한 바 있었다. 하지만 진정으로 의미 있는 진전은 거의 한 세기나 지나서 이뤄졌다. 콘스탄티노폴리스 당국자들의 근시안 탓에 제국 해군력이 쇠퇴한 틈을 놓치지 않은 것이다. 1071년 만지케르트 전투 이후 셀주크 세력이 아나톨리아의 배후지를 조용히 집어삼키자, 비잔티움 황제들은 소아시아의 해변 도시들에 대한 방어를 강화해야 했다. 이와 동시에 제국은 서쪽에서 온 새로운 적들에게도 위협받았다. 노르만인들이 남부 이탈리아와 시칠리아의 옛 비잔티움 영토에 자리를 잡았던 것이다. 이런 상황 때문에 노르만인들과 콘스탄티노폴리스의 제국 정부는 적대 상태에 놓이게 된다. 1081년 일군의 노르만 군대가 아드리아해를 건너 코르푸를 점령하고 두라초*를 포위했다. 다행히 베네치아인들이 도착해 제국 측을 구조해주었으나 대가는 무거웠다. 그들은 1082년에 교역 특권을 획득함으로써 거의 절대적인 상업적 우위를 누렸으며, 이후 여러 곡절을 겪으면서도 우위를 한 세기 넘게 지킬 수 있었다.

베네치아인들은 12세기에 우트르메르에서 열린 기회들 역시 무시하지 않았다. 그들은 아크레와 티레 같은 해안 도시에서 독점적 상업 구역들을 얻어냈는데, 이는 대단한 특혜였다. 티레에서 베네치아인들은 도시는 물론 배후 농촌 지역의 3분의 1이나 요구했고, 실제로 그 권리를 확보한 후에는 열성적으로 지켰다. 파국적이었던 제4차 십자군 원정을 통해 라틴 세력이 비잔티움 제국을 정복한 후, 베네치아인들은 에게해의 수많은 섬과 펠로폰네소스 본토의 거점들에까지 손을 뻗었다. 이렇게 확보된 크레타Crete, 에보이아Evvoia, 안드로스Andros, 낙소스Naxos, 산토리니Santorini, 메토니Methóni, 코로니Koróni 등의 섬들은 강력했던 사누도Sanudo 가문 아래 '군도 공국Duchy of Archipelago'으로 조직된다. 베네치아가 이제 상업 권력에서 제국 권력으로 변모한 셈이다. 이 제국의 일부는 아주 오랫동안 존속했다. 예컨대 크레타는 1669년까지 베네치아의

---

* 코르푸Corfu는 그리스 서안 최북단의 섬이며, 두라초Durazzo는 여기에서 북으로 280킬로미터 떨어진 현 알바니아령 두러스Durrës를 말한다.

소유로 남아 있었고, 남부 펠로폰네소스에 위치한 베네치아의 마지막 요새는 1718년에 가서야 오스만 제국에 함락되었다.

경쟁자인 베네치아인들에 비하면 제노바인들은 비잔티움 교역권에 다소 뒤늦게 진출했다. 콘스탄티노폴리스에 일찍이 1155년부터 일정 규모의 제노바인 거류지가 형성되어 있었으나, 그들에게 커다란 기회가 주어진 것은 그로부터 한 세기 이후의 일이었다. 제노바인들은 1261년 어느 그리스 황제의 콘스탄티노폴리스 복위를 돕는 대가로 베네치아인들의 교역 특권 일부를 넘겨받았다. 이후 두 세력은 상업적 우위를 놓고 치열한 경쟁을 벌이게 된다. 제노바인들의 거점은 콘스탄티노폴리스뿐 아니라 에게해와 크림반도, 흑해 연안의 트라브존에도 있었다. 이 중 일부 지역은 베네치아의 경우처럼 장기간 살아남았다. 예를 들어 키오스섬은 1566년까지 제노바인들의 소유 아래 있었다. 제노바 상인들은 본거지 근처인 지중해 중·서부에서도 활발히 활동했다. 그들이 12세기 중반 시칠리아 교역 사업에 쏟아부은 투자는 이집트와 우트르메르 다음으로 규모가 컸고, 그에는 못 미치지만 에스파냐, 튀니지, 알제리, 모로코에도 상당한 투자가 있었다. (이러한 투자 유형은 12세기 후반의 무역 공증인들이 보관한 장부들이 운 좋게 살아남은 덕에 꽤 자세한 수준으로 재구성할 수 있다.) 제노바 상인들은 심지어 지브롤터해협 바깥까지 탐험했다. 모로코의 대서양 쪽 해안선을 따라 내려간 그들 중 일부는 곧 더욱더 대담해져 1291년에는 비발디 형제

가 '대양 항로로 인도에 도달하는 길'을 찾아 나서기도 했다.[1] 안
타깝게도 이들은 결코 귀환하지 못했다. 두 세기 이후 제노바의
또 다른 상인-탐험가*가 더 큰 성공을 거두게 된다.

역사가들은 전통적으로 중세 지중해의 교역이 거의 전적으로
이탈리아 상인들만의 문제였던 것처럼 기술해왔다. 이렇게 베네
치아, 피사, 제노바만을 강조하는 관행은 다른 상업 세력들을 주
변화하는 효과를 낳았다. 실상은 마르세유를 위시한 프랑스 남부
의 여러 도시와 바르셀로나로 대표되는 에스파냐 동부의 마을들
에도 진취적인 상인들이 있었다. 예를 들어 오늘날까지 전해지는
1248년의 계약 장부에는 주로 직물로 구성된 화물을 마르세유에
서 우트르메르로 실어나르는 배 한 척이 등장한다. 이 직물 중 많
은 부분은 아비뇽, 나르본, 타라스콩 등 인근 지역에서 생산된 것
이었지만, 다른 일부는 잉글랜드 스탬퍼드Stamford에서 제작된 유
명한 옷감을 비롯해 훨씬 먼 지역에서 수합되기도 했다. 바르셀로
나 역시 12~13세기에 가장 번창한 도시 중 하나였다. 지중해 해
안을 오르내리는 연안 무역이 원거리 네트워크로 확대되었고, 아
라곤 연합 왕국Corona de Aragòn으로 알려진 연맹체의 지도자들이
발레아레스 제도Balearic Islands와 시칠리아(1282), 사르디니아Sardinia

---

* 바로 크리스토퍼 콜럼버스를 말한다. 그는 사망할 때까지 자신이 인도 항로를 발견했다고 믿
었다. 참고로 앞서 언급한 비발디 형제는 반디노Vandino와 우골리노Ugolino Vivaldi다.

일부를 포함하는 해상 제국(1229-1232)을 건설하면서 무역과 정복 활동 역시 불가분의 관계로 엮이게 되었다. 카탈루냐 상인들의 거류지는 북아프리카 해안선을 따라서도 넓게 퍼져 있었는데, 이들의 수완이 얼마나 좋았던지 1300년에 이르면 바르셀로나의 사업 공동체가 남쪽으로는 사하라 너머, 동으로는 흑해와 홍해까지 뻗어나가게 된다.

이 같은 식민 거점 중 일부는 그 자체로 교역 상품의 산지이기도 했다. 우트르메르가 특별히 생산성이 좋은 지역은 아니었다. 그러나 안티오크, 트리폴리, 티레에서 생산된 비단과 당시에는 대단한 사치품이었던 요르단 계곡산産 설탕이 서방까지 수출되었다. 제노바인들은 스미르나Smyrna와 트라브존에서 의류 염색 과정에 없어서는 안 될 정착제였던 백반을 구매해 서방 그리스도교 세계의 직조공과 축융공에게 팔았다. 제노바가 소유하고 있던 키오스섬은 유향 수지mastic의 주산지였는데, 이 향내 나는 송진은 유럽의 부유층 사이에서 치약과 껌의 재료로 인기가 높았다.

그렇지만 이처럼 급증한 상업 활동의 가장 중요한 특징이자 여러 측면에서 그런 활력의 원동력이 된 것은 유럽 상인들이 이전까지 발을 들여놓지 못했던 이국적 나라들에까지 뻗어 있는 교역로에 접근할 수 있게 되었다는 점이었다. 십자군이 차지한 우트르메르의 북부는 메소포타미아와 이란을 거쳐 중앙아시아, 종국에는 중국에까지 이르는 육상 교역로의 서쪽 말단에 위치하고 있었다. 13세기에 마르코 폴로는 바로 이 길을 걷게 될 터였다. 이 집트를 거점 삼은 상인들은 홍해를 거쳐 인도양까지 항해할 수 있었다. 피렌체인 프란체스코 페골로티Francesco Pegolotti가 1330년경에 상인들을 위해 편찬한 편람에는 무려 300개에 달하는 '향신료' 목록이 있다. 이들 중 대부분이 지중해권 유럽보다 더 먼 동쪽 지역에서 수입된 것으로 추정된다. '향신료'는 문자 그대로의 요리용 향신료만이 아니라 식용 약재, 미용재, 염료, 이국적 과일류까지 포함하는 탄력적인 용어였다. 따라서 페골로티의 목록을 통해 우리는 당시의 서방이 어떤 상품을 원했는지, 어떤 상품에 기꺼이 비싼 값을 치르려 했는지 엿볼 수 있다. 계피, 커민, 대추야자, 호로파fenugreek, 다섯 종류의 생강, 인디고, 꼭두서니, 사향, 아편, 백단sandalwood, 누에 알, 테레빈유 등이 바로 그것이다. 한편 지중해의 반대편 끝에 위치한 바르바리 연안의 도시들에서는 제노바인들과 카탈루냐인들이 사하라 사막 너머까지 뻗은 상업망의 북단에 올라탈 수 있었다. 이는 금과 상아, 노예들이 모여드는 니제르강 유역의 팀북투Timbuktu 등의 시장들까지 이어져 있었다.

1050년에서 1250년 사이 서유럽 그리스도교 세계는 바로 이런 방식으로 무슬림-유대인-그리스인이 차지하고 있던 기존의 상업적 헤게모니를 점진적으로 잠식해갔다. 물론 이러한 헤게모니는 훗날 오스만 제국의 팽창 등으로 인해 여러 번 위협을 받기도 했다. 그러나 서유럽의 상업적 우위는 결코 완전히 전복되지 않았고 이는 광범위한 결과를 낳게 된다. 지중해의 상업이 북부 유럽의 해상 교역과 연결되고 여기에 재정 기법과 여러 기반 구조(이를테면 상업 회사, 신용 기관, 은행, 회계술, 해상 보험 등)의 발전이 더해지면서 훗날 세계를 지배하게 될 유럽의 상업 자본주의가 탄생한 것이다.

이러한 발전상 자체는 물론 이 책의 범위를 넘어서는 내용이다. 그렇지만 적어도 그 원인에 관한 복잡한 질문만큼은 여기서 다룰 필요가 있다. 중세 성기中世 盛期, High Middle Age의 서구 상인들은 과연 어떻게 다른 경쟁자들을 제칠 수 있었을까? 여기에 대한 명백한 대답은 없다. 십자군, 시칠리아, 에스파냐의 사례에서 확인할 수 있듯이 지중해 지역에서 그리스도교 세력이 정치적으로 재기했다고 해서 몇몇 역사가가 주장해온 것처럼 서구가 지중해를 '통제'하게 된 것은 아니다. 해적 행위는 19세기까지 길들지 않는 지중해의 고질적 문제로 남았다. 그러므로 지중해를 '통제'한다는 것 자체가 근대 이전의 시기에 (어쩌면 근대에조차) 그리 어울리지 않는 개념이다. 게다가 곧 살펴보겠지만 서구 세계의 빠른 추격에도 불구하고 기술과 기예, 상품, 사고방식 등 상업 활동을 지탱하는 요소들 대부분에서 이슬람 세계가 그리스도교 세계보다 한참 더 앞서 있었다.

서구 사회가 평화와 질서, 안정을 실현하기 위한 제도들을 발달시켜온 덕분에 더 쉽게 상업의 번영을 누릴 수 있었다고 믿는 이들도 있다. 이 주장은 표면상으로는 그럴싸하다. 아주 일반적인 시각에서 보자면 중세 그리스도교 세계가 점차 평화와 질서, 안정 상태에 다다르게 된 반면, 지중해 이슬람권은 그러한 상태에서 서서히 멀어졌기 때문이다. 하지만 조금 더 면밀하게 살펴보면 이러한 주장 역시 금세 무너져버리고 만다. 중세 유럽에서 제도적으로 가장 발달한 국가들은 상업 혁명이 일어난 지중해 권역이 아니라 그보다 훨씬 북쪽에 자리 잡고 있었고 반대로 이탈리아나 아라곤 연합 왕국이 중세 시대에 평화나 질서, 안정으로 특히 이름난 지역도 아니었기 때문이다. 여기서 다소 변용된 주장 하나가 있다. 베네치아 같은 독립 공화국이든 바르셀로나처럼 군주가 시정에 별달리 간섭하지 않는 사실상의 자체 공동체이든 상인에 의해, 상인들을 위해 운영되는 도시라면 응당 상업 활동을 고무시키는 데 전력을 기울이기 마련이며, 그리스도교권 지중해 지역에 바로 이런 도시들이 번성했다는 것이다. 여기에는 숙고해볼 만한 부분이 있다. 어째서 이슬람권 지중해 지역에서는 그런 도시들이 발달하지 못했을까? 이 문제는 아직 해결되지 않은 상태이므로 다양한 설명이 가능할 것이다.

섞이지 않으며
공존하는 관계

서로 다른 문화권 출신의 사업가들이 만나게 되면 서로 대화를 할 필요가 있었을 것이다. 하지만 우리는 그것이 어떻게 가능했는지, 문자 그대로 그들이 어떤 언어로 소통했는지 알지 못한다. 다만, 상당수의 '상업 아랍어' 용어들이 현대 유럽어로 전수되었음을 감안하면, 상업 세계에서 통용되는 국제적 방언이 존재했을 것으로 추정해볼 수 있다. '관세'라는 뜻을 가진 로망어 계통의 용어들, 이를테면 아두아나aduana, 에스파냐어, 도가나dogana, 이탈리아어, 두안douane, 프랑스어 등은 '회계 장부account book'을 뜻하는 아랍어 디반dīwān, 본래는 페르시아어에서 유래했는데 그 의미가 확장되어 회계 장부 등을 관리하는 관청, 즉 등기소registry까지 지칭하게 된다. 본래 인도의 것으로 13~14세기에 널리 확산된 '아랍' 숫자 역시 상업 세계에 공유된 문화가 있었음을 암시한다.

상인들이 조우할 때의 분위기가 어땠을까? 그런 정보를 알려주는 사료가 현존하지 않기에 우리로서는 알기 어렵다. 이슬람 상인들과 그리스도교 상인들이 서로를 의심하며 만났을까? 긴장되긴 해도 쾌활한 분위기였을까? 그들도 혹시 우트르메르 프랑크인 지인들과 함께 사냥하러 다니곤 했던 우사마 이븐 문기드 같은 지주 귀족들처럼 조심스러운 우정을 나누었을까? 궁금하기는 해도 이런 질문들은 부질없을 따름이다.

그래도 조금 더 분위기를 파악할 수 있는 관계가 있다. 지배자와 피지배자 사이의 관계가 그렇다. 십자군 원정기에 지중해 그리스도교 세계의 정치적 확장은 국가와 교회의 지배 계층 모두에게 낯선 문제를 던져주었다. 이질적인 문화를 가진 사람들로 구성된 공동체를 어떻게 관리할 것인가? 이 점에 관해서는 이슬람과 그리스도교의 원칙이 분명한 대조를 이루는 것처럼 보이기 쉽다. 1부에서 살펴보았듯이 이슬람의 법률은 '성서의 백성'에 대해 관용을 베풀어야 한다고 규정하고 있다. 반면 그리스도교 법률에는 그러한 규정이 없어 정복당한 무슬림들의 처우 문제가 통치 당국의 기분에 따라 달라질 수 있었다.

하지만 양편의 수칙 차이가 겉보기만큼 그리 단순하지만은 않았다. 현실에서는 '성서의 백성' 역시 이슬람 통치권 아래에서 다양한 형태의 제약을 경험하면서 대체로 상당히 괴롭게 살아가야

했기 때문이다. 그들은 어디까지나 2등 시민이었고 그 지위마저 시간이 갈수록 점점 낮아져갔다. 이슬람으로의 개종이 계속되고, 동시에 사회가 더욱 공공연히 이슬람화된 결과(2부 참고), 이전 시기에 '성서의 백성'이 개척했던 활동 영역이 상당 부분 사라져버렸다. 7~8세기에 다마스쿠스의 요한과 그의 선조들이 관료로서의 이력을 가질 수 있었던 데 반해, 11~12세기에는 그런 일을 거의 상상조차 할 수 없었다. (물론 13세기 몽골의 통치 아래에서만큼은 상황이 달랐지만, 이것은 별개의 이야기다.)

다만 이 같은 문화적 분리 이면의 상황은 조금 달랐다. 지배층의 일시적인 기분이나 변덕이 피지배민에 대한 가혹한 처우로 이어질 위험을 환경적 압력이 (언제나 그랬던 것은 아니어도 꽤 빈번히) 완화시켜준 것이다. 가장 주목할 만한 압력은 피지배 인구를 제자리에 묶어 노동력을 유지해야 할 필요에서 왔다. 일반적으로 우트르메르의 농촌 지역 무슬림 원주민들은 쫓겨나지 않고 오히려 제자리에 머물러 땅을 경작하라는 권고를 받았다. 그리스도교 엘리트들은 안전을 염려해 요새화된 마을과 성채들에 살고자 했으므로, 시골 지역에서는 대체로 예전과 다를 것 없는 농경적 삶이 계속 유지되었다. 지대나 각종 요금도 그대로였고 그저 새로운 주인들에게 지불될 따름이었다. 그렇다고 해서 모든 것이 조화를 이루고 있었다는 의미는 아니다. 무슬림 치하의 그리스도인들과 마찬가지로 그리스도인 치하의 무슬림들 역시 특정 색상의 의복만 입을 수 있는 등 다양한 차별적 조치에 노출되어 있었다. 이슬람에서 그리스도교로 개종한 이들이라면 그러한 사회적 장벽을 넘어설 수 있었겠으나 이는 그리 용이하지도, 환영받지도 못하는 일이었다. 그러니 이슬람 신앙에 대한 신의를 지킨 신민들이 신뢰받지 못한 채 경원시되었음은 당연한 일이었다.

지중해 중부와 서부에서는 무슬림과 그리스도인의 공존이 우트르메르의 단명했던 십자군 공국들에서보다 더 오래 지속되었다. 11세기에 시칠리아를 정복한 노르만 탐험가들은 자신들이 무슬림과 그리스도인(후자는 대부분 라틴 교회가 아니라 그리스 정교회의 신자들이었다)이 뒤섞인 혼성 인구의 주인이 되었음을 깨달았다. 궁정의 후원patronage 관행이 문화적 혼합을 촉진했고 이는 학문과 예술 분야에서 주목할 만한 성취로 이어졌다. 예술 작품의 경우, 1174년에서 1189년 사이에 건축된 팔레르모 인근의 몬레알레Monreale 성당이 대표적인 사례일 것이다.

그렇다고 해서 당시의 시칠리아가 조화로운 사회였다고 성급히 결론지어서는 안 된다. 무슬림 중 비용을 감당할 수 있는 이들 다수가 12·13세기 중에 아프리카로 이주해갔다. (이는 그보다 앞선 시기에 그리스도인들이 아프리카에서 그리스도교화된 이탈리아로 이주해왔던 현상과 유사하다. 2부 참고) 남아 있던 하위 계층의 무슬림들은 그리스도교 통치하의 쓰라림을 감내하는 수밖에 없었다. 현지에서 장기간의 반란이 이어지자 프리드리히 2세는 1223년 시칠리아에 남아 있던 약 2만 명의 무슬림 대부분을 이탈리아 본토 남부 지역으로 쫓아냈다. (당시 시칠리아 왕국은 아슬아슬하게나마 독일 신성로마제국의 영향력 아래 놓여 있었다.) 추방당한 무슬림들은 조금씩 그리스도교 문화에 동화되어갔는데, 이러한 해법은 어떤 면에서 400년 후 에스파냐에서 벌어진 모리스코 축출*의 선례가 되었다.

이슬람의 가르침 역시 이주를 장려했다. 법률가이자 학자이면서 서방에 아베로에스Averroës라는 이름으로 더 잘 알려진 코르도바의 이븐 루쉬드Ibn Rushd는 "불신자의 땅으로부터 이주하는 일이 심판의 날 직전까지 계속되리라"[2]라는 법언을 남겼다고 전해진다. 일부 무슬림은 자발적으로 이주하기도 했다. 사라고사는 1118년 아라곤인들에게 정복당한 뒤 무슬림이 대거 탈출하는 통에 거의 유령 도시가 되어버렸다. 반대로 강요에 못 이겨 떠나는 이들도 많았다. 1248년 세비야를 정복한 카스티야인들은 도시 내의 모든 무슬림을 추방했는데, 도시를 완전히 그리스도교화하고자 한 이 조처는 후대의 기준에서 '인종 청소'라고 할 만하다. 하지만 곧 충격적인 반전이 뒤따른다. 세비야의 정책 방향이 뒤집힌 것이다. 도시가 제 기능을 못 하게 되자 정복자들은 옛 무슬

---

* 모리스코Morisco는 그리스도교로 개종한 이베리아반도의 무슬림 및 유대인들, 그리고 그들의 후손을 일컫는 용어다. 에스파냐 당국은 이들의 언어, 문화적 융합과 충성을 빈번히 의심하다가 급기야 16세기 초부터는 조직적으로 추방시켰다.

림 거주자들의 복귀를 허락하고 정착을 돕기까지 했다. 우트르메르에서와 마찬가지로 에스파냐에서도 그리스도교 당국은 패배한 무슬림들이 그대로 남아 일하기를 바랐다. 이때 남게 된 이들을 지칭하는 용어가 '잔류를 허가받았다'는 의미의 알-무다하르 al-mudajjar로 여기에서 무데하르mudéjar라는 에스파냐어 어휘가 파생되었다. 명사와 형용사형으로 모두 사용되는 이 단어는 현대 역사가들에 의해 그리스도교 지배 아래 거주하던 이베리아반도의 무슬림 문화를 지칭하는 표현으로 쓰이고 있다.

무데하르의 분포는 지리적으로 전혀 균질하지 않았다. 카탈루냐에는 무데하르가 거의 없었던 반면 인접한 발렌시아 지역에는 추정하건대 5 대 1 정도의 비율로 무데하르의 수가 그리스도인의 수를 크게 넘어섰고 신앙과 언어, 문화상의 이슬람적 정체성도 수 세기에 걸쳐 지속되있다. 물론 이 점에 있어서 발렌시아가 전형적인 사례는 아니었다. 에스파냐와 포르투갈의 다른 지역에서 이슬람적 정체성의 유지는 종종 더 어려운 일이었기 때문이다. 시칠리아에서와 마찬가지로 이슬람 엘리트들의 이주로 인해 무슬림 공동체는 전부는 아니라도 매우 많은 지도자를 잃었다. 정복당한 도시의 주요 모스크가 몰수되고 코르도바에서처럼 그리스도교 주교좌성당으로 개조되는 일이 빈번해지면서, 정기적인 공동체 예배를 통해 유지되던 사회적 단합 역시 느슨해졌다.

무데하르들은 일반적으로 경제적·사회적 지위가 낮아 흔히 노새꾼이나 벽돌공, 세탁장이, 정원사, 도공 등의 직업에 종사했다. 이들은 아랍어에서 파생된 수많은 단어를 사용하면서 로망어 게통의 속어 어휘들을 살찌웠고 석고와 목재, 타일, 도자기 가공에 종사하면서 반도식 수공예의 발전에 이바지하기도 했다. 그렇지만 개종이라는 대가를 치르지 않는 한 지배 문화에 참여할 수 없었다. 이슬람 통치 아래에서 살아가는 '성서의 백성'처럼, 그리스도교 지배 아래의 무슬림들 역시 2등 시민에 지나지 않았으므로 여러 방식으로 차별받았다. 그들의 종속적 지위를 분명히 하고, 어쩌면 굴욕감까지 안기려는 목적으로 고안된 여러 조처가 있었다. 무데하르들은 거주하는 도시의 시 행정에 참여할 수 없었다. 법적인 측면에서도 다양한 방식으로 차별을 받았다. 무데하르에 대한 범죄는 상대적으로 가벼운 벌금형을 받았다. 거칠게 말해, 그리스도교인의 입장에서는 동료 그리스도교인에게 무언가를 훔치는 것보다 무슬림의 것을 훔치는 편이 싸게 먹히는 셈이었다. 노예로 전락할 가능성도 무데하르들이 더 높았을 뿐 아니라(1287년 정복당한 미노르카Minorca에서는 인구 전체가 노예화되었다) 이들의 자유 획득을 방해하는 법적 장벽들도 만들어졌다. 공개 행렬을 통해 성체가 거리 곳곳으로 운반될 때 무데하르들 역시 무릎을 꿇어야 했다. 화가들은 그들을 굴종적인 자세로 표현하기 좋아했다. 카스티야 국왕 산초 4세Sancho IV(재위 1284-1295)는 자기 아들을 위해 편찬된 지도서에 "무어인 남자들은 그저 수캐와 같

고, 여자들은 암캐와 같다"는 평을 남기기까지 했다.[3]

그런데 언급한 사례들을 주의 깊게 살펴보면 그중 일부는 제정된 법률을 근거로 삼은 것들임을 알 수 있다. 문제는 흔히 '규범normative' 사례 혹은 '규정prescriptive' 사례라고 일컫는 이 자료들이 일상적 사회 현실을 들여다보는 데 적합할 수도 그렇지 않을 수도 있다는 데 있다. 그렇다면 역사가로서 어떤 판단을 내려야 하는가? 간단한 예를 들어보자. 에스파냐 도시 규정 중에는 지역 내 공중목욕탕에 대한 인종 분리적인 조치, 그러니까 그리스도교인, 무슬림, 유대인이 서로 다른 요일에 목욕탕을 써야 한다는 항목이 있었다. 이 규정은 그런 분리가 실제로 잘 지켜지지 않아서 필요했을까? 혹시 완전히 다른 이유, 가령 규정 위반을 빌미 삼아 목욕탕 주인에게 벌금을 물리려고 제정한 규정은 아니었을까?

신실이 무엇이든 공중목욕탕의 예시는 역사가들이 에스파냐어로 콘비벤시아convivencia라고도 부르는 현상, 즉 중세 에스파냐와 포르투갈에 거주하던 그리스도교인과 무슬림의 '공존'이 당대의 사료가 거의 조명하지 못하는 사회생활의 사적 수준에까지 깊이 도달했음을 환기한다.* 어디에 사는지, 어떤 옷을 입는지, 어느 거리를 주로 다니는지, 장은 어디에서 보며, 목욕은 어디에서 하는지, 쓰레기는 어떻게 버리는지, 어떤 언어와 몸짓을 사용하는지, 무슨 음식을 어떻게 해 먹는지, 무슨 동물을 키우는지, 자녀는 어떻게 양육하는지, 화가 날 때는 어떤 욕설을 쓰는지 등.

이 모든 사항은 문화적 충성심을 드러내는 지표로서 타협 가능한 경계선은 무엇이었으며, 넘어서서는 안 되기 때문에 신중히 접근해야 할 경계는 또 어디였는지 알려준다.

그중에서도 가장 내밀하고 그만큼 가장 위험한 영역이 바로 성적 관계다. 이에 대해서는 옛 아라곤 왕국 영토를 기반으로 한 데이비드 니런버그David Nirenberg의 최근 연구가 주의 깊게 다룬 바 있다. (아라곤은 거의 잊혔을 수도 있었을 이런 종류의 상호 관계가 문서로 기록된 지중해 세계 유일의 지역이다.) 1311년 아라곤의 작은 성읍인 다로카Daroca에 프리마 가르송Prima Garsón이라는 한 그리스도인 소녀가 알리Ali라는 이웃 무슬림 사내와 불륜을 맺고 있다는 소문이 돌았다. 프리마는 겁에 질려 도주하고 알리는 화형을 당하고 말았다. 프리마가 마침내 붙잡혀 의학적인 검사를 받았으나 처녀로 판명되었다. 그러므로 프리마는 죄가 없었고 알리 역시 불운했을 따름이었다. 이는 결코 듣기 좋은 이야기가 아닐 것이다. 프리마가 겁에 질려 도망친 까닭은 무슬림 남성과 그리스도인 여성이 성관계를 맺는 경우 양자 모두 사형선고를 받을 수 있었기 때문이었다.

---

* 일반적으로 콘비벤시아는 이베리아반도의 무슬림, 그리스도인, 유대인이 8세기 후반에서 15세기 중반 사이 (레콩키스타 완수 이후 시기와 비교했을 때) 비교적 높은 수준의 관용도를 유지하며 평화롭게 공존했음을 의미하는 용어다. 여기에서 저자는 이 개념을 다소 중립적인 시각으로 바라보면서, 그 양상과 경계의 복잡함을 강조하고 있다.

한편 그리스도인 남성과 무슬림 여성 사이의 관계의 경우, 남성도 비난의 대상이 되기는 했으나 실제 처벌을 받는 쪽은 여성이었다. 법에 따르면 해당 여성은 사형을 당해야 했으나 보통은 노예 신분으로 강등되는 방식으로 감형되었다. (참고로 노예와의 성관계는 지중해 세계의 세 신앙, 즉 그리스도교, 유대교, 이슬람 모두가 허용하고 있었고 실세로도 흔한 일이었다.) 노예화는 국왕에게나 고발인에게나 이익이 되었다. 전자는 노예를 판매할 수 있었고, 그렇게 될 경우 후자 역시 판매가의 일부를 보상으로 받았기 때문이다. 유죄를 선고받은 여성에게 허락된 유일한 탈출구는 그리스도교로의 개종이었다. 1356년의 한 사례는 이러한 원칙의 남용이 명백한 학대로 이어질 수 있었음을 잘 보여준다. (다른 사람도 아닌) 로다Roda* 의 수도사들이 무슬림 여성들과 동침하고 나서는 그들을 불법적 성관계를 가진 죄목으로 당국에 팔아치웠다. 여성들은 결국 노예가 되었고 수도사들은 국왕에게서 받은 특권을 근거로 그들에 대한 처분권을 얻었다. 그들을 계속 데리고 있으면서 성적으로 더 착취하거나 일부를 내다 팔 심산이었다.

이슬람 쪽 여론도 그리스도교의 법을 지지했다. 1347년의 청원에서 발렌시아의 무데하르들은 비무슬림과의 성관계로 유죄 판

---

* 오늘날 스페인 동북단 국경 부근의 엘 포르트 델라 셀바El Port de la Selva 부근에 위치한 베네딕트 수도원으로 10세기경 창건된 것으로 추정된다.

결을 받은 무슬림 여성에게 벌금형의 여지를 남기지 말고 곧바로 사형 판결을 확정해달라고 국왕에게 요청했다. 성적 경계를 함부로 넘나드는 행위로 인해 여성의 가족은 물론 지역 무슬림 공동체 전체의 명예가 실추되었다는 이유에서였다. 세고비아의 이사 야비르Ysa Yabir는 15세기에 에스파냐의 무슬림들을 위해 쓴 지도서에서 "남녀를 불문하고 이교도와는 동침해서도 결혼해서도 안 된다"며 [두 신자 그룹 사이의 성관계를] 단호히 반대했다.[4]

문제의 핵심은 어느 인종 집단에 속하느냐가 아니라 어떤 종교를 가지고 있느냐였다. 「디예니스 아크리티스」 같은 문학적 증거를 열외로 하더라도, 본래 무슬림이었다가 그리스도교로 개종한 여성과 그리스도교 남성 사이의 혼인이 빈번했음을 보여주는 역사적 증거는 수없이 많다. 이러한 사정은 최상류층에서도 마찬가지였다. 여러 차례 결혼했던 카스티야의 알폰소 6세Alfonso VI(재위 1065-1109)의 아내 중 한 명인 자이다Zaida 공주는 코르도바 지사의 미망인이자 타이파 왕국 중에서도 가장 강력했던 세비야의 에미르 알-무타미드al Mu'tamid(재위 1069-1091)의 딸이었다. 재앙과도 같았던 1108년 우클레스Uclés 전투에서 사망하지 않았더라면, 두 사람의 아들 산초Sancho Alfónsez(재위 1093-1108)가 아버지의 뒤를 이어 카스티야의 왕이 되었을지 모른다.

콘비벤시아는 결코 느슨해지지 않는 긴장된 상태였다. 사는 곳이 우트르메르든 시칠리아나 에스파냐이든 함께 나란히 살아갔을 뿐 무슬림과 그리스도인들은 서로 섞이지 않았다. 그들은 매우 제한적인 의미, 다시 말해 서로 다른 문화의 사람들이 같은 지역을 공유하고 있었다는 차원에서만 '다문화적' 사회를 이뤘다. 그들은 오늘날의 방식처럼 '통합integration'을 기반으로 한 다문화 사회를 이루지 못했을뿐더러 그러고 싶어 하지도 않았다. 산초 4세나 이사 야비르 혹은 죄 없고 불운한 알리를 화형에 처했던 다로카의 마을 주민들의 처지에서 볼 때 바람직한 선善으로서의 다문화주의란 이해 불가능한 개념이었을 것이다.

번역과 지적 교류가
남긴 유산

장기적으로 볼 때 십자군 시대에 그리스도인과 무슬림 사이의 상호작용은 지적 분야에서 가장 풍성한 열매를 맺었다. 2부에서 살펴보았듯이 압바스 왕조 초기 이슬람 학자 공동체는 고대 세계의 기록 유산을 아랍어로 번역함으로써 그 속에 담긴 과학 및 철학적 지식을 획득하는 중요한 문화적 발전을 이뤘다. 그러한 지식이 다르 알-이슬람 곳곳에 퍼져나가자 오리야크의 제르베르가 수학 부분에 그러했듯이 서방 학자들도 이웃 무슬림들로부터 배울 것이 많다는 점을 점차 이해하기 시작했다. 12·13세기에는 이 아랍어 저작들이 아랍어에서 서방 그리스도교 세계의 학문 언어인 라틴어로 번역되어 학자들에게 소개되는데, 이러한 과정이 세계 지성사에서 차지하는 중요성은 아무리 강조해도 지나치지 않다.

최근 들어 '잉글랜드 최초의 과학자'[5]로 묘사되곤 하는 바스의 애덜라드Adelard of Bath를 예로 들어보자. 1080년경에 태어나 1150년경에 사망한 것으로 추정되는 이 인물은 12세기 초, 문화적 변경 지대였던 시칠리아와 시리아를 무려 7년 동안이나 두루 여행했다. 한때는 그가 에스파냐까지 방문한 것으로 여겨지기도 했으니 학자들은 이에 대해 의구심을 표한다. 그의 세부적 이력에 대해 제대로 된 기록이 남아 있지 않다. 다만 확인 가능한 몇 가지 사실 중 하나는 그가 1114년 11월 오늘날의 터키 남동부에 지진이 발생했을 때, 아다나 인근의 마미스트라Mamistra, 현재 지명으로는 미시스 Misis에 있었다는 점이다. 지진 당시 애덜라드가 크게 흔들리는 것을 목격한 그곳 교량이 지금도 건재하다. 아무튼 애덜라드는 오랜 여행 중 각종 도서는 물론이고 아랍어에 관한 지식까지 습득한 것으로 보인다. 아마도 이 경험이 그의 아랍어 번역 능력의 원천이었을 것이다. 애덜라드는 2권의 아랍어 서적을 번역했을 뿐 아니라 아랍 학문의 공헌을 엿보게 하는 독창적 작업도 남겼다. 그가 아랍어에서 재번역해 라틴 그리스도교 세계에 소개한 유클리드의 『원론Elements』은 역사상 가장 영향력 있는 기하학 개론서로서 서방에서 이후 8세기 동안 표준적인 교과서로 군림했다. 애덜라드는 또 알-콰리즈미al-Khwārizmī(840년 사망)가 창안하고 마슬라마 알-마즈리티Maslama al-Madjriti, 즉 '마드리드'의 마슬라마(1007년 사망)에 의해 개정된 『지즈Zijj』, 즉 천문도를 번역함으로써 당대 최신의 천문 참고서를 서방에 소개했다. 번역에 더해 애덜라드는 수판에 관한 교과서, 매를 다루는 기술에 관한 논문을 한 편 썼으며 훗날 잉글랜드 국왕 헨리 2세Henry II(재위 1154-1189)가 될 왕자를 위해 아스트롤라베astrolabe* 사용 설명서를 집필했다. 애덜라드 본인도 당시 정밀 과학으로 간주되던 점성학에 관심이 많아 말년에는 잉글랜드 왕가의 인사들을 위해 열 차례에 걸쳐 별점을 치기도 했다. 그가 본인의 필체로 남긴 왕가에 관한 예언은 필사본 형태로 전승되어 현재 영국도서관British Library에 보관되어 있다.

애덜라드의 이력은 어느 면에서 보나 매우 주목할 만한데, 특히 지식과 권력 사이의 관계를 잘 보여준다는 점에서 그렇다. 그의 생애에 관한 파편적 기록들을 보면 그가 여행에서 돌아온 이후 훌륭한 인맥을 확보했음을 알 수 있고, 말년의 작업들도 그가 궁정에서 점성술사의 역할을 맡았음을 시사한다. 만약 애덜라드가 앞으로 어떤 일이 일어날 것이며 나아가 국왕이 여기에 어떻게 대응해야 할지를 말해주는 일을 직업으로 삼은 사람이었다고 한다면, 그는 매우 중요한 인물이었을 것이다. 이를테면 최고위 정책 보좌관이었던 셈이다. 이런 기회는 12·13세기에 이국적 지식을 습득해야 할 꽤 중요한 동기로 작용했을 것이다.

---

* 고대부터 사용된 천문 관측 도구로 별의 위치는 물론이고 시간, 경도, 위도 측정 기구로도 쓰였다.

애덜라드가 활동하던 때는 아랍어와 그리스어 저작이 라틴어로 활발히 옮겨지던 첫 시기에 해당한다. 대대적인 번역 활동을 통해 흘러들어온 진정한 지식의 정수는 당대 서유럽 학자들을 계몽시켰다. 번역 작업은 대부분 에스파냐와 이탈리아에서 이뤄졌고 일부만이 우트르메르에서 진행되었다. 이탈리아에서는 학자들이 대체로 그리스어를 라틴어로 직접 번역하는 경향이 있었다. 애덜라드와 동시대 인물이었던 지아코모 다 베네치아Giacomo da Venezia는 아리스토텔레스가 남긴 과학서 다수를 라틴어로 옮겼다. 이에 반해 에스파냐의 번역자들은 주로 그리스어 작품의 번역본을 포함한 아랍 자료를 저본底本으로 삼았다. 원본에서 적어도 한 단계 이상 떨어져 있다는 것이 분명한 약점이기는 했지만, 이는 해당 문서를 다뤘던 무슬림 학자들이 첨가한 주석과 부연 설명으로 상쇄되었다. 예를 들어 아일랜드의 학자 마이클 스콧Michael Scot은 1216년 톨레도에서 아리스토텔레스의 『동물론Historia Animalium』을 번역하면서 이븐 시나(일명 아비센나, 2부 참고)의 주석도 함께 옮겼다.

이보다 앞선 시기에 그리스의 지식이 아랍 세계로 전수된 것이 계획된 행위가 아니었듯이, 이 위대한 번역 사업 역시 계획된 요소라고는 전혀 없었다. 따라서 작업의 중복은 불가피했다. 천문학에 관한 고대 논설 중 가장 중요한 저작인 프톨레마이오스의 『천문학』의 경우 1160년 한 무명 번역가가 그리스어본을 라틴어로 옮겼다. 그런데 비슷한 시기, 왕성한 번역 활동을 벌이던 제라르도 다 크레모나Gerardo da Cremona 역시 톨레도에서 같은 작품을 아랍어에서 라틴어로 번역했다. 두 학자로서는 다른 이가 어떤 작업을 진행 중이었는지 알 도리가 없었다. 당연하게도 번역의 질적 수준 역시 다양했다. 마이클 스콧이 옮긴 아리스토텔레스의 『동물론』은 번역이 다소 날림이어서 구문의 대략적 의미를 전달하는 데 치중하고 있다. 한 세대가 지난 1260년대에 플랑드르 출신의 도미니코회 수도사 빌럼 반 뫼어베케Willem van Moerbeke가 같은 책을 옮겼다. 그리스어를 직접 옮긴 빌럼의 작업은 좀 더 면밀한 것이어서 정확하고 문자적인 번역이라고 할 수 있다.

당시의 번역 관행이 부정확성을 부추긴 면도 있을 것이다. 제라르도 다 크레모나의 잉글랜드 출신 제자이자 1180년에서 1200년 사이 톨레도에서 번역가로 왕성히 활동했던 몰리의 대니얼Daniel of Morley이 스승의 작업 방식에 관해 남긴 기록이 있다. 그 글에 따르면 제라르도는 모사라베인 갈리브Ghalib the Mozarab를 조수로 두고 그에게 아랍어 텍스트를 속어, 즉 초기 카스티야 에스파냐어로 옮겨 읽게 했다. 그러면 제라르도가 이 속어를 듣고 다시 라틴어로 옮겨 받아 적었다는 것이다. 이처럼 번역은 상당히 긴 과정을 거치게 마련이었다. 이 점에서도 프톨레마이오스의 『천문학』이 좋은 예다. 이 책은 우선 그리스어에서 시리아어로 번역되고, 시리아어가 다시 아랍어로(2부에서 살펴봤듯이 이 단계를 후원한 인물이 바르마크였다), 또다시 구술을 통해 에스파냐어로 번역된 후 이탈리아인에게 전해졌다. 라틴어본은 이탈리아인이 에스파냐어를 나름대로 독해해 직접 옮긴 것이다. 이렇게 복잡한 과정을 거치다 보니 최종 번역본에 오류가 있을 가능성은 대단히 클 수밖에 없었다. 이 텍스트를 또다시 손으로 필사하는 과정에서 오역이 추가로 발생했음은 두말할 필요가 없다.

번역가 중에서도 가장 왕성히 활동한 사람은 제라르도 다 크레모나였다. 학자들의 최근 추산에 따르면, 제라르도는 1140년경부터 1187년 사망할 때까지 톨레도에서 50년 가까이 체류하면서 적어도 88개의 아랍어 저작을 라틴어로 옮겼다. 제라르도 같은 학자들은 무슨 재원으로 그런 작업을 수행했을까? 많은 부분이 그저 알 수 없을 따름이다. 예를 들어 바스의 애덜라드가 이탈리아와 시리아 여행 사금을 어떻게 마련했는지 알려진 바가 없다. 대학과 직업적 학자 계층이 출현하기 전까지는 (물론 아주 오래전까지는 아니지만) 누군가의 후원이 필수불가결한 요소였다. 마이클 스콧은 톨레도 대주교와 황제 프리드리히 2세의 연이은 후원을 누렸다. 12세기 후반에 봉직했던 톨레도 성당의 참사회원 제라르도Master Geraldo와 동일인일 가능성이 크다는 점에 비춰보면 제라르도 다 크레모나 역시 대주교의 후원을 받았을 것이다.

바스의 애덜라드도 말년에는 왕실 후원의 덕을 보았던 것으로 보인다. 다만 잉글랜드의 군주들은 지적 활동을 후원하는 데 있어 대륙의 다른 군주들보다 비교적 인색했다. 카스티야에서는 알폰소 10세Alfonso X(재위 1252-1284)가 일군의 학자들을 모아 속어로 책들을 펴내게 했다. 여기에는 천문학과 점성학 백과사전이라든가 체스를 비롯한 여러 놀이에 관한 채색 설명서, 희귀 보석들의 의학적 혹은 마법적 효력에 관한 안내서 등이 포함되었다. 각각의 작품이 아랍어 번역에 의존하는 정도가 다양했다는 사실이 시사하듯이 알폰소 10세 같은 당대 군주들은 번역뿐 아니라 독창적인 저작의 제작을 의뢰하기도 했다.

시칠리아의 로제르 2세Ruggiero II(재위 1130-1154)도 튀니지 학자 알-이드리시al-Idrīsī(1100-1165)로 하여금 탁월한 지리서를 만들게 한 바 있다. 저자는 이 책에 『키탑 아르-루자리Kitāb ar-Rūjarī』, 즉 '루지에로 서書'라는 다소 아첨조의 제목을 붙이고는 은으로 만든 지구본까지 달아두었다. 책 자체는 현재까지 보전되고 있으나 쌍방식 교자재의 선구적 사례라 할 만한 지구본은 아쉽게도 소실된 상태다. 프리드리히 2세는 매 훈련법에 관한 한 역사상 가장 위대한 책이라고 할 만한 『매를 이용한 사냥 기술에 관하여De Arte Venandi cum Avibus』의 집필을 의뢰했고, 일부 내용은 본인이 저술하기까지 했다. 이 같은 후원들이 계속된 까닭은 학문 장려가 군주의 영예 중 하나였을 뿐 아니라 번역가들이 당대 사회의 요구에 부응하고 있었기 때문이다. 제라르도의 저작 목록을 보면 번역서 중 절반 이상은 수학과 천문학 혹은 그와 관련된 과학서들이었고, 3분의 1은 의학, 나머지는 철학과 논리학에 관한 것들이었다. 이 분야들은 12·13세기 르네상스의 기반을 이루는 분과 학문이었다.

애덜라드의 활동 시기에서 한 세기 정도 뒤로 물러서서 보면 그사이에 축적된 지적 수확이 얼마나 풍성했는지 실감할 수 있다. 링컨의 주교 로버트 그로스테스트Robert Grosseteste(c. 1168-1253)나 세자 로서 베이컨Roger Bacon(c. 1219-c. 1292) 등에게 알려졌던 그리스와 아랍 저작의 넓은 폭을 애덜라드 시대의 식자층이 알았더라면 경탄해 마지않았을 것이다. 이 저작들을 연구하는 기관들도 놀랄 만큼 달라졌다. 학습의 중심은 이제 수도원 밖으로 이동했으며, 이에 따라 거의 전적으로 『성서』와 교부 저작만 파고들던 극히 보수적 학습 관행 역시 변화를 겪었다. 13세기 학자들의 연구와 논쟁은 도서관과 강의실, 교과서 등을 갖춘 '대학'이라는 새로운 기관-대표적으로는 파리, 볼로냐, 옥스퍼드가 있었다-에서 이뤄졌다. 학문의 지형이 전체적으로 변해가고 있었던 것이다. 다른 많은 요소에서와 마찬가지로 이 점 역시 13세기를 우리가 살아가는 근대 세계의 일부로 봐도 무방한 이유다.

지적 교류의 사례들: 신학, 의학, 인구학

새로운 지식에 의해 살찌워진 분야들을 일람하자면 지나치게 장황해질 수 있으니, 대신 세 분야의 사례를 꼽아보기로 하자. 첫 번째는 신학이다. 서로 관련된 유일신 신앙인 유대교, 그리스도교, 이슬람을 흔히 '계시revealed' 종교라고 한다. 인간에게 주어지고 경전의 형태로 기록된 신성한 계시를 바탕으로 하고 있다는 의미다. 고대 그리스 사상, 그중에서도 아리스토텔레스가 남긴 저작의 재발견은 이에 대한 일종의 도전이었다. 그리스 사상이란 기본적으로 계시에 의존하지 않고도 세상을 이해할 수 있다고 주장하는 철학 체계이기 때문이다. 오직 이성적 도구, 이를테면 관찰, 측정, 논리적 추론, 논증 가능한 원인과 결과 같은 것들이 필요할 뿐이었다.

동시대 인물 중에서는 유대인과 무슬림 진영의 학자 한 명씩이 이 불편한 문제 제기에 응대하고 나섰다. 에스파냐 태생이지만 훗날 이집트에 거주했던 랍비 모세 마이모니디스Moses Maimonides(1138-1204)는 『혼란에 빠진 이들을 위한 안내Guide for the Perplexed』라는 책으로 답했다. 한편 아베로에스(1126-1198)는 아리스토텔레스에 관한 주해서와 녹자적으로 구성한 여러 논문의 형태로 답변을 내놓았는데 주목할 만한 저작으로 『종교와 철학의 조화에 관하여On the Harmony of Religion and Philosophy』를 꼽을 수 있다.

물론 그리스도교 진영에서도 응답이 있었다. 다만 그 시기는 마이모니디스와 아베로에스의 작업이 라틴어로 번역·수용된 이후로 다소 늦었다. 사안에 대한 가장 예리하고 권위 있는 논증을 제시한 이는 토마스 아퀴나스Thomas Aquinas(c. 1225-1274)였다. 이성과 계시에 관한 상호 충돌하는 주장들에 대한 그의 해법은 가톨릭 그리스도교 세계의 규범으로 자리 잡았다. 아퀴나스가 저술에서 가장 많이 인용한 비그리스도교 사상가는 아베로에스였다. 서방 학자들이 아리스토텔레스에 관한 아베로에스의 주석들을 얼마나 높이 평가했던지 그를 '주석가the Commentator'라는 간결한 칭호로 부를 정도였다. 단테만 하더라도 "그 이름난 주석을 남긴 아베로에스Averrois che il gran commento feo"(『신곡』 「연옥편」 4장 144절)라며 그를 비그리스도인 지성인의 엄선된 무리에 포함시켰다. (3부에서 살펴봤듯이 이 무리 중에는 의외로 살라딘이 포함되어 있다.)

두 번째 사례는 의학이다. 12세기의 우사마 이븐 문키드는 의학 부문에 대한 서방의 지식 수준에 관해 통렬히 비판한 바 있다. 하지만 그가 두 세기 후에 글을 썼다면 논조를 바꾸었을 것이다. 이야기의 시작은 남부 이탈리아에 위치한 몬테카시노 베네딕투스 수도원이다. 11세기 중반, 이곳에는 '아프리카인' 콘스탄티누스Constantinus Africanus: 튀니지 출신의 이민자여서 붙여진 이름라는 수도사가 있었는데, 그가 아랍어 의학 서적을 라틴어로 번역하기 시작했다. 본인의 말에 따르면 번역의 동기는 "확실하거나 믿을 만한 정보를 제공하는 라틴어 저자가 없었기 때문"이라고 한다.[6] 번역 작업은 12세기 내내 이탈리아와 에스파냐에서 계속되었다. 제라르도 다 크레모나는 톨레도에서 불굴의 에너지로 이븐 시나의 『의학 정전』(2부 참고)과 20여 권에 달하는 의학 서적을 번역했다. 13세기에는 아베로에스의 『의학 개설Kulliyat』이 다른 몇몇 서적과 함께 라틴 문헌군에 편입되었다. 그리하여 1300년경에 이르면 상당한 분량의 그리스어와 아랍어 의학 저서를 라틴어로도 접할 수 있게 되었다. 이 서적들은 약제의 목록부터 외과 수술이나 소변 검사 등에 대한 실용적 논문까지 넓은 의미의 의학 분야를 다뤘다.

의과대학도 여럿 존재했다. 그중 가장 유명했던 기관은 몽펠리에대학으로, 포부 넘치는 의사들이 이곳에 모여들어 의학 서적을 연구하고 여러 기술을 연마하곤 했다. 이런 활동의 결실을 아르나우 데 빌라노바Arnau de Vilanova의 이력과 환경에서 확인할 수 있다. 1260년대 몽펠리에에서 수학한 아르나우는 이후 현업에 종사하는 내내 그곳 의과대학과의 관계를 유지했다. 그는 1309년 몽펠리에 의과대학의 교과 과정과 관련해 발표된 교황 법령 배후의 주요 조언자이기도 했다. 당시 몽펠리에는 정치적으로 아라곤 왕실에 종속되어 있었는데, 이것이 아르나우에게 입신의 기회를 제공했다. 1281년 그는 아라곤 국왕 페드로 3세Pedro III(재위 1276-1285)의 개인 주치의로 임명되었고 이후에도 (난파로 사망하는 1311년까지) 페드로의 아들 알폰소 3세Alfonso III(재위 1285-1291)와 차이메 2세Chaime II(재위 1291-1327) 시기에 간헐적으로나마 해당 직책을 유지했다. 차이메 2세는 역사가들에게 있어 소중한 자료원이다. 건강 염려증에 시달리던 국왕이면서 자기 사생활에 대해 풍성한 기록을 남긴 인물이었기 때문이다. 아르나우는 몽펠리에에서 강의와 연구에 힘쓰는 한편 궁정에도 빈번히 오갔는데, 예컨대 1297년에는 국왕의 요청에 따라 바르셀로나에 머물면서, 당시 둘째 아이를 가진 왕비 블랑슈Blanche of Anjour(c. 1280-1310)를 임신 기간 내내 수행했다.

아르나우는 왕성한 저술가였다. 갈레노스와 이븐 시나의 의학서를 아랍어에서 라틴어로 번역했고, 성마른 성격의 차이메 2세를 위해 『아라곤의 걸출한 국왕을 위한 건강 수칙Regimen sanitatis ad inclitum regem Aragonum』이라는 의학 편람을 저술하기도 했다. 1309년 왕이 알메리아로 출정했을 당시에는 군인들의 위생에 관한 소책자를 펴내는가 하면, 『의학의 귀감Speculum Medicine』이라는 정교한 의학 이론서도 집필했다. 아르나우는 의학 외적 사안들에 대해서도 저술을 남겼다. 『적그리스도의 도래에 관하여De Adventu Antichristi』 같은 종말론 관련 서적들로 이단 혐의를 받는가 하면, 교회의 개혁을 요청하는 논고들을 발표해 보수적인 성직자들을 격앙시키기도 했다. 다행히 그에게는 보호해줄 고위층 지지자들이 있었다. 그중 하나가 다른 사람도 아닌 교황 보니파키우스 8세였다. (신장 결석으로 고통받던 그를 1301년 치료해준 사람이 아르나우였다.) 다만 교황조차 때로 아르나우의 처신이 제멋대로라며 푸념했다. "그대가 신학은 좀 내버려두고 의학에만 집중한다면, 내 그대를 존경할 수 있겠구려!"[7] 아르나우는 상당 규모의 장서를 수집했다. 그가 사망한 뒤 계수된 책만 수백 권 이상이었는데, 당시 개인 소장가로서는 큰 규모였던 이 장서 중 3분의 1이 의학 또는 과학서로 분류할 만한 저작들이었다. 이 정도라면 아르나우가 활동하던 당시 구할 수 있었던 라틴어 원저작과 번역서 거의 전부를 갖춘 셈이다.

아르나우는 비범한 학자이자 의사였다. 최근 연구들에 따르면 그의 활동은 아라곤 연합 왕국을 구성하던 지중해 서안의 여러 지역, 특히 바르셀로나와 발렌시아 같은 대도시들에서 번성하던 의료 활동의 맥락 속에서 이해되어야 한다. 약제사부터 외과 의사까지 다양한 분야에 걸쳐 많은 의료 종사자들이 있었고, 훈련 수준도 차츰 개선되고 있었다. 그들은 강한 집단적 정체성과 직업적 자긍심을 가지고 있었을 뿐 아니라 자신들의 사회적 역할이

크다는 점도 인식하고 있었다. 앞선 두 세기 동안의 번역 활동이 아니었다면 이 모든 것은 현실화되기 어려웠을 것이다.

마지막 사례는 새로운 인구학적 사고의 출현이다. 이를 '학문 분야'라고 말하기는 어렵다. 차라리 넓은 의미에서 의학과 관련된 일종의 탐구 방식이라고 보는 편이 나을 것이다. 인구학적 사고는 인구 규모와 분포, 성비, 결혼과 재생산, 산아 제한, 질병, 사망률 개념 등에 관한 체계적인 고찰이 한데 통합된 결과로서 처음에는 더디게 수용되다가 14세기 초부터 점차 신뢰를 얻어갔다. 이에 관해서는 피터 빌러Peter Biller의 획기적인 저작 『다수의 셈법: 중세 사상에서의 인구The Measure of Multitude: Population in Medieval Thought』에서 상세히 다루고 있다.

빌러의 설득력 있는 논증에 따르면, 중세인들의 인구 관념은 두 가지 요소에 의해 촉진·형성되었다. 첫째는 그리스와 아랍 과학 문헌(특히 아리스토텔레스와 이븐 시나, 아베로에스)의 번역, 둘째는 그리스도교 세계와 이슬람, 13세기 몽골로 파견된 사절들에 의해 드러난 그 너머 세계들을 나란히 두고 비교하는 태도였다. 막 태동한 인구학적 사고의 함의는 상당했다. 의학 지식과 치료술이 발전하면서 신체 질환을 눈으로 관찰할 수 있고 어느 정도 교정 가능한 대상으로 보는 시각이 나타났듯이, 인구에 대한 새로운 사고는 머지않아 인간 사회를 하느님께 부여받은 것이라기보다 조작 가능한 대상으로 보는 시각을 열어젖히게 될 터였다.

왜 두 세계는 서로의 종교에
무관심했는가

철학 혹은 과학 문화와는 달리, 종교 문화와 관련해서는 지적 교류의 상황이 다소 달랐다. 이슬람의 식자층은 그리스도교에 대해 여전히 거의 관심을 보이지 않았다. 이는 어쩌면 그리 놀랄만한 일도 아니다. 그들은 예언자 무함마드에게 주어진 계시가 모세나 예수와 같은 이전 시기의 예언자들에게 주어진 부분적인 계시를 넘어섰다고 믿었기 때문이다. 즉, 이미 하느님의 완전한 계시로 추월당해 불필요해진 신앙의 신조를 연구할 유인이 없었다. 따라서 다른 종교 연구는 오로지 신앙과 관련한 논쟁에 참여할 때만 수행되었다. 2부에서 살펴보았듯이 알-타바리가 9세기 바그다드에서 그리스도교에 대한 지식을 활용해 이슬람 신앙을 옹호하는 변증서를 집필한 일이 하나의 사례일 것이다.

코르도바의 이븐 하즘Ibn Ḥazm(994~1064)은 이러한 경향에서 예외로 여겨져왔다. 저명한 법률가이자 철학가였고 시인이기도 했으나, 현재의 맥락에서 볼 때 그의 가장 놀라운 업적은 『키탑 알-파슬Kitāb al-Faṣl』이다. 이 책의 원제는 '종교적 이단 및 분파들의 구분에 관한 책'이지만 보통은 '분파 구분에 관한 책'으로 줄여 부른다. 이 책에서 이븐 하즘은 모든 다른 종교 및 이슬람 신앙으로부터의 일탈에 대항해 이슬람 신앙만이 진리임을 선언하고 변호하려고 했다. 즉, 열정적으로 지하드를 전개한 것이다. 여기에는 그리스도교의 주장들에 대해 반박하는 일도 포함되었다. 그 과정을 통해 이븐 하즘은 자신이 그리스도교 경전에 대해 놀라우리만치 자세히 알고 있었음을 드러냈다. 아마도 이 지식은 그가 안달루스 지역 모사라베인들이 쓰던 『성서』의 아랍어 번역판을 읽어 습득한 것인 듯하다. 코르도바에서는 이런 『성서』를 어렵지 않게 조달할 수 있었다.

일부 현대 학자들은 이븐 하즘의 글을 '비교 종교학' 내지는 '종교 간 대화'의 초기 형태로 평가하기도 한다. 하지만 이는 오해다. 이븐 하즘에게 그리스도교에 대한 지식이 필요한 까닭은 오로지 그리스도교를 반박하기 위해서였다. 그는 『성서』 본문상의 모순을 현학적인 방식으로 폭로함으로써 그러한 목적을 성취했다고 판단했다. 예컨대 그는 세례 요한이 먹지도 마시지도 않았다거나(「마태복음」 11장 18절), 메뚜기와 야생 꿀로 연명했다는 이야

기(「마가복음」 1장 6절)를 두고 다음과 같이 맹렬한 공격을 퍼부은
바 있다.

이 구절은 거짓말이며 모순이다. (···) 이 두 서술 중 하나는 의심의 여
지 없이 거짓이다. (···) 이 모두는 그리스도교 공동체가 전적으로 고
약한 것임을 보여준다.[8]

아무래도 이런 언어를 '대화'라고 부를 수는 없을 것이다. 이븐
하즘은 애초부터 그리스도교에 대해 적대적인 태도를 견지했다.
『분파 구분에 관한 책』이 학구적인 저작일 수는 있을지언정 논조
는 결코 관용적이지 않았다.

종교적·문화적 경계선상에서 이슬람 측이 보인 이러한 태도
는 그리스도교 측의 태도와도 정확히 대응한다. 1부에서 간략히
살핀 다마스쿠스의 요한의 『대화Dialogue』와 『이단들에 관하여On
Heresies』, 그중에서도 후자가 이븐 하즘의 저작과 유사하다. 요한
이 8세기 이스마일파Ishmaelites*의 이설을 비꼬는 방식은 이븐 하
즘이 11세기 그리스도교의 분파를 조롱하는 방식과 대체로 비슷

---

* 8세기 후반에 성립된 쉬아파 분파 중 하나로서 명칭은 예언자 무함마드의 계승자인 이맘 중
6대에 해당하는 자파르 알 사디크Ja'far al-Sadiq의 후계를 다수파와 달리 사디크의 손자 이스마
일 이븐 자파르Isma'il ibn Ja'far로 간주한 데서 유래했다. 신플라톤주의의 깊은 영향을 받은 까닭에
경전의 문자적 의미보다 상징적 뜻을 강조하는 신비주의적 경향을 보였다.

하다.

　12세기로 시선을 옮겨보더라도 역시 비슷한 태도들을 발견할 수 있다. 가장 유명한 사례로는 『꾸란』이 최초로 라틴어로 번역된 일을 들 수 있다. 이 야심 찬 지적 작업은 부르고뉴의 저명한 베네딕투스회 수도원이었던 클뤼니의 원장, 가경자 피에르Pierre le Venerable의 지시로 시작되었다. 이 작업을 위해 그는 1142년 에스파냐의 분관 수도원 시찰 중에 만난 2명의 학자, 잉글랜드인 캐톤의 로버트Robert of Ketton와 독일인 헤르만 폰 카린티아Hermann von Carinthia를 끌어들였다. 이들은 그곳에서 아랍어 과학 서적을 라틴어로 번역하는 중이었다. 이 2명 외에도 번역팀에는 모사라베 공동체 출신이었던 것으로 보이는 톨레도의 참사회원 페드로Master Pedro of Toledo, 가경자 피에르의 조수였던 푸아티에의 피에르Pierre of Poitiers, '사리센인' 무함미드Muhammad the Saracen라는 어느 무슬림, 그 밖에 확인 불가능한 인력들이 포함되었다.

　『꾸란』 번역의 책임자는 캐톤의 로버트였다. 그는 1143년 한여름께 작업을 완료했는데 『꾸란』 본문의 길이와 언어학적 복잡성을 고려하면 이는 매우 빠른 속도였다. 이븐 하즘의 경우와 마찬가지로 일부 현대 학자들은 이 프로젝트를 계몽과 관용의 이야기로 추켜세워왔다. 그러나 현실은 전혀 그렇지 않았다. 로버트의 『꾸란』 번역본 난외에 달린 주석들은 적대적이고 트집을 잡으려 안달하는 기운으로 가득하다. 한 가지 사례를 살펴보자.

212

하느님이 다윗에게 은혜를 베풀었으니 (…) 그로 하여금 쇠를 부드럽
게 하였노라. 그것으로 갑옷을 만들되 갑옷 쇠줄들의 균형을 맞추라.

—『꾸란』34장 10절

이 구절에 대한 주석가의 설명은 다음과 같다.

이 미친 자는 다윗이 갑옷 제작 기술을 발견한 최초의 인물이라고 지
적하고 있으나 『성서』가 분명히 말하기를 다윗이 아직 소년이었을 때
죽였던 골리앗이 이미 갑옷을 입고 있었다!⁹

주석에 나타나는 이 같은 부정적 태도에는 아마도 수도원장 피
에르의 지침이 반영되어 있을 것이다. 이는 피에르가 새로 번역된
『꾸란』을 활용한 방식만 봐도 충분히 알 수 있다. 그가 곧 펴내게
될 논쟁적인 글의 제목부터가 『사라센이라는 분파 혹은 이단 논
박Liber contra sectam sive heresim Saracenorum』이었다. 한 세기 전의 이븐 하
즘과 마찬가지로 클뤼니 수도원장 피에르에게 이슬람 경전의 번
역본이 필요했던 이유는 대화를 시도하기 위해서가 아니라 도리
어 자신의 적을 깎아내리고 논박하기 위해서였다. 그의 마음 역
시 이미 정해져 있던 것이다.

사실 캐톤의 로버트가 번역한 『꾸란』은 금세 잊혔다. 클뤼니 수
도원 도서관에서 먼지만 뒤집어쓰고 있던 번역 원고는 16세기에

와서야 재발견되어 비로소 출판되었다. 13세기 초 마르코스_{Marcos}
de Toledo라는 이름의 톨레도 성당 참사회원이 『꾸란』의 번역에 착
수하면서 자신이 이전까지 시도된 적이 없는 작업을 하고 있다고
착각했을 정도였으니, 수도원장 피에르의 기획이 얼마나 철저하
게 기억 속에서 사라졌는지 알 만하다. 실제로 마르코스의 번역
이 캐톤의 로버트가 옮긴 것보다 더 문자적이고 정확했으며, 따
라서 이슬람 경전을 이해하기 위한 더 좋은 도구였다. 이 번역 작
업을 의뢰한 이는 톨레도 대주교였던 로드리고 히메네즈 데 라
다_{Rodrigo Ximénez de Rada}였다. (앞에서 다뤘듯이 그는 마이클 스콧의 후
견인이었다.) 로드리고의 『꾸란』 번역은 그가 다른 저술 활동에
서 보인 관심사와도 일맥상통한다. 예컨대 그는 이슬람의 역사를
그 기원부터 12세기 중반까지 대략적으로 다룬 『아랍인의 역사
Historia Arabum』를 집필하기도 했던 것이다.

대주교 로드리고의 업적은 13세기에 이슬람 역사와 교리가 어
떻게 이해되고 있었는지를 보여주는 하나의 예시에 불과하다. 당
대의 유사한 저작 중 일부에는 3부 마지막에서 슬쩍 암시한 새
로운 특징이 한 가지 나타난다. 그것은 바로 종교 다원주의 개념
의 맹아다. 기욤 도베르뉴_{Guillaume d'Auvergne}의 사례를 살펴보자. 그
는 학자이자 설교자였으며 도덕주의적 목회자로서 1228년부터
1249년 사망할 때까지 파리의 주교직을 맡았다. 기욤은 이슬람과
유대교에 관해 기술하면서 때때로 *사라센주의*_{Saracenismus} 같은 단

어를 새로 만들어 사용했다. 이러한 어휘 선택은 자신이 다루는 사람들과 그들의 종교가 그리스도교 세계의 구성원 및 종교 문화와는 근본적으로 다르다는 인식을 내비친다. 만약 그리스도교인들이 이슬람을 더 이상 눈앞에서 치워버려야 할 왜곡된 형태의 그리스도교라거나 터무니없는 모순으로 가득한 잡동사니 신앙으로 여기기보다 더 많은 연구와 이해를 필요로 하는 [별개의] 문화로 보기 시작했다면 이는 분명 중대한 지적 진보라 할 만하다. 그런 방향으로의 첫걸음이 바로 13세기에 나타난 것이다.

5부

두 세계의 문은
어떻게 닫혔는가

서방 그리스도교 세계는 이슬람 세계로부터 얻을 것을
이미 다 얻었던 것이다. 번역자로 첫발을 디뎠던 서방
의 지식인들은 이제 스스로 길을 개척할 수 있었다. 이
슬람 세계는 그리스도교 세계로부터 무언가 배우고 싶
어 하지 않았다. 그리스도교 세계에 대한 경멸이 그 어
느 때보다 강했기 때문이다.

14세기 이후의
십자군 원정

1291년 우트르메르의 마지막 전초 기지였던 아크레가 함락되었다. 하지만 이것이 십자군 원정의 끝은 아니었다. 오히려 정반대였다. 그리스도교 세계의 성지들을 수복하려는 욕구는 그 어느 때보다 강하게 유지되었기 때문이다. 『신곡』을 보면 단테가 천국에서 마주친 전사 성인 중에 무슬림과의 전투로 명성을 떨친 이들, 이를테면 론세스바예스에서 전사한 롤랑이나 1099년에 예루살렘을 정복했던 고드프루아 드 부용Godefroy de Bouillon 등이 포함되어 있는데 이는 14세기 초의 분위기를 반영하고 있다.

아크레가 함락된 이후 약 반세기 동안, 교황청과 여러 궁정에서는 그리스도교 세계의 지도자들로 하여금 추가적인 십자군 원정을 지원하게 할 목적을 가진 기획들이 수없이 홍보되곤 했다. 그중에서도 가장 야심 찬 계획은 마리노 사누도Marino Sanudo(1260–1343)라는 어느 베네치아인의 아이디어에서 시작됐다. 4부에서 언급한 군도 공국의 사누도 공작과 친척 관계였던 마리노는 1321년 자신의 십자군 계획에 "*십자가의 충복들을 위한 비밀의 책Liber Secretorum Fidelium Crucis*"이라는 거창한 제목을 달아 교황 요하네스 22세Johnaness XXII에게 제안했다. 그의 계획은 상당히 상세했다. 나일강 삼각지를 경제적으로 봉쇄한 후, 다국적 기동 부대를 보내 이집트를 확보하고 뒤이어 육로를 통해 십자군의 주력 부대를 예루살렘으로 진군시킨다는 작전이었다. 사누도는 세부 사항에도 대단한 주의를 기울였다. 모병과 훈련, 무기와 운송, 식량 공급과 비용 처리 문제까지 그야말로 모든 것이 계획안에 들어 있었다. 이후 사누도는 20년 동안 후원자들을 찾아다니며 쉴 새 없이 로비를 벌이고 여행하며 발표회를 조직하고 또 서한을 썼다. 그 와중에 이야기가 다소 식상해진 탓도 있겠으나 그의 노력은 성과를 거두지 못했다. 그는 1343년 사망하면서 다른 이들이 참고할 수 있도록 본인의 글들을 언제까지고 남겨놓으라는 유언을 남겼다.

십자군 원정의 또 다른 계획서로는 스톤그레이브의 로저Roger of Stonegrave라는 한 요크셔 출신 젠트리가 1330년경 잉글랜드 국왕 에드워드 3세에게 남긴 것이 있다. 로저는 상당히 다사다난한 이력의 소유자였다. 그는 젊은 시절에 구호 기사단Hospitaller에 참여해 우트르메르의 남은 땅들을 보호하는 일을 돕다가 1291년 아크레에서 전쟁 포로로 붙잡힌 후 자그마치 18년을 이집트에서 보냈다. 로저는 지혜롭게도 긴 수감 생활 동안 많은 일을 관찰하고 기억해두었다. 그러다가 구호 기사단이 로도스섬을 장악한 1309년 석방되었고 1318년에는 마침내 요크셔로 돌아와 글을 쓰기 시작했다. 국왕에게 보낸 그의 십자군 원정 계획은 여러 면에서 사누도의 것과 유사하다. 로저의 계획이 특별히 기여할 부분이 있었다면 그것은 바로 맘루크 술탄 치하의 이집트에 대한 상세하고 정확한 지식이었다.

이 계획 중에는 매력적일 만큼 별난 것들도 있다. 프랑스인 법률가 피에르 뒤부아Pierre Dubois는 1306년 『성지의 회복에 관하여De Recuperatione Terrae Sanctae』를 저술해 국왕 필리프 4세에게 헌정했다. 대부분의 내용이 사누도나 스톤그레이브의 로저의 글만큼이나 진지하지만, 일부 내용에는 공상적인 색채가 가미되어 있다. 뒤부아는 서유럽의 매력적인 여성들을 교육시켜 레반트 지역으로 보내자고 제안한다. 이 여성들이 동방 그리스도교인들의 마음을 사로잡아 혼인하고, 나아가 그들로 하여금 라틴식 혹은 로마식 규율을 따르도록 만든다면 이슬람에 대항해 단일 대오가 형성될 것이라는 논리였다. 이에 대해 프랑스 국왕이 어떻게 반응했는지는 기록이 남아 있지 않다.

14세기 초 이 모든 십자군 홍보전의 대상이었던 교황과 군주들은 성지 탈환을 위한 공동 원정에 결코 나서지 않았다. 의지가 없어서만은 아니었다. 최근의 십자군 연구로 밝혀진 사실은 역사학자들의 기존 주장과 달리, 사자심왕 리처드나 성왕 루이의 시대 이후에도 십자군 이념이 '퇴조'하지 않았다는 점이다. 십자군 원정에 나서려는 열정은 중세 말에도 이전 시기처럼 의문의 여지 없이 강했다. 그럼에도 원정 계획의 실현이 계속 좌절된 원인은 서방 그리스도교 세계 내의 국제 관계에 있었다. 서방에서 가장 강력한 군주는 프랑스의 국왕들이었다. 그들은 전통적으로 십자군에 대한 진술하면서도 특별한 의무감을 가지고 있었다. 하지만 13세기 후반부터 프랑스 국왕들은 잉글랜드와 진이 빠질 만큼 지루한 분쟁을 치르고 있었다. 근대 역사가들이 부주의하게도 '백년 전쟁*'이라고 불렀던 이 분쟁은 프랑스 국왕들의 양손을 묶어버렸다. 왕국을 버리고 이집트와 시리아로 몇 년씩이나 떠날 수 없는 노릇이므로, 존경받는 전임자인 루이 9세의 본을 따를 수 없었다.

그렇다고 십자군 원정이 전혀 시도되지 않은 것은 아니다. 다만, 착수된 원정은 대체로 규모가 작고 목표도 제한적이었다. 1344년에는 선박 30~40척 규모의 부대가 베네치아인들과 교황 클레멘스 6세Clemens VI, 로도스섬 구호 기사단의 후원을 받아 소아시아 서안에 위치한 중요 항구인 스미르나를 점령했다. 구호 기

---

* 명칭이 주는 오해와 달리 백년 전쟁Hundred Years' War은 첫 선전포고(1337)에서 종전 선언(1453)까지의 기간이 116년에 이를 뿐, 실제로는 군사적 충돌과 휴전의 반복이었다.

사단은 이곳을 1402년까지 지켜냈다. 다른 예로는 키프로스의 국왕 피에르 1세Pierre I(재위 1359~1369)의 원정이 있다. 그가 속한 프랑스 뤼지냥Lusignan 왕가는 우트르메르 지역에서 일종의 역내 해상 거점 역할을 하던 키프로스를 제3차 십자군 원정 이래 줄곧 통치해왔다. 피에르는 군병도 모으고 교황의 후원도 얻을 요량으로 서유럽을 널리 여행하고 돌아와 1365년 원정에 나서 알렉산드리아를 약탈했으나 그곳에 항구적인 거점을 건설하지는 못했다.

마지막 사례는 14세기의 니코폴리스 십자군Crusade of Nikopolis으로 앞의 두 사례와는 굉장히 다르다. 니코폴리스(오늘날 니코폴)는 다름 아닌 도나우 강변, 즉 오늘날의 불가리아 북부 경계에 있기 때문이다. 대체 그런 곳에서 십자군 원정대가 무얼 하고 있었을까? 이 질문에 답하려면 우리는 소아시아로 다시 돌아가야 한다. 셀주크 술탄국이 해체되고(3부 참고) 몽골이 진출해오면서 소아시아는 권력의 공백 상태에 놓이게 되었다. 처음에 이 공백은-11세기의 시리아나 안달루스에서와 마찬가지로-분쟁을 일삼는 수많은 군소 제후국이 채웠다. 이들 중 상대적으로 서쪽에 위치한 왕국 하나가 있었다. 이민자 출신 튀르크 부족장 오스만Osman이 설립한 왕국이었다. (이 이름이 다소 와전되어 생긴 명칭이 바로 '오토만'이다) 14세기 초에 세워진 이 왕국은 마르마라해 남쪽의 산간 지역, 그러니까 오늘날의 부르사Bursa에 자리 잡았다. 오스만이 사망한 1326년부터 이후 70년 사이에 오스만 왕국의 영역은 소아시아 본토의 대부분을 포괄하게 되었다. 확장은 남동부 유럽, 즉 발칸반도 방향으로도 이어졌다. 이곳은 본래 비잔티움 제국의 일부였다. 하지만 제국은 제4차 십자군 당시의 재앙적 사건들로 인해 치명적으로 약화되어 있었다(3부 참고). 니케아에 망명해 있던 제국 정부가 1261년 콘스탄티노폴리스로 돌아오기는 했지만, 복원된 제국이란 과거의 그림자에 지나지 않았다. 패망 전의 마지막 두 세기 동안 황제의 통치력이 직접적으로 미쳤던 지역은 콘스탄티노폴리스와 계속 쪼그라들고 있던 인근 배후지뿐이었다.

오스만 제국의
확장

오스만 세력은 스스로를 다르 알-이슬람의 끝에 자리 잡은 가지 ghāzīs, 즉 변경인으로 보았고 자신들의 의무가 지하드를 통해 이슬람 신앙의 영역을 더 확장하는 데 있다고 믿었다. 외교와 전쟁을 이용한 오스만의 유럽 진출을 막아내기란 불가능해 보였다. 1354년 최초의 교두보였던 갈리폴리부터 시작해 오스만은 불가리아, 세르비아, 알바니아, 그리스 북부까지 신속히 지배권을 수립했고 결국에는 그 지역들을 직접 통치하기에 이르렀다. 이 과정에서 오스만은 1389년 코소보에서의 유명한 승리를 포함해 지역 공국들을 계속해서 제압해나갔다. 1390년대에 이르면 유럽 내 오스만이 지배하는 영역은 도나우강과 흑해부터 (오늘날 그리스 북부에 해당하는) 테살리Thessaly까지 넓어져 있었다.

1396년 니코폴리스 십자군 원정은 이런 상황에서 발생했다. 이 원정은 구체적인 목표가 없었고 규모도 작지 않았다는 점에서 당시의 여느 십자군 원정과 달랐다. 니코폴리스 십자군의 목표는 그저 오스만 제국의 진격을 막는 데 있었다. 프랑스, 독일, 잉글랜드 등 여러 나라에서 모집한 병력으로 구성한 이 다국적 군대의 규모는 십자군 사상 최대 수준이었다. 니코폴리스 십사군은 헝가리 국왕 지기스문트Sigismund of Hungary의 지휘 아래 도나우로 진격해 갔다. 그사이 구호 기사단 단장 휘하의 함대와 제노바와 베네치아(이때가 두 세력이 협조한 몇 안 되는 사례 중 하나다)에서 제공한 수송선들 또한 육상의 십자군에 합류하기 위해 흑해를 지나 도나우강으로 거슬러 올라갔다. 한데 모인 육상과 해상 병력이 전략 요충지 니코폴리스를 함께 공략했으나 예기치 않은 오스만 측 구원군의 등장으로 치참하게 패배한다. 중세 후기의 가장 야심 찬 십자군 원정이 모욕적인 패배로 막을 내리게 된 것이다.

니코폴리스에서 빚어진 차질은 콘스탄티노폴리스를 위태롭게 했다. 만약 오스만 세력의 배후에서 새로운 몽골 침략자가 나타나지만 않았다면 콘스탄티노폴리스는 아마 오스만군의 공격에 금세 무너졌을 것이다. 그 몽골의 침략자가 서방에서 Tamelane 혹은 Tamburlaine으로 일컫는 '절름발이 티무르Tīmūr the Lame'다. 티무르의 1402년 서방 원정은 그의 중앙아시아 원정이나 중국에 대한 야망에 비하면 주변 장식품에 불과했다. 그러나 이 책의 맥락에서 티무르의 원정은 무척 중요하다. 티무르의 서방 원정으로 술탄 바예지드 1세Bāyezīd I가 포로로 구금되어 사망하는 등 오스만 세력은 큰 타격을 입었을 뿐 아니라 장악하고 있던 소아시아 중심지 대부분이 황폐해졌다. 거의 우연이긴 해도 스미르나에 대한 구호 기사단의 지배까지 끝나버렸다. 요컨대 오스만 세력에 대한 티무르의 원정은 콘스탄티노폴리스에 숨 돌릴 틈을 주었다.

물론 휴지기가 그리 오래가지 않았다. 술탄 메흐메드 2세 Mehmed II(재위 1451-1481) 본인의 진술에 따르면, 그는 어린 시절부터 콘스탄티노폴리스를 정복하고 싶은 욕심에 사로잡혀 있었다. 그는 알렉산드로스 대왕에 관한 기억에 집착을 보이며 아리아노스 Arrianos가 기록한 대왕의 일대기를 매일 읽었다. 자신을 얼마나 알렉산드로스와 동일시했는지, 술탄 메흐메드는 심지어 본인의 일대기를 알렉산드로스 전기 바로 옆에 비치하고 싶으니 그리스어로 그것도 자신이 가지고 있던 아리아노스의 알렉산드로스 전기와 똑같은 종이에 똑같은 형식으로 제작해달라고 요청했다. 바로 이 군주가 불과 20세의 나이에 콘스탄티노폴리스를 정복하는 영광을 얻었다. 1453년 5월 29일, 하필 이름마저 콘스탄티누스 Constantinus였던 비잔티움의 마지막 황제가 방어선이 뚫린 성벽에서 끝까지 도시를 방어하다가 전사했고, 술탄 메흐메드가 공식적으로 콘스탄티노폴리스에 입성했다.

도시를 정복한 이후 메흐메드는 흑해 연안과 발칸반도, 그리스

전역에 대한 오스만 제국의 지배력을 견고히 다져갔다. 서쪽 전초 기지였던 보스니아에서 크로아티아와 스티리아Styria, 카린티아Cartinthia, 멀게는 북부 이탈리아로의 습격을 실행에 옮겼다. 1477년의 어느 습격은 베네치아에서 워낙 가까워 오스만군의 급습 현장에서 올라온 불길을 베네치아 시내에서 관찰할 수 있을 정도였다. 메흐메드 사후, 오스만의 공격은 한 세대 정도 소강상태에 들어갔다가 '대제'로 일컬어지는 쉴레이만 1세의 통치기(1520-1566)에 다시 시작되었다. 1521년에는 베오그라드가 함락되었고, 1526년에는 헝가리인들이 모하치Mohács에서 패배함으로써 그들 왕국의 동부가 오스만의 수중에 떨어졌다. 1529년 빈마저 포위당한 가운데 왈라키아Wallachia와 트란실바니아, 몰도비아 등은 오스만 제국의 속국으로 전락했다. 오스만 세력은 1517년 남동부에서도 이집트, 서아라비아, 시리아에 대한 맘루크의 지배를 종식시키고 해당 지역을 자신의 통치 아래 두었다. 종교 개혁의 여파 속에서 전례 없는 분열을 겪고 있던 당시 서방의 그리스도교 세계가 마주한 오스만 제국은 이처럼 헝가리에서 리비아까지 뻗어 있던 거대한 적대 세력이었다.

15세기 오스만의 확장에는 8세기 전에 일어난 이슬람의 초기 확장과 일부 유사한 면이 있다. 우선 '성서의 백성'이 계속 관용을 누릴 수 있었다는 점에서 그렇다. 콘스탄티노폴리스가 함락되고 몇 달이 지나지 않아 술탄과 총대주교 옌나디오스Gennadios 사이에 협약이 있었다. 오스만이 그리스 정교회의 조직을 (무엇보다 세르비아 정교회 같은 경쟁자들로부터) 보호해준다면, 총대주교 역시 그리스인이 시민으로서의 충성을 지키는 동시에 오스만의 적(이자 그리스의 적이기도 한) 가톨릭 세력과 어떤 모의도 꾸미지 않게 하겠노라고 보증한 것이다. 총대주교가 사적으로는 튀르크인을 "빌어먹을 하갈의 개들"로 일컬었다는 이야기도 있었고[1] 차후에 여러 어려움이 발생하게 되기도 하지만 당장은 양자의 합의가 서로에게 편리하게 작용했다. 무엇보다도 수도에 거주하는 그리스인과 그들의 교회 수가 많았기 때문이다. 20세기 초까지 이어지는 오스만 제국의 통치기 내내 콘스탄티노폴리스(오늘날의 이스탄불)의 인구는 약 60%의 무슬림과 40%의 그리스도교인 및 유대인으로 구성되어 있었다. 즉, 인구학적인 차원에서 콘스탄티노폴리스는 단 한 번도 바그다드 같은 이슬람 도시가 되지 못했다.

　오스만에게 정복된 발칸 지역에서도 기존의 지배 계층이 다른 이들로 전면 교체되는 일은 없었다. 많은 그리스도인 지주들은 기병 같은 군사적 부조를 제공하는 조건 아래 기존 영지를 계속 유지할 수 있었다. 이 지역에 부과된 가장 큰 부담은 데브쉬르메*devshirme*라는 '징발' 관행이었다. *데브쉬르메*는 농촌 지역에서 다수의 그리스도인 소년들을 정기적으로 징집해 이스탄불로 보내고 이들에게 새로운 이슬람적 정체성을 부여함으로써 국가의 시종으로 키워내는 제도였다. 이 어린아이들에게 맡겨진 역할 중 가장 잘 알려진 것이 바로 '새로운 군대new troops'라는 의미의 *예니체리*yeni ceri, 영어식 표기는 Janisarries다. 이 엘리트 군대야말로 오스만군을 강력하게 만든 핵심이었다. 하지만 이것이 '징발'된 이들의 유일한 역할은 아니었다. 일부는 관료 체계의 고위직까지 오르거나 다른 직업을 가지기도 했다. 16세기 오스만 제국 최고의 건축가이자 쉴레이만 대제를 위한 모스크들을 건설해 이스탄불을 꾸민 미마르 시난Mimar Sinan*은 아나톨리아 출신의 아르메니아인으로서 수도로 '징발'된 이들 중 한 명이었다.

시난은 이스탄불이 건축적인 측면에서 이슬람 도시로 변모하는 데 도움을 준 대표적인 인물 중 하나다. 도시의 이러한 변화는 코르도바 같은 그리스도교권 도시들에 일어난 일과 유사하다. 인구의 상당수가 비무슬림이었음에도 불구하고 이스탄불의 공적 모습은 분명히 이슬람적이었다. 편리하게도 오스만에 정복된 지 얼마 지나지 않아 예언자 무함마드의 동료 중 하나의 무덤이 골든 혼Golden Horn 정상에서 발견되었다. 이로써 이스탄불은 오늘날까지 터키에서 가장 숭앙받는 무슬림의 성지가 되었다. 1517년 맘루크를 정복한 후에는 예언자의 성물들 역시 메카에서 이스탄불로 이관되었다. 모스크와 미너렛**, 신학교와 병원, 구호소들도

---

* '건축가' 시난이라는 뜻이다. 원문에는 그가 90세 무렵까지 장수해 얻은 '노인 시난Sinan the Old'이라는 애칭을 언급해놓았다.
** 이슬람 신전에 부설된 높은 뾰족탑으로 단어 자체는 '등대'를 의미한다.

이슬람적 경건의 건축적 표현이었고 금요 기도에 참석하기 위한 술탄의 공식적 행렬인 *셀라믈리크*selamlik 같은 의례 역시 같은 메시지를 담고 있었다.

증거 자료가 부족한 탓에 이슬람의 초기 정복기인 7세기와 8세기에 복속된 농촌 지역에서 종교적 충성도에 어떤 변화가 있었는지 파악하기 어렵다. 다만 「*상세 대장*mufassal defter」으로 알려진 일련의 문서들을 살펴보면 오스만 제국기의 상황을 어느 정도 전체적으로 조망할 수 있다. '*대장*臺帳, defter'은 재정상의 목적으로 각 지역에 관해 작성한 통계 조사표다. 여기에는 과세 가능한 가구들의 목록을 마을별로 기재했을 뿐 아니라 각 가구의 종교 성향도 표시해놓았다. 1520년대에 시행된 이런 조사들에서 흥미로운 대조를 찾아볼 수 있다. 농경 지역이던 소아시아의 중앙 고원 아나톨리아에서 무슬림 가구의 비율이 전체 과세 대상의 92%인데 그리스도인 가구는 8%밖에 되지 않았다. 반면 같은 기간 발칸 지역에서 무슬림 가구는 19%, 그리스도인 가구는 81%였다. 이런 차이가 왜 발생했을까? 아나톨리아의 경우 셀주크의 첫 이주 이래 4세기 이상이나 이슬람 세력이 존재해왔다. 그런데 이 시기 내내 군대와 이민자, 난민, 노예들의 통행이 빈번한 결과 아나톨리아는 심각한 경제적·사회적 혼란을 겪게 되었다. 이런 상황에서 그리스도교인들은 트라브존 혹은 그 인근의 해안가로 이주하는 경향을 보였다. 비잔티움 제국의 영향력이 계속 이어진 이 지역들에서는 적당한 보호를 기대할 수 있었기 때문이다. 결과적으로 아나톨리아 고원의 그리스도교는 북아프리카에서 그랬던 것처럼 점차 시들해지다가 사멸해버렸다. 이에 반해 발칸반도는 오스만 세력이 진출한 지 그리 오래되지 않았고 정복 활동 자체가 중앙에 의해 일사불란하게 진행되었으므로 그로 인한 혼란도 아나톨리아보다 훨씬 덜했다. 그래서 빌칸의 그리스도교 공동체들은 16세기 내내 뚜렷하게 번성했으며 그 이후로도 그럴 수 있었다. 그들이 처한 상황은 에스파냐의 모사라베 공동체들의 상황과 크게 다르지 않았던 것이다.

에스파냐에서
피어난 새로운 힘

에스파냐를 살펴보자. 오스만 세력이 동유럽을 휩쓸고 있을 당시, 이곳에서는 완전히 다른 힘의 균형이 창출되고 있었다. 13세기 말, 이베리아반도에 남아 있던 유일한 무슬림 왕국은 그라나다 에미르국이었다. 그렇다고 해서 그리스도교 군주들이 경계를 늦춘 채 편히 쉴 수 있었던 것은 아니다. 사납고 열성적인 마그레브의 무슬림들 중에 새로운 실력자가 나타나 그라나다의 에미르와 힘을 합친다면 얼마든지 그리스도교 국가들을 위협할 수 있었다. 실제로 이런 일이 1340년에 발생했다. 모로코 무와히드 왕조의 후계인 마린 왕조Marinids가 카스티야를 정복하기 위해 지브롤터해협을 건너 그라나다군과 합류한 것이다. 그들은 리오 살라도Rio Salado 전투(1340년 10월 30일)에서 결정적인 패배를 겪었다. 이후 그리스도교 국왕들에 대한 군사적 위협은 (물론 완전히 사라지지 않았지만) 상당히 줄어들었다. 1344년 카스티야군이 알헤시라스Algeciras를 점령해 지브롤터해협에 대한 통제권을 얼마간 확보하면서 그리스도교 국가의 안전은 강화되었고 1415년 포르투갈의 세우타 점령과 같은 이후의 정복 활동들에 의해 더욱 공고해졌다.

14세기 중반 이후 그라나다 에미르국은 카스티야 왕국에 조공을 바치며 겨우 살아남았다. 이어지는 시기에 그라나다의 에미르들이 아슬하게나마 독립을 유지할 수 있었던 것은 오로지 에스파냐의 그리스도교 세력이 자중지란에 빠진 덕이었다. (알함브라가 오늘날 우리가 알고 있는 모습으로 살아남은 것도 이 분쟁 덕이다.) 하지만 1469년 각각 카스티야와 아라곤 왕가의 합법적 상속인이었던 이사벨Isabel de Castilla과 페르난도Fernando de Aragon가 혼인하자 이베리아반도의 두 주요 군주국의 결합이 가시화되었고, 실제로 1474년 통합이 이뤄졌다. 그라나다를 손에 넣기 위한 전쟁이 본격화된 시기는 1482년이었다. 동시대 인물인 메흐메드 2세처럼 페르난도 역시 자신이 운명을 타고난 사내였다고 믿었거나 적어도 선전가들로 하여금 자신을 그런 취지로 그리도록 했다. 오스만 제국의 술탄에게 콘스탄티노폴리스가 의미하는 바에 상응하는 땅이 페르난도와 이사벨에게는 그라나다였던 셈이다. 1492년 1월 2일 그라나다의 마지막 무슬림 통치자로부터 도시로 들어가는 열쇠를 넘겨받음으로써 페르난도와 이사벨의 소원은 결국 성취되었다.

그라나다 정복 전쟁은 기술적·법적 측면에서 일종의 십자군 원정이었다. 십자군에 대한 열정은 16세기에도 생생히 살아남아 있었다. 부르고뉴의 선량공 필리프Phillippe le Bon(재위 1419-1467) —그의 아버지 용맹공 장Jean sans Peur은 필리프가 태어나던 해에 니코폴리스에서 포로로 붙잡히기도 했다—는 생애 말년에 오스만 제국을 상대로 십자군 원정에 나서고 싶다는 진지한 소망을 천명한 바 있다. 그런가 하면 교황 피우스 2세Pius II(재위 1458-1464)는 콘스탄티노폴리스를 수복할 수 있으리라는 헛된 믿음을 품고 직접 십자군을 이끌던 중 이탈리아 동부 해안의 앙코나Anacona에서 사망했다. 포르투갈 왕가의 '항해왕' 엔히크Henrique o Navegador(1394-1460)는 출생 당시 궁정 점성술사가 행한 점괘대로 자신이 십자군이 되어 '위대하고 숭고한 정복 활동'을 이룰 운명이라고 믿었다.[2] 그는 심지어 자신이 나면서부터 부모에 의해 십자군 군주인 프랑스의 성왕 루이 9세에게 봉헌된 인물이었음을 유언장에 남기기까지 했다. 엔히크가 보기에 본인이 직접 이끌었던 1415년 세우타 공략은 십자군 원정이었다. 그가 아프리카의 대서양 연안을 따라 내려가는 항로 개척을 후원한 일 역시 지리학적 흥미가 아니라 그리스도교적 도전 정신의 결과이자 자기계발의 일환이었다. (이슬람은 14세기 말라나 15세기 송가이Songhai*의 사례에서 알 수 있듯이 아프리카 서

---

* 1464년부터 1603년 사이 서아프리카 지역에 존재했던 이슬람 왕국이다.

안에서 더 넓은 지역에 걸쳐 견고하게 자리 잡고 있었다. 물론 엔히크와 그의 고문들이 이에 대해 얼마나 알고 있었는지는 확실치 않다.)

살아남은 십자군의
이상과 대안

십자군의 이상은 중세 후기의 그리스도교 세계에도 강력하게 살아남았다. 물론 그 결과는 니코폴리스에서와 같은 패배일 수도 그라나다에서와 같은 승리일 수도 있었다. 하지만 패배에 대해서는 핑계를 둘러대면 그만이었다. 프로방스의 수도사이자 외교관이며 법률가이기도 했던 오노라 부베의 시를 예로 들어보자. 이 작품은 니코폴리스 사건 이후 쏟아져나온 비통한 논조의 자기반성 중 하나였다.

부베는 그리스도교 세계의 결점들을 꼬집는다. 이를테면 불경함과 신성 모독, 자비심의 결여, 성적 부도덕, 물질적 방종 등을 말이다. 하느님께서 이처럼 자신을 불쾌하게 만드는 일을 자행하는 이들에게 어떻게 승리를 주실 수 있단 말인가? 이런 논리는 전혀 새로운 것이 아니었다. 일찍이 12세기에 클레르보의 성 베르나르St. Bernard de Clairvaux가 제2차 십자군 원정의 실패를 해명한 이래로 성직에 몸담은 도덕주의자들이 줄곧 사용해온 설명 방식이기 때문이다.

다만 놀라운 사실은 부베의 시에서 그리스도교 세계의 실책을 진단하는 이가 그리스도교인이 아닌 무슬림이라는 점이다. 게다가 그가 내리는 진단 중 일부는 그리스도교 사회와 무슬림 사회를 비교하면서 후자를 더 높이 평가하는 비교의 형식을 취하고 있다. 예컨대 부베는 음식과 의복에 대한 욕망이 그리스도교인을 나약하게 만든 반면, 무슬림은 검소함을 통해 강인해졌다고 기술하고 있다. 또 그리스도교인들은 분열되었으나, 무슬림들은 하나됨에서 나오는 힘을 가지고 있다고 평하기도 했다. (이슬람에 관한 부베의 시선은 아마도 오스만 제국에만 머물고 있었던 듯하다.)

비슷한 논조의 내용은 이외에도 많다. 타자에게 비평가의 역할을 맡겨 자기 사회를 채찍질하도록 하는 문학적 장치에는 타자와 그의 관점에 대한 중립적, 심지어는 관대한 사고방식이 녹아 있기 마련이다. 부베의 *사라센*인은 3세기는 더 지나야 나타나게 될 몽테스키외의 『페르시아인의 편지Lettres persanes』* 속 가상의 화자만

---

* 프랑스의 정치사상가 몽테스키외Montesquieu(1689-1755)가 1721년 발표한 작품으로 파리에 오게 된 페르시아 고관이 이국의 풍물을 고국 친지에게 보고하는 형식의 서간체 풍자소설이다.

큼이나 호의적이다. 그러므로 부베의 시적 장치에는 십자군 무리에서 기대되는 것보다 무슬림 타자에 대해 더욱 긍정적인 태도가 전제되어 있는 것으로 보인다.

요점을 조금 달리 표현해보자면 이슬람 세계로 접근하는 방식에는 십자군 원정 말고도 다른 영역, 그러니까 군사적 대치 외에 다른 길이 있었다는 것이다. 그런 대안 중 하나가 선교였는데, 이를 이해하려면 시간을 조금 거슬러 올라가야 한다. 12세기 교회 개혁의 핵심 사항 중 하나는 설교에 대한 강조였다. 설교는 무지한 이들을 가르치기 위한 활동이기도 했으나 당시 특히 중요시된 목적은 신앙에서 일탈한 이들을 바로잡는 일이었다. 오류를 저지르고 이단의 길로 빠져든 사람들-당시 이런 부류에 속한 사람들의 수가 놀랄 만큼 늘어나고 있었다-을 설교라는 방법을 통해 다시금 신도 무리로 복귀시켜야 했던 것이다.

카스티야의 오스마 주교구의 수도원장이었던 도밍고Domingo 혹은 Dominicus(1170-1221)의 기획이 가장 잘 알려져 있다. 그는 1220년 자신의 이름을 따라 설교자들의 조직인 도미니코 수도회를 설립했다. 오늘날에도 같은 이름으로 유지되고 있는 이 수도회는 일탈한 신도들을 설교로 권고하려는 목적으로 시작되었으나 오래 지나지 않아 이단 중에서도 가장 위험하고 완고한 이들, 즉 무슬림들에게 초점을 맞추기 시작했다. 도밍고가 속한 교구의 주교였던 오스마의 디에고Diego of Osma*는 일찍이 주교직을 사임하고 알-안달루스에서 선교 활동을 펼치고자 했었고, 도밍고 역시 그를 수행할 계획이었다. 도밍고는 애초부터 자신이 설립한 '설교자들의 수도회Order of Preachers'**를 이슬람에 대항하는 조직으로 구상하고 있었다. 새로운 수도회가 좀 더 가까운 곳에 있는 이단들인 알비파Albigenses 혹은 카타리파Cathars라고도 하는 프랑스 남부의 이단 세력을 목표로 삼게 된 것은 교황 인노켄티우스 3세Innocentius III의 설득 때문이었다.

13세기 성직자들에게 선교는 매우 중요한 과제였다. 3부에서 살펴봤듯이 당시는 몽골 선교의 시대이자 프로이센족, 에스토니아족, 핀족 등 북부 유럽에 남아 있던 이교도들에게 그리스도교가 설파되던 시기였다. 그러므로 오로지 이슬람 선교만을 위한 계획을 짜는 데 전념한 이들이 있었다는 사실이 그리 놀랄 일은 아니다. 라몬 데 페냐포르트Ramón de Peñafort(1175~1275)를 예로 들어보자. 그는 1240년 도미니코 수도회 원장의 자리에서 물러나 50대 중반의 나이로 무슬림 선교에 헌신한 인물로서 아랍어 연구를 위한 학교들을 설립해 선교사들이 훈련받을 수 있도록 했다. 그를 존경해 마지않던 전기 작가는 라몬이 개종시킨 사람의 수가 1,000명에 이른다고 주장했다. 물론 이 수치를 그대로 받아들이

---

* 오스마의 디에고Diego de Acebo는 1201년부터 1207년까지 오스마의 주교였으며 도밍고는 그의 참사회원이었다.

** 도미니코 수도회의 정식 명칭은 Ordo Praedicatorum이다.

기는 어렵겠지만, 그렇다고 해서 그 규모가 상당했다는 것 자체를 의심할 필요는 없다. 이 개종자들은 아마도 13세기 이베리아 반도 국가들의 영토가 확대되는 과정에서 그리스도교 통치하에 놓이게 된 무슬림들을 상대로 한 '내부' 선교 활동 와중에 발생했을 것이다. (당연한 이야기지만 종교적 충성을 바꾸게 만든 요소 중 이 같은 선교 활동과 전혀 관계없는 것들도 있었다.)

페냐포르트의 동료이자 같은 도미니코회 수도사 라몬 마르티 Ramón Martí는 아랍어와 히브리어에 능통해 위에서 언급한 교육 기관의 학생들이 사용할 아랍어-라틴어 사전을 편찬하기도 했다. 13세기 카탈루냐의 라몬 삼총사 중 최연소자는 마요르카 출신의 박식가 라몬 룰Ramón Lull(1232–1315)이다. 기사이자 시인이었으며 소설가, 신비주의자, 여행가, 자기 홍보의 대가이기도 했고 200편 이상의 작품을 남긴 작가이자 사누도처럼 자신이 옹호하는 대의를 쉴 새 없이 알린 로비스트이기도 했던 룰은 놀라운 인물이다. 그는 이슬람 지역에 파송할 선교사를 훈련시키고자 마요르카의 고향 집 인근에 대학을 설립했다. 1311년 비엔 공의회Ecumenical Council of Vienne에서도 그는 성직자들에게 파리, 옥스퍼드, 볼로냐, 살라망카의 대학들에 중동학 연구 기관을 설치해 아랍어는 물론 이슬람의 역사, 신학, 철학까지 가르치자고 설득했다. 룰이 기대한 바는 그가 이미 발표한 무수한 저작들 중 일부에 드러나 있었다. 가령, 1277년에 쓴 『이교도와 세 현자에 관한 책Liber del Gentil e dels Tres Savis』

에는 어느 이교도와 유대인, 그리스도교인, 무슬림 사이의 회합에 대한 묘사가 나오는데, 여기에서는 모임이 진행되면서 세 유일신 신앙의 대표자들이 각자 자신의 믿음을 변증한다. 룰은 자신이 설파한 것을 직접 실행에 옮기려 튀니지에 세 번에 걸쳐 선교 여행을 떠났다. 용감하다고 해야 할지 무모하다고 해야 할지 모를 일이었다. 이슬람 율법에 따르면 이런 행위는 사형감이었기 때문이다. 룰은 처음 두 선교 활동에서 운 좋게 투옥을 피할 수 있었다. 하지만 세 번째 여행에서 그는 결국 투석형에 처해졌다.

이런 식의 공공연한 개종 활동은 결코 순조롭게 진행될 수 없었다. 더 조심스러운 접근으로는 이슬람 통치 아래 있는 그리스도교 공동체들에 사제를 파견하거나, 전쟁 포로 또는 그 밖의 억류된 이들을 위한 수도회들을 설립하고 그들의 몸값을 지불하는 방법 등이 있었다. 그들의 과제는 이교도들을 개종시키는 것이 아니라 '역외' 그리스도교 공동체들을 돕는 좁은 의미의 선교에 가까웠다. 13세기 초 포로들을 돕는 일에 전념하는 2개의 수도회, 즉 성 삼위일체 수도회Trinitarians와 성모자애기사단Mercedarians이 출현했다. 남성뿐 아니라 여성에게도 열려 있었던 두 수도회는 수 세기에 걸쳐 많은 선행을 했다. 이 수도회들의 활동 덕에 석방되었던 가장 유명한 이는 1570년대에 알제에서 포로로 붙잡힌 미겔 데 세르반테스*였다.

15세기 초에 오스만인들을 그리스도교로 개종시키려는 시도

자체가 무의미한 일이었을 수 있다. 오스만에 대한 십자군 원정이 굴욕적인 실패로 귀결된 상황이었으니 말이다. 더욱이 이 시기는 십자군 원정과 선교 활동에 깊이 결부되어 있던 교회 당국이 전례 없는 굴욕을 겪은 때이기도 했다. 옥스퍼드의 존 위클리프(c. 1330-1384)를 위시한 일부 신학자들이 교회의 가르침과 다른 견해를 가지고 교황 권위의 이론적 토대를 비판하고 있었고 1378년에서 1417년 사이의 대분열Great Schism 동안에는 2명, 심지어 잠깐이지만 3명의 교황이 교황직을 서로 제 것이라 주장하는 볼썽사나운 모습을 연출하기도 했다. 그런가 하면 공의회 운동 Conciliar Movement**에 연루된 성직자들은 교황의 권위를 공의회의 틀 안에 종속시켜 제한하려 했다. 비그리스도인에 대한 전쟁이 정당한가 그렇지 않은가에 대한 15세기의 성명서들에는 이전 세대가 봤다면 깜짝 놀랐을 만한 망설임이 나타난다. 이 문제와 관련해 1436년에 이탈리아의 걸출한 교회법 학자 두 명이 교황의 요청에 따라 아주 긴 법률 의견서consulta를 준비한 일이 있었다. 하지만 이 문서에서는 예전의 단호한 확신이 증발한 듯했다.

이런 상황들에 더해 오스만 제국이 서방 그리스도교 세계의

---

* 세르반테스Miguel de Cervantes(1547-1616)는 에스파냐의 소설가이자 『돈키호테』를 쓴 작가다.
** 공의회 운동 혹은 공의회주의란 아비뇽과 로마에 대립교황이 난무하던 1378년부터 1417년 사이의 교회 분열을 근본적으로 해결하고자 하는 일종의 개혁 운동으로서 (교황을 포함한) 특정 인물이나 당파가 아니라 보편공의회의 결정이 교회의 최상 권위를 가져야 한다는 주장을 담고 있었다.

문턱까지 진출해 있고, 콘스탄티노폴리스가 파멸의 고통 속에 놓이게 되자 새로운 돌파구가 필요했다. 이는 르네상스 시대에 각광받던 지적 무기들, 즉 원문 연구와 수사학에서 모색될 수 있었다. 요체는 우선 이슬람에 대해 배우고 그런 다음 이슬람의 옹호자들과 정중히 논쟁하자는 것이었다. 이런 태도를 대표하는 이로는 두 사람을 들 수 있다. 바로 에스파냐 출신의 후안 데 세고비아Juan de Segovia(c. 1395-1458)와 독일인 니콜라우스 폰 쿠에스Nikolaus von Kues(1401-1464)다.

후안 데 세고비아는 살라망카의 신학부 교수였으며 1433년에서 1449년까지 진행된 바젤 공의회Council of Basel에 대학을 대표해 참석했던 인물이다. 그는 공의회에서 당대를 선도하던 여러 지식인을 만나는데 그중 하나가 니콜라우스다. 후안의 고향에서 룰과 다른 이들이 설립했던 아랍 연구 기관들은 쇠락한 지 오래였다. 후안은 에스파냐의 이슬람 연구를 되살리고 싶어 했고 이를 위해 아랍어, 라틴어, 카스티야어로 된 3개어 『꾸란』 역본을 준비하고 있었다. (이 작업은 이사 야비르의 도움을 받았는데, 4부에서 문화적 경계를 넘는 성적 관계에 관한 그의 견해를 인용했다.)

후안 데 세고비아는 새로운 연구를 바탕으로 그리스도교 지성인들이 무슬림 지성인들과 평화로운 대화에 참여할 수 있으리라 기대했다. 그가 상상했던 대면의 공간은 장기간에 걸친 학술회의였다. (아마도 본인 인생의 상당 부분을 보냈던 교회 공의회와 크게 다르지 않은 모습이었을 것이다.) 후안이 촉진하고자 열망했던 토론 정신은 이븐 하즘이나 가경자 피에르 같은 논쟁가들처럼 그리스 도교와 이슬람 사이의 차이를 강조하는 것이 아니라 도리어 양자 사이의 접점을 찾아가려는 태도였다. 즉, 분기가 아닌 수렴이 모토가 되어야 했다. 선의를 가진 학자들이라면 누구든 이에 동의하리라는 것이 후안의 생각이었으나 안타깝게도 그의 고매한 이상주의는 현실에서 아무 열매도 거두지 못했다. 재정복의 위협을 받고 있던 그라나다의 이슬람 학자들은 상호 협의에 나서자는 후안의 제안을 거절했다. 15세기에 이르러 그들은 종교적 비타협과 무관용이라는 마지막 성채로 후퇴해 있었던 것이다.

살라망카대학에 기증되었던 후안의 3개어 『꾸란』 역본도 부주의한 동료 교수들에 의해 소실되어 다시는 발견되지 못했다. 후안의 제자이자 재정복 이후 초대 그라나다 대주교였던 에르난도 데 탈라베라Hernado de Talavera가 1492년 후안의 아이디어들을 자기 관할권 내의 무슬림들에게 적용해보려고 시도하기도 했다. 그러나 그의 유화 정책은 무슬림에 대한 강제 세례 정책을 추진했던 톨레도 대주교와 에스파냐 수석 대주교, 추기경 시스네로스Cardinal Cisneros에 의해 일축되고 말았다. (다른 이야기이기는 하지만, 강제 세례 정책은 재앙적인 결말만 낳았다.)

니콜라우스 폰 쿠에스는 후안 데 세고비아처럼 경력을 학자로 시작했다. 그는 쾰른에 재직하던 시절 탐독한 라몬 룰의 저작들로부터 큰 영향을 받았다. 그렇지만 일단은 교황청 외교관과 교회 정치가로서의 폭넓은 경력을 쌓았고 이를 통해 티롤 지역의 브릭센Brixen에서 주교직과 추기경직을 얻었다. 니콜라우스는 대단한 지적 재능을 타고난 인물로 뛰어난 철학가이자 신학자였으며 수학자이자 역사가이기도 했다.

그가 벗이었던 교황 피우스 2세로부터 본인의 십자군 원정 계획을 지지하는 글을 써달라는 요청을 받고 저술한 작품이 바로 『꾸란을 체질하기Cribratio Alcorani』였다. 이 작품은 틀림없이 교황을 낙담시켰을 것이다. 이 책의 핵심 명제는 『꾸란』을 올바른 태도로 '체질'한다면, 즉 집중적으로 연구한다면 그 내용이 그리스도교의 신약 성서와 양립 가능하다는 사실을 확인하게 되리라는 주장이기 때문이다. 이는 그리스도교와 이슬람 사이의 불일치와 차이 이면에 공동의 신앙적 기초가 있다는 의미였다. 후안 데 세고비아가 추구했던 수렴은 바로 거기에 있었다.

니콜라우스의 가장 야심 찬 저작 『유식한 무지Docta Ignorantia』는 이보다 한 발 더 나아간다. 이 작품은 궁극적 진리에 대한 인간 지성의 도달 불가능성을 주제로 삼고 있다. 그에 따르면, 인간의 지식은 기껏해야 추론이나 근사 혹은 잠정적인 판단에 불과하며 지혜는 무지를 인식하는 데 있다. 따라서 진리가 파악될 수 있는 것이라 하더라도 이는 신비적 직관으로만 가능하다. 비록 니콜라스가 이 점을 여러 말로 주장하지는 않았지만, 그의 견해는 하느님에게로 가는 길이 어느 종교에 헌신하느냐 하는 문제와 무관하다는 생각에 근접했던 것으로 보인다. 그리스도교 신비주의자가 하느님을 발견할 수 있다면, 무슬림 수피*라고 해서 그렇지 못할 이유가 어디 있는가? 니콜라우스는 르네상스 시대 유럽에서 가장 모험적인 지성들을 끌어모으게 될 낯설고도 파격적인 관점들을 열어젖힌 셈이었다. 물론 이 시각은 '종교 간 대화' 문제를 고민하는 더욱 먼 후대의 관점에서도 그 매력을 잃지 않는다.

라몬 룰과 동료들의 선구적 노력을 바탕삼아 후안이나 니콜라우스 같은 사상가들이 품었던 평화로운 희망은 십자군 원정에 대한 항해왕 엔히크나 아라곤의 페르난도의 충동과 공존했다. 이슬람에 대한 중세 후기의 태도가 12세기나 13세기에 비해 더 다양해진 것이다. 물론 일부 접촉의 방식은 이전과 다름없이 지속되었다. 동방의 사치품들에 대한 서방의 욕망은 오스만 제국의 진출은 물론 16세기에 절정에 이르게 될 지중해상의 해적 행위에 의해서도 결코 사그라지지 않았다. 상인들 역시 계속 이편저편을 왕래했는데 정복자들의 존재는 이를 더 부추겼다. 메흐메드 2세는 콘스탄티노폴리스에 공식 입성한 지 불과 이틀 뒤, 제노바 상인들에게 특허장을 부여해 그들이 술탄의 보호를 받는 신민들

----

* 수피Sufism는 8세기경 출현한 이슬람의 소수 종파로서 금욕과 고행, 청빈을 중시하는 신비주의적 경향을 띤다.

임을 확실히 했다. 이로써 골든 혼 너머 갈라타Galata에 위치한 제노바인 거주 구역은 12세기 이래의 모습 그대로 유지될 수 있었다. 제노바의 역외 상업 왕국들도 지속되었다. 13세기에 콘스탄티노폴리스에 정착한 테스타Testa 가문은 20세기까지 살아남았으니 이에 비하면 잉글랜드인들이 도우루Douro 계곡에 세운 '포트 왕국*'이 풋내기로 보일 지경이다.

다른 접촉 방식들에 관한 사료 증거도 중세 후기에 들어서면 앞선 시기에 비해 희박해진다. 통일 몽골 제국이 해체되면서 동쪽으로의 육로 여행은 훨씬 더 어려워졌고, 마르코 폴로 이후로 중앙아시아의 대상로隊商路나 그 너머로 향하는 유럽인 여행자는 매우 드물어졌다. 이런 현실은 14세기에 그 행보가 가장 넓었던 여행가 존 맨더빌Sir John Mandeville이 순전히 가상의 인물이라는 점에서 상징적으로 드러난다. 맨더빌의 기상천외하고 유쾌한 『여행기Travel』는 1360년경의 작품으로 아직도 저자가 누구인지 확실하지 않다. 해상 탐험은 상황이 달랐다. 그러나 해상 이동은 그저 다르 알-이슬람을 우회하기 위한 방법이었지 그것을 찬찬히 살피며 관통하기 위한 수단이 아니었다.

후안 데 세고비아나 니콜라우스 폰 쿠에스 같은 사람들을 제

---

* 포르투갈 포르투Porto 일대를 말한다. 이 지역의 와인 생산은 18세기 초부터 몇몇 잉글랜드 기업에 의해 주도되었다.

외하면 지적 탐구를 통한 접촉 역시 시들해졌다. 바스의 애덜라드와 아르나우 데 빌라노바의 생애 사이에 놓인 직전 두 세기 동안을 지식 습득의 영웅적 시대로 회고해야 할 정도였다. 그렇다고 해서 아랍어와 그리스어 과학 서적의 번역 활동이 14세기 초에 갑자기 중단된 것은 아니다. 다만 그때 이후로 활동의 규모는 확실히 줄어들었다. 이런 현상에 대해서는 몇 가지 그럴싸한 설명을 할 수 있지만, 가장 간단한 설명이 설득력도 가장 강한 법이다. 서방 그리스도교 세계는 이슬람 세계로부터 얻을 것을 이미 다 얻었던 것이다. 번역자로 첫발을 디뎠던 서방의 지식인들은 이제 스스로 길을 개척할 수 있었다. 아르나우나 로저 베이컨의 이력과 저술들이 좋은 예다. 지도 제작, 항해술, 조선, 시계 제작, 포격, 인쇄 등 대체로 기술적 차원에서 이뤄졌던 중세 후기의 과학적 발전 역시 자율적으로 진전되기 시작했다.

닫혀가는
이슬람 세계의 문

1455년 『구텐베르크 성서』가 출판되었다. 이로부터 반세기가 채 지나지 않은 1500년경에는 서방 그리스도교 세계에 인쇄소를 갖춘 도시가 100개 이상 되었고, 인쇄된 책의 규모도 600만 부에 이르렀다. 몇몇 도시에서는 여러 인쇄소를 동시에 운영하기도 했는데, 베네치아에는 150개의 인쇄소가 있었다. 오스만 치하에 있던 콘스탄티노폴리스의 상황은 상당히 달랐다. 도시 내 비무슬림들에게는 새로운 기술 사용이 허용되어 실제로 점차 활용된 반면, 무슬림에게는 금지되었다. 1515년 술탄은 포고령을 통해 인쇄 기술을 습득하려는 무슬림은 그 어떤 자라도 사형에 처하리라고 위협하기까지 했다.

이 같은 금지령의 근저에는 그럴싸한, 아니 실은 상당히 설득력 있는 이유가 있었다. 울라마*ulamā*, 즉 이슬람 신학자들이 『꾸란』의 인쇄를 신성 모독적인 행위로 규정했던 것이다. 하느님의 말씀은 오직 '필사자들의 손'에 의해서만(1부에서 언급한 『꾸란』 인용구 참고), 그것도 가능한 한 최고의 필체로만 전승되어야 했다. 인쇄술과 관련한 그리스도교와 이슬람 사이의 문화적 차이는 매우 의미심장하다. 다르 알-이슬람, 즉 이슬람 세계는 그리스도교 세계로부터 무언가 배우고 싶어 하지 않았다. 그리스도교 세계에 대한 경멸이 그 어느 때보다 강했던 것이다.

하지만 이것이 이야기의 전부는 아니다. 이 시기를 압바스 왕조 초기와 대조해보자. 2부에서 살펴봤듯이 그때만 하더라도 무슬림 학자들은 그리스와 페르시아의 고대 지식을 의욕적으로 받아들이고 확대 발전시켰다. 반면 15·16세기에는 새로운 것을 받아들이기 주저하는 분위기가 있었다. 일종의 문화적 담력이 쇠약해진 것이다. 더욱더 기이한 사실은 이 같은 지적 수용성에서의 후퇴가 하필 다르 알-이슬람이 서쪽의 오스만 제국에서는 물론 (이 책이 다루는 범위 밖이기는 하지만) 동쪽의 인도 무굴 제국에까지 군사적 승리와 정치적 팽창을 얻어 거대한 자신감을 분출하고 있던 때와 시기적으로 일치한다는 점이다. 오스만 시기의 학자들이 어째서 초기 압바스 때의 학자들보다 덜 개방적이고 덜 모험적이었을까? 이 질문에 대해서는 아직 확실한 답을 얻을 수 없다.

유럽 그리스도교 세계에 대한 이슬람 측의 지속적 무관심에 관해서는 동시대에 활동한 북아프리카 출신의 두 인물이 좋은 예시가 될 것이다. 이븐 바투타Ibn Bāṭūṭah(1304–1378)는 역사상 가장 쉼 없이 여행한 인물 중 하나다. 그는 23세 이후부터 무려 30여 년 동안 거의 끊임없이 이동했다. *하지*hajj, 즉 메카로의 순례만 네 번이나 다녀왔고 시리아, 메소포타미아, 페르시아 등 이슬람 세계 중앙에 있는 지역도 방문했다. 또 중앙아시아를 건너 아프가니스탄, 인도, 중국, 자바, 수마트라와 실론(오늘날 스리랑카)까지 다녀오는가 하면 남쪽으로는 오만을 거쳐 동부 아프리카 해변까지, 북으로는 흑해, 크림반도, 볼가강 유역에도 이르렀다. 자기 본거지인 북아프리카는 물론 소아시아와 이집트, 서쪽 멀리 알-안달루스에 대해서도 알고 있었으며 심지어 사하라를 건너 팀북투와 말리 왕국까지 여행했다. 이븐 바투타는 생애 말년에 본인이 작성한 방대한 기록과 머릿속 기억을 바탕으로 여행기를 작성했다. 『이븐 바투타 여행기』의 가장 권위 있는 영역본의 분량만 해도 5권이 넘는다. 여기에서 요점은 우리가 그와 그의 유랑에 대해 대단히 많은 사실을 알고 있음에도 불구하고, 그가 여행 중에 유럽 그리스도교 세계를 방문했다는 흔적이 어디에도 없다는 데 있다. 심지어 평범한 독자들이라면 『이븐 바투타 여행기』를 읽고 지중해 북쪽에 뭔가 존재한다는 사실조차 알아차리기 힘들 지경이다.

　두 번째 사례는 이븐 할둔Ibn Khaldūn(1332–1406)이다. 그는 관료이자 외교관으로서 다사다난한 이력을 쌓은 덕에 에스파냐에서 시리아까지 이슬람 세계를 두루 경험했다. 카스티야의 잔혹왕 페드로Pedro el Cruel부터 몽골의 테무친까지 다양한 군주를 만나기도 했고, 카이로에서 종교 판사qādi로 활동하며 법 집행 현장의 부패를 척결하려 애쓰고도 나쁜 평판만 얻는가 하면, 선박 난파로 가족 모두를 잃는 슬픔을 겪기도 했다. 이븐 할둔은 역사가로서 독창적이고 예리한 지성을 뽐냈다. 그는 우리가 오늘날 '환경적' 요인이라고 부르는 요소를 강조함으로써 역사 연구 전반에 크게 공헌했다. 그의 근본적 통찰은 식생, 그러니까 풍경, 기후, 생태 같은 것들이 그 속에 살아가는 인간이 가진 넓은 의미의 문화에 영향을 끼친다는 것이다. 여기서 더 나아가 그는 관찰 가능한 사회현상들이란 일정한 동향을 따르기 마련이므로 전개 방식이나 순서 역시 일정한 궤를 유지한다고 주장했다. 즉, 근면한 탐구자라면 비교하려는 사회가 시공간적으로 아무리 괴리되어 있다 하더라도 그들 사이에 공통으로 작동하고 있는 발전 법칙들을 식별할 수 있다는 말이다. 이븐 할둔이 역사가로 활동하기 시작한 것은 고향 북아프리카에서 벌어지는 상호작용, 이를테면 거친 내륙 지방과 비옥한 해안 지대, 사막과 경작지, 목동과 농민, 유목민과 정착민 사이의 관계 등에 매혹되면서부터였다. 할둔은 이러한 상호작용들을 연구하면서 발전시킨 자신의 이론이 다른 상호 관계들, 예컨대 이슬람 이전의 아랍 사회와 고대 정주 제국이라든지 마그레브의 베두인들과 그들이 지속해서 침략했던 에스파냐인들 혹은 몽골 제국과 그들이 대면한 농경 사회들 사이의 관계들을 이해하는 데도 실마리가 될 수 있다고 확신했다.

이븐 할둔의 역사적 통찰은 그의 저술이 등장한 600년 전은 물론 오늘날에도 여전히 신선하고 시사적이다. 그는 세계 최고의 역사 사상가에 속한다. 하지만 현재 맥락에서 주목할 점은 비록 다양한 짜임새를 갖추고 있을지언정 그의 관찰들이 결국 단 하나의 문명, 즉 다르 알-이슬람에만 한정되어 있다는 사실이다. (물론 그가 페르시아 제국 같은 이슬람 세계의 선조들을 다루고 있음을 무시해서는 안 될 것이다.) 눈에 띄는 예외가 있다면 역작 『역사 서설 Muquaddimah』이다. 여기에서 그는 유럽 그리스도교 세계에서 철학과 과학이 번성하고 있다는 "소문을 들었다"고 무심결에 밝히며 "그러나 거기에 무엇이 담겨 있는지는 하느님께서 제일 잘 아실 것"이라고 폄하한다.[3] 이븐 바투타처럼 이븐 할둔 역시 서빙 그리스도교 세계에 대해 더는 알려 하지 않았던 것이다.

그렇다면 14·15세기에 이슬람 세계가 그리스도교 세계에 관심을 보였다는 증거는 전혀 없을까? 유일하게 전하는 증거는 라쉬드 알-딘Rashīd al-Dīn이 1300년 즈음 펴낸 몽골의 역사에 관한 백과전서의 일부다. 라쉬드 알-딘은 책에 몽골인들이 조우했던 민족들에 관한 간략한 설명을 포함하고 싶어 했는데, 그러려면 유럽인들('프랑크인')에 대해서도 뭔가 이야기해야만 했다. 이를 위해 자신의 글에 1279년 사망한 마르틴 폰 트로파우Martin von Troppau*라는 폴란드 출신의 어느 도미니코 수도회 수도사가 저술한 연대기 번역본을 덧붙였다. 이 원고는 어느 서방 사절단원의 수화물에 담겨 마침 라쉬드가 글을 쓰고 있던 페르시아까지 전해진 것으로 추정된다. 마르틴의 연대기는 단조롭고 개괄적인 글이었지만, 라쉬드가 가진 유일한 자료이자 그에게 필요한 전부이기도 했다. 라쉬드는 연대기의 내용을 자신의 글과 합쳐놓으려고 하지 않았으며, 마르틴이 전달하는 내용에 대한 본인의 관심을 시사하는 그 어떤 흔적도 남기지 않았다. 마르틴의 연대기는 그저 저술상 필요했을 뿐이었다. 즉, 이 야만적인 민족에 대해서도 무언가 기술하기는 해야 하니 빨리 해치우고 지나가자는 식이었다. 비록 피상적이나마 이런 태도가 버나드 루이스**가 말한 "옥시덴탈리즘의 외유venture in occidentalism"[4]에 해당할 수는 있겠으나 이는 결국 이슬람 학자들이 가지고 있던 서구에 대한 무관심을 부각시킬 뿐이다.

반면 그리스도교 세계는 다르 알-이슬람에 열렬한 관심을 두었다. 이 관심은 때로 한데 중첩되다가도 또 서로 구분되곤 하는 여러 통로를 통해 전달되었다. 그중 하나는 배교 행위가 촉

---

* 13세기 중후반에 활동한 수도사이자 주교, 연대기 작가다. 트로파우는 오늘날 체코의 오파바 Opava에 해당한다.
** 버나드 루이스Bernard Lewis(1916-2018)는 미국의 저명한 중동 역사학자다. 여기 인용된 논문에서 그는 서구 세계의 근대적 발전 이전에 거꾸로 이슬람 세계가 서구를 '발견'한 시기가 있었으나 그 동력이 오래 지속되지는 못했음을 지적한다.

발한 충격과 공포였다. 15세기 초, 마요르카 출신의 프란체스코회 수도사이자 유명한 시인이기도 했던 안셀모 투르메다Anselmo Turmeda(1355-1423)가 이슬람으로 개종했다. 이후 그는 이븐 하즘의 글을 인용한 조롱조의 저작에서 그리스도교를 비꼬았는데, 이런 배교자의 존재는 극히 성가시고 당혹스러운 일이었다. 그런가 하면 어떤 이들은 오스만 제국의 힘과 효율성에 매혹된 나머지 심지어 조심스러운 찬사를 바치기도 했다. 젠틸레 벨리니Gentile Bellini(1429-1507)가 그린 메흐메드 2세의 유명한 초상은 누가 봐도 르네상스 시기 전제 군주가 튀르크 복식을 한 모습으로 오스만에 대한 일종의 호감 표현이었다. 마키아벨리* 역시 1513년 펴낸 통치자들을 위한 악명 높은 소책자 『군주론Il Principe』에서 오스만 권력의 원천에 대해 탄복하며 숙고했다. 오스만의 통치가 때로는 합법적이고 영광스러운 것으로 표현되기까지 했다. 인문주의자인 조반니 필렐포Giovanni Filelfo가 1470년대에 쓴 라틴어 찬가가 좋은 사례다. 이 작품에서 그는 튀르크족이 트로이인의 후손이며, 그들이야말로 그리스가 찬탈한 소아시아의 합법적 상속자들이라고 주장했다. 필렐포의 후견인은 술탄에게서 상업적 호의를 얻고자 했던 앙코나Ancona의 한 상인이었다. 이런 식의 아첨은 당대의

---

* 마키아벨리Niccolò Machiavelli(1469-1527). 이탈리아의 사상가, 정치가이자 저술가로서 르네상스인의 전형이자 정치를 도덕과 구별된 영역으로 보는 현실주의적 정치철학의 주창자로 잘 알려져 있다.

관습이었다. 그러나 이 사례는 오스만 세력을 기존 세계관 속에 편입시키는 데 당대인들이 어느 정도까지 유연해질 수 있었는지를 보여주는 놀라운 증거다. 다르 알-이슬람의 위신은 학문적 연구에서도 확인된다. 16세기가 되면 유럽에는 아랍어 사본을 수집하는 이들이 나타난다. 아랍 문자를 찍어내기 위한 인쇄기가 개발되는가 하면, 대학에 아랍어 교수직이 만들어지기도 했다. 라몬 룰이나 후안 데 세고비아가 봤다면 얼마나 기뻐했을 상황인가! 이처럼 학자들이 이슬람 세계에 열중하는 현상은 17세기 이후까지 계속해서 강화될 터였다.

마지막으로 언급할 관심의 통로는 '낭만', 즉 무슬림 세계를 다채롭고 이국적이면서 위험할 정도로 매력적인 것으로 그리는 풍조다. 페르난도와 이사벨은 1492년 그라나다를 공식 접수한 후, 그리스도교 세력의 에스파냐 재정복** 완성을 상징하는 의미심장한 행사의 의상으로 무어식 복식을 택했다. 막 싸워 이긴 적의 의상을 착용한 것을 단순히 승리를 뽐내기 위한 행위로 해석할 수도 있다. 하지만 이러한 의복 취향은 이사벨의 이복오빠이자 전임자였으며, 성생활과 후계 문제로 숱한 비난을 받았던 카스티야의 엔리케 4세의 궁정에서 지배적이었던 유행의 연속이기도 했

** 우마이야 왕조가 이베리아반도 대부분을 점령했던 718년부터 그라나다가 탈환된 1492년까지 약 7세기에 걸친 일련의 과정을 '레콩키스타Reconquista'로 고유명사화해 부르기도 한다.

다. 그라나다 정복 시기의 에스파냐 귀족들은 무어식 복장을 고급 패션으로 여겼다. 화장품, 승마, 매사냥, 건축과 인테리어 장식 등 귀족적 삶에 필요한 여러 요소에서도 무어식을 높이 평가했다. 오스만 치하 이스탄불을 방문한 사람들은 서방에서는 금지된 성적 자유에 대한 풍문이나 하렘과 후궁들, 노예 시장과 환관들, 호화로운 생활 이면에 존재하는 잔혹한 형벌 등의 이야기들을 가지고 돌아왔다. 이 모두는 유럽인들이 가지고 있던 외설적 환상에 영합했다. 그러고 보면 1978년 출판된 에드워드 사이드Edward W. Said의 동명 저작에서 규정되고 비판받았던 '오리엔탈리즘'을 확인하기 위해 나폴레옹의 이집트 원정까지 기다릴 필요가 없다. 그 기원을 3세기 전에 확인할 수 있기 때문이다.

에필로그

천 년을 공존해온 그리스도인과 무슬림

1321년 사누도가 『비밀의 책Liber Secretorum』을 교황에게 헌정하던 해에 그라나다 에미르와 이집트의 맘루크 술탄이 가용한 유대인과 나병 환자들을 첩자로 동원해 프랑스와 에스파냐의 우물들에 독을 살포하려 한다는 소문이 파다했다. 한 세대 후 1347년부터 1351년에 끔찍한 흑사병의 대재앙이 유럽인의 약 3분의 1을 죽음에 이르게 했다. 일부는 그 책임을 무슬림 첩자들에게 전가했다. 이처럼 화학적·생물학적 전쟁에 대한 혐의와 비난은 근대에 들어선 후 창안된 것이 아니었다.

1484년 그라나다 정복 전쟁이 막 시작되었을 때 세고비아의 그리스도인과 무슬림 대장장이들은 함께 금속 장인들의 수호성인 성 엘리기우스St. Eligius의 이름을 딴 형제회 겸 길드를 결성했으며 이를 성모 마리아와 천상의 모든 성인에게 봉헌했다.

이 같은 단편적인 사례들은 당대 현실에 대한 현대인의 판단에 주의를 환기시킨다. 한편 우리는 오늘날 무슬림을 적, 즉 사악한 조직을 통해 활동하는 테러리스트이거나 유럽 전역에서 발생한 최악의 인구적 재앙에 대한 속죄양으로 간주한다. 다른 한편 우리는 종교와 문화의 경계들을 가로지르며 수공업과 교역 혹은 소명에 의해 촉진되어 좋은 사회적 관계들을 이룬 일과 관련 있는 사료를 거의 발견할 수 없다. 5부에서 언급한 후안 데 세고비아의 고향 사례는 운 좋게 알려진 것이다. 모든 사람의 인식이 1321년 또는 1350년의 사례와 같지 않으며, 모든 현실이 1484년과도 같지 않기 때문에 언급한 사례들에 대해서는 '어떤'이라는 수식어가 덧붙여질 필요가 있다.

다로카의 알리는 모두가 인정할 정도로 동료들과 더할 나위 없이 잘 지냈다. 그렇지만 그가 프리마 가르송과의 육체적인 관계가 의심되어 잔인한 폭행을 당하고 죽음에까지 이르렀을 때 동료들은 그를 구출하지 않았다. 언제 어디서든 접촉의 형태와 성격은 매우 다양했다. 진부하기는 하지만 일반화할 수 있는 유일하고도 확실한 사실은 중세 동안 그리스도인과 무슬림 사이의 관계에서 각자가 타자를 이해하기 위해 노력하는 데 지속적으로 실패했다는 점이다. 왜 그럴 수밖에 없었는지 살펴보려는 노력 없이 단순히 이를 개탄스럽게 생각하기는 쉽다.

그리스도인-무슬림 관계들은 서로에게 베풀었던 모습대로 발전해왔다. 그들의 태도들은 과거에 그러했던 것과 다를 수 없었기 때문이다. 그리스도인들은 처음에 무슬림들을 정복자로서 대면했다. 따라서 그들이 이슬람을 본질적으로 호전적이라고 인지하는 것은 쉽게 이해할 수 있다. 당대의 지적·종교적 풍토를 고려하면, 그리스도인들이 이슬람을 설명할 수 있는 유일한 방식은 그리스도교의 정도正道에서 벗어난 종교로 정의하는 것이다.

이슬람에 대한 그리스도인의 이미지에서 가장 본질적인 것은 두 가지 구성 요소다. 하나는 무함마드가 거짓 선지자, 협잡꾼, 이단자이며 추종자들은 살인자이자 폭도라고 규정하는 것이다. 거기에 다른 요소들도 추가되었는데, 무절제와 성적인 방종에 대한 비난이다. 그러나 주된 것은 처음 언급한 두 가지다. 이 내용은 640년경 그리스도인의 무슬림에 대한 가장 이른 시기의 반응을 보여주는 기록 『야곱의 가르침』에 등장하는데, 본서 1부에서도 인용했다. 그 영향으로 산출된 이미지는 놀랄 만큼 오랫동안 지속되었다.

무슬림들은 처음부터 자신들이 하느님의 마지막이자 가장 완전한 계시를 받은 선택된 민족이라는 확신으로 인해 더할 나위 없는 자부심으로 고취되어 있었다. 그로 인해 불가피하게 그리스도인들을 경멸의 대상으로 낮춰봤다. 게다가 다르 알-이슬람은 지상에서 하느님이 베풀어준 은총과 섭리로 그리스도교 세계보다 훨씬 광대한 지역을 차지했다. 바그다드의 시선에서 봤을 때, 900년경 그리스도교 세계는 그다지 매력적이지 않은 환경에 머물러 있으면서 혼란을 야기하는 이단 분파들과 작은 왕국들로 구성된 무질서한 혼합에 불과했다. 이슬람 공동체는 신앙은 물론 부와 기술, 학식과 문화에서 경쟁할 상대가 전혀 없었다. 그러므로 무슬림들로서는 그리스도인들에게 거만한 태도를 취하는 것이 사리에 맞았다. 마치 암반처럼 오래전에 저변을 구축한 이러한 태도들은 그 이후 여러 세기 동안 그들의 도덕적 환경을 형성해왔다. 이는 경시해서는 안 되는 일종의 인간관계의 지질학이라 할 수 있다.

현대의 역사가들 대부분은 '중세'가 1500년경에 종결되는 것으로 보는 시각에 대해 회의적이다. 그러나 그리스도인과 무슬림의 관계사에서는 대략 그 시기가 상징적 의미를 지닌다. 유럽인들은 탐험 시대의 개막을 알리는 그 시기에 아시아와 인도를 재발견했으며 그들에게 아메리카와 아프리카는 신세계로 간주되었다. 17·18세기에는 경제적 우위, 정부 체제, 군사력, 탁월한 소통 방식 등에 의존해 세계에 대한 유럽의 헤게모니가 구축되었다. 권력의 극적인 역전이 일어난 것이다. 오스만 제국은 16세기에 세계에서 가장 강력한 국가였으나, 1800년경에도 계속 존재할 수 있던 것은 유럽 열강들이 그 지역에 무엇을 건설할지 견해가 일치하지 않은 탓이다. 다르 알-이슬람은 이 시기에 거만한 서양 세력에 의해 위협받았고 착취당했으며 결국 퇴화되었다. 그리고 19·20세기에는 뼈저린 굴욕까지 경험했다. 이 같은 역사 전개가 현재 팽배한 혐오와 분노로 발전한 것이다.

유럽의 헤게모니는 근대 초에 아무 기반 없이 생겨난 것이 아니다. 그것의 힘줄과 근육은 중세가 진척되던 중에 눈에 띄지 않는 서구 그리스도교 세계의 주변부에서 오랜 기간에 걸쳐 발전했다. 이 같은 여전히 충분히 인정받지 못한 사실을 설명하려면 따로 책 한 권이 필요할 것이다. 여기에서는 10세기와 13세기 사이에 더불어 발생한 두드러진 경제적·제도적·과학적 진보들이 후대의 발전을 위한 토대를 형성했다는 점을 지적하는 것만으로도 충분할 것이다. 이 중세의 형성기 동안 서양 그리스도교 세계는 기반을 보강하고 후대의 모든 변화를 촉진하는 방향으로 스스로 변화하고 발전할 역량을 보여주었다. 4부에서 이러한 자기 발전 과정의 한 단면을 간략히 살펴봤다. 12·13세기 유럽에서 벌어진 지적 진보들은 많은 부분 이슬람 세계가 제공한 것을 획득함으로써 성취했다. 바스의 애덜라드에서 아이작 뉴턴까지 이르는 도정道程은 장구하지만, 분명하게 추적할 수 있다.

그리스도교 세계에 대한 무슬림의 냉담은 당대에 진행되던 변화에 대한 감각을 상실하는 결과를 낳았다. 만약 이븐 바투타 같은 여행자들이 그리스도교 세계를 방문했다면 진보하고 있는 사회를 관찰했을 것이다. 그러나 그들은 그럴 기회를 갖지 않았다. 만약 이븐 할둔이 탁월한 지적 통찰력으로 서유럽 사회를 돌아보았더라면 숙고할 것을 많이 발견했을 것이다. 그러나 그는 그렇게 하지 않았다. 서양의 융성은 결국 이슬람 세계를 놀라게 했다. 이슬람의 서양에 대한 경멸이 그와 같이 변화하는 상황을 간과하도록 했던 것이다.

물론 이슬람은 스스로를 변화시키고 발전하는 역량을 보여주었다. 로마와 페르시아 세계 속에서 예언자의 신탁과 경고를 따르던 순수한 광신자들이 바그다드의 고관들, 카이로 또는 알레포의 상인들, 미지의 영역으로 지적인 탐험을 추진하는 학자들로 전환되었다. 이 모든 일은 불과 수 세대 만에 신속히 이뤄졌다. 더불어 그들의 문화적 정체성도 대체되었다. 그 같은 도덕적 재구성 또는 자기 발명의 놀라운 위업은 문화적 유연함과 후대에는 거의 고갈되었던 적응력을 필요로 했다. 이런 일이 어떻게 가능했을까? 그 질문은 나로 하여금 다시 1부의 서두로 돌아가게 한다. 그러나 아마도 독자들은 이 정도에서 책을 마무리하는 것이 적절하다고 생각할 것이다.

풍부한 당대 사료를 바탕으로 한
문화·종교적 코드 풀이

I

나는 2011년 7월 말 독일 중서부에 위치한 보르켄Borken이라는 작은 가톨릭 도시를 방문한 일이 있다. 부심에 위치한 한 공원 근처의 독일인 집에 하루 동안 머물렀는데, 그곳에서 낯설고도 흥미로운 모습을 관찰했다. 낮 시간에는 독일인들이 그 공원에서 산책도 하고 여유로운 시간을 보내다가 저녁 무렵이 되니 그들의 모습은 온데간데없이 사라졌고, 반면에 히잡을 쓴 여인들이 아이들을 데리고 나와 공원의 벤치를 모두 차지하더니 채 밤늦게까지 머물며 그곳을 그들만의 공간으로 바꿔버리는 것이었다. 당시 나를 초대한 독일인은 근래에 이 도시에 무슬림이 갑자기 늘어나면서 생겨난 낯선 풍경이라고 했다. 무슬림 이민자와 난민들이 크게 늘어났으나 유럽인들과 무슬림은 서로 자연스레 섞이기보다는 분리된 채 지내며 서로를 경계하고 있었다.

독일은 지난 10년 사이에 100만 명이 넘는 시리아 난민을 수용했다. 그 사람들을 여러 주와 도시들에 배분했기 때문에 심지어 작은 중소 도시들에도 무슬림들의 집단 숙소가 지어지고 전용 식당들이 생겨났다.

이전에도 이슬람권인 터키에서 온 이민자들이 인구의 10% 정도를 차지했지만, 이 노동자들은 대체로 특정 지역에 집중된 경향을 보였다. 그런데 최근에는 소도시들에서도 히잡을 쓴 여인들을 쉽게 볼 수 있게 되었다. 내가 유학한 인구 13만의 대학 도시 괴팅겐에도 근래에 모스크가 2개나 들어섰다. 무슬림 중 일부는 현지 유럽인들과 섞여 지내기도 하지만, 현실적인 여러 이유에서 대체로 집단생활을 선택하기 때문에 그들만의 정체성을 유지하며 생존을 모색한다. 대다수 유럽인은 무슬림이 대폭으로 늘어나 범죄도 훨씬 늘어날 것이며, 전보다 크게 위험해질 것으로 우려하고 있다. 난민 수용을 주도한 앙겔라 메르켈 총리는 내부의 반대에 직면해 정치적 위기를 겪었고, 역으로 극우 정치 세력은 이런 환경을 이용해 기반을 확장하고 있다.

한편 구동독 지역에 속한 골조우Golzow라는 주민 820명의 작은 마을에서 난민으로 인해 일어난 변화는 흥미를 끌기에 충분하다. 이곳은 극우정당이 제2당을 차지할 정도로 보수적인 정서가 큰 곳인데 프랑크 쉬츠 시장은 일부의 강한 반대에도 불구하고 마을을 살리는 데 도움이 되리라는 판단에서 2015년 시리아 난민을 받기로 했다. 그해 어른 6명과 아이 10명 총 16명의 난민이 마을에 들어왔을 때 주민들은 그들을 환영하기는커녕 난민들이 일으킬 사회적 문제를 크게 우려했다. 그렇지만 그로부터 4년이 지난 후 이 마을에는 긍정적인 변화가 많았다고 한다. 10명의 난민 아이들이 폐교 위기에 있던 학교를 되살렸고, 어른 6명은 모두 일자리를 구해 고령화로 침체된 마을에 활력을 불러일으켰다. 이제는 시리아인과 독일인들이 서로 어울리며 마을축제도 함께 진행한다. 시리아인들은 공동체의 봉사 활동에 적극 나서고, 독일 노인들은 시리아 아이들을 마치 친손주처럼 돌본다. 양측 모두 노력한 결과이기는 하지만, 난민이 들어온 후 마을이 긍정적인 방향으로 변했다는데 대부분 주민이 동의하고 있다고 한다. 2019년 9월 19일 자 《뉴욕타임스》에서 보도한 내용이다. 한 작은 마을의 사례를 전체 난민의 문제로 확대 해석할 수는 없지만, 팽배했던 우려와는 다른 결과를 낳았다는 점에서 주목이 필요하다.

2018년 국내에서 예멘 난민 문제가 불거졌을 때 일부 시민은 그들을 수용하면 한국이 이슬람 침탈의 전진 기지가 될 것이고, 많은 문제가 발생할 것이라며 강하게 비판했다. 동일한 내용으로 청와대 국민 청원에 참여한 사람도 70만 명을 넘었다. 그런데 무슬림 전체를 '야만적이고 위험한 집단'으로 인식하고 그들은 어디에서든 폭력과 범죄로 사회 전체에 나쁜 영향을 미치리라는 편견은 과연 무엇에 근거하며 얼마나 설득력이 있는 것일까?

한국 사회에는 우리가 필요해서 불러들인 많은 이슬람권 외국인 노동자들이 생활하고 있다. 여러 대학에서 수학하는 무슬림 유학생들도 점차 늘고 있으며, 한국인 중에 자발적으로 이슬람교를 선택하는 사람들도 꽤 있다. 그럼에도 불구하고 무슬림 인구가 매우 적기 때문에 특별한 기회가 주어지지 않으면 고정 관념에서 벗어나지 못한 채 편견에 사로잡히기 쉽다. 대부분 한국인은 이슬람에 관해 실제적이고 객관적인 지식을 얻을 기회가 없다. 그로 인해 언론이 이슬람에 대한 인식에 중요한 영향을 미치는데, 대중매체가 유포하는 이슬람 이미지는 주로 폭력이나 부정적인 사건들과 연관되어 있다. 최근에도 해외 토픽이나 국제 뉴스에서 보도되는 중동 관련 뉴스 중에는 IS 혹은 알카에다가 빈번히 등장하고, 그로 인해 상당수는 이슬람 하면 곧바로 9·11 테러, 이라크 전쟁, 난민 등을 떠올릴 뿐이다. 하지만 과거 냉전주의자들이 공산주의에 대한 적개심을 이슬람에 대한 분노와 증오로 대체하면서 중동이나 이슬람에 대한 편견과 오해가 더욱 강화되었다는 주장에도 귀 기울일 필요가 있다.

현재 전 세계 무슬림 인구는 약 19억 명으로 전체의 약 4분의 1을 차지한다. 이들 중 상당수가 오랜 기간에 걸쳐 전통적인 '그리스도교 세계'로 이주했다. 2050년이 되면 유럽 주요 국가들, 즉 영국, 독일, 프랑스 등에서 무슬림의 비중이 많으면 최대 20% 정도에 이를 것으로 전망하는 견해가 많다. 영국의 보수 논객 더글러스 머리가 집필한 『유럽의 죽음The Strange Death of Europe』(열린책들, 2020)에서 저자는 유럽이 무슬림에 대해 관용적 다문화주의 정책을 추진함으로써 수렁에 빠졌고 머지않은 장래에 비극적인 종말을 맞게 될 것이라며 직설적으로 도발적인 주장을 제기했다. 이 책은 출간 당시부터 논란이 있었지만, 유럽인의 무슬림 이민 정책에 대한 반발을 대변하고 있다.

이슬람에 대한 부정적인 인식의 배후에는 모든 것을 진리와 거짓, 선과 악의 이분법으로 나누려는 근본주의적 그리스도인들의 독선이 영향을 끼치고 있다. 그들은 『성서』의 문자적 해석에 의존해 이슬람교가 출발부터 잘못된 종교이며, 무슬림의 폭력은 『성서』에 예언되었다고까지 주장한다. 백번 양보해서 설령 그렇게 해석할 여지가 있다고 인정할지라도 이슬람을 악마화하고 이웃 사랑의 계명에서 무슬림만 배제시키는 것이 진정한 그리스도교 정신이라고 말할 수 있을까? 지구촌 시대에 세계 인구의 4분의 1에 달하는 무슬림에 대해 증오와 적개심을 지속한다면 과연 이 세상의 평화가 가능할 수 있을까? 한스 큉은 『한스 큉의 이슬람Islam: Past, Present and Future』(시와진실, 2012)에서 "종교 간의 평화 없이는 국가 간의 평화도 없다. 종교 간의 대화 없이는 종교 간의 평화도 없다. 종교에 대한 기초 연구 없이는 종교 간의 대화도 없다"고 주장했다. 그는 서로 분명한 자기의식을 지니되 지식과 상호 이해에 기반해 성실하게 종교 간의 대화를 이어가야만 한다고 말한다. 이런 노력 없이는 두터운 편견의 담을 허물 수 없고, 인류가 공생할 수 없다는 것이다. 국경이 사라진 지구촌에서 모두가 공손공생하려면 우리들의 인식도 달라져야만 할 것이다.

II

유럽 중세사가 리처드 플레처는 중세 잉글랜드와 에스파냐에 대한 다양한 주제에 학문적 관심을 보인 명망 있는 학자로서 중요한 저작을 여럿 남겼다. 특히 엘 시드와 이슬람 지배하의 에스파냐에 관한 연구는 큰 호평을 받았다. 이슬람과 그리스도교의 관계사 및 교류사는 그가 학부 시절부터 관심을 가졌지만, 특히 50대 중반 이래 지적 역량을 집중해 연구했다. 본서에 앞서 출판된 책은 『중세 말기 그리스도인과 무슬림의 상호 이해Christian-Muslim Understanding in the Later Middle Ages』(2003)였는데, 중세 시대에 두 이질적인 문명이 적대감을 넘어서기 위해 어떤 노력을 기울였는지 추적했다. 『십자가와 초승달, 천년의 공존』도 앞선 책과 같은 맥락에서 쓰여졌다. 61세의 나이로 세상을 떠난 저자는 마지막 저서에서 그리스도인과 무슬림 사이 7세기에서 15세기까지 약 1,000년에 걸친 얽히고설킨 복합적인 관계 및 교류의 역사를 중립적인 입장에서 안내하며 문명 간의 화해에 일조하고자 했다.

리처드 플레처는 먼저 이 책에서 이슬람에 대한 혐오라는 본질적인 문제의 기원을 추적한다. 그는 이슬람이 "위험하고 호감이 가지 않는" 종교로 낙인찍혔을 뿐 아니라, 이러한 편견이 오랜 시간이 흘러도 불식되지 않은 근본적인 원인을 그리스도교와 이슬람 두 종교의 경전과 역사적 발전 과정을 통해 설명한다. 즉 그리스도교의 『성서』와 그것을 주해한 권위 있는 교부들이 무함마드와 이슬람을 부정적으로 평가해왔기에 왜곡되거나 부정적인 시각이 지속될 수밖에 없었다. 그와 더불어 이슬람이 역사적 발전 과정에서 중동은 물론 북아프리카와 에스파냐로 급속히 팽창해 나가면서 그리스도교 세계와 이웃해 살게 되었으나, 지배와 피지배라는 불균등한 관계가 형성됨으로써 오해와 편견도 심화되었다. 이 과정에서 이슬람이 본질적으로 폭력적이며 불관용적인 종교이고, 무슬림 통치자들은 신민들에게 무력으로 개종을 강요했다는 왜곡된 신화가 만들어졌다. 그는 이슬람이 강제로 개종시키는 종교가 아니었다는 점을 강조하면서도, 동시에 일상에서 이슬람을 추종하라는 압력이 꾸준히 계속되었던 사실을 숨기지 않는다. 또한 무슬림과 그리스도인이 같은 지역에서 오랫동안 함께 살면서도 서로 섞이지 않았던 사실을 강조한다. 성관계에 관한 법과 관행이 알려주듯이 두 문명의 지배 세력은 공히 상호 간에 섞이는 것을 금기시하며 철저히 봉쇄하고자 했다.

『십자가와 초승달, 천년의 공존』은 두 이질적인 세계가 관계를 맺고 있던 방식을 시간의 흐름에 따라 서술하는데, 협력과 교류의 여러 흥미로운 사례들이 등장한다. 이슬람 지배하에서 그리스도교 순교자들이 많이 배출된 사실은 익히 알려져 있었으나, 대다수 그리스도인이 변화된 환경에서 타협하고 순응했을 뿐 아니라 이슬람 사회의 탄생에 긴요한 도움을 제공한 사실은 그동안 거의 밝혀지지 않았다. 리처드 플레처는 지배 계층에게 협력하던 그리스도인들이 적지 않았을 뿐 아니라 이들이 8, 9세기 그리스의 철학과 과학 텍스트를 아랍어로 번역하면서 이슬람 지배층을 고대의 지식 문화로 안내하는 핵심 역할을 한 사실을 폭로한다. 지중해 지역의 무슬림과 그리스도인들이 상호작용을 통해 확산시킨 성과 중에는 '그리스의 불'을 비롯해 코르크로 만든 샌들, 물을 길어 올리는 싸끼야, 수판, 종이 등 다양한 사례가 있었다. 이것들은 두 문명 사이에 쌍방향으로 전파되고 공유되며 긍정적인 기능을 했다.

중세 이슬람의 철학적·과학적 성취에 대해 최근 새롭게 관심이 집중되고 있는데, 『십자가와 초승달, 천년의 공존』에서도 9세기에서 11세기

사이에 활동한 여러 이슬람 지식인과 그들의 학문적 업적을 상세히 조명하고 있다. 이들에 대한 학문적 평가와 더불어 그들이 이슬람 세계 내에서 축적해온 지적 전통을 규명하는 작업은 유럽 중심주의에 경도된 대중적인 편견을 바로잡는 데 기여할 수 있을 것이다. 이러한 자료들은 교역과 상업은 물론 학문과 기술 등 다양한 영역에서 양측이 독자적인 발전을 거듭했을 뿐 아니라, 필요에 의해 서로 왕성하게 접촉하고 있었음을 증언한다.

개인적으로 가장 흥미롭게 읽은 부분은 에스파냐와 이탈리아에서의 위대한 번역의 세기, 즉 '12세기 르네상스'라고 불리는 주제에 관한 서술이다. 압바스 왕조 초기에 이슬람 학자들이 고대 세계의 유산에 접근해 문화적 발전을 이루었듯이 12, 13세기에 그리스도교 세계의 학자들은 아랍 텍스트를 라틴어로 번역해 이전에 서양이 상실했던 것을 복원했으며 축적된 이슬람의 학문도 수입했다. 리처드 플레처는 단지 번역이 이루어진 사실만 언급하는 것이 아니라, 아랍어를 구사할 수 있던 라틴 학자들이 시칠리아와 시리아 등을 여행하며 지적인 자극을 받고 그곳에서 입수한 중요한 텍스트들을 서방에 전달하던 과정도 소개한다. 구체적인 번역 과정, 번역에 참여한 수많은 사람들, 그 결과로 서방에 알려지게 된 작품들의 성격, 군주들의 후원, 그리고 이런 '지적 혁명'이 후대에 신학·의학·인구학적 사고에 미친 영향에 이르기까지 두 세계를 이어준 지적 교류의 결과와 풍성한 결실을 파헤쳤다. 이 같은 성과는 전적으로 상호 작용의 결과였다. 관련된 개별 지식인들을 발굴하고 수많은 작품 및 지적 계보를 추적한 저자의 집요함에 새삼 탄복할 수밖에 없다.

리처드 플레처는 두 문명의 경계를 넘어서 이뤄진 무슬림과 그리스도인의 충돌, 즉 십자군 원정에 대해서도 상당한 지면을 할애한다. 플레처는 서방이나 아랍 어느 한 편에 기울지 않고 당대의 맥락에서 이 원정의 배경과 성격, 주도 계층의 동기, 원정의 의미 등을 설득력 있게 분석함으로써 독자들이 균형 잡힌 인식을 갖도록 도와준다. 이 부분에서 주목되는 것은 안티오크 공작 르노 드 샤티용, 포르투갈 왕자 동 페드루, 우사마 이븐 문키드같이 경계를 넘나들던 인물들의 활동이다. 비록 제한적일지라도 당대의 다양한 여행기를 통해 상호 간의 인식이 점차 확대되고 있던 사실을 보여준다. 물론 저자는 십자군 원정이 전개되던 시기에도 지중해 세계에서 재화와 상품이 자유롭게 이동한 사실이나, 이탈리아인들이 무슬림과 유대인들의 역할을 점진적으로 잠식해 상업적 우위를 차지하게 된 변화도 놓치지 않는다.

중세 말로 갈수록 두 문명 간의 교류는 더욱 제한적으로 변해갔다. 그렇지만 리처드 플레처는 그 시기에 상대 문명에 대한 태도에 있어 현저한 변화가 있었음을 강조한다. 이븐 바투타나 이븐 칼둔의 사례에서 볼 수 있듯이 이슬람은 점점 더 경직되고 개방성을 상실해 세상의 변화와 유럽의 발전을 간과하면서 더 알려 하지 않았다. 반면 그리스도교 세계는 르네상스 정신과 결합되어 비교적 유연한 태도로 이슬람 세계에 관심을 보이며 배우려 했다. 이러한 태도가 서양인이 다음 시대, 즉 근대를 주도하게 될 가능성을 예고하는 것이었다. 이슬람은 중세 내내 스스로를 발전시키고 변화시키는 역량을 보여주었지만, 중세 말에 이르러서는 자기 세계에 안주하며 서양에 관심을 보이지 않았고 문화적 유연성과 적응력을 상실했기에 결국 뒤처졌다는 것이다. 이는 중세에 두 문명의 상호 인식에 별다른 변화가 없었다는 통설을 뒤집는 것이다.

플레처는 『십자가와 초승달, 천년의 공존』에서 특별한 주장이나 논지를 내세우려 하기보다 그리스도인과 무슬림이 중세 내내 타자를 이해하는 데 왜 실패했는지를 살피고 있다. 아마도 그 원인과 과정을 돌아보는 것이 오늘날 지구촌이 직면하고 있는 문명 간의 충돌이라는 문제를 해결하는 데 어느 정도 교훈과 시사점을 제공하리라고 생각했던 듯하다. 그는 엄밀한 역사가로서의 태도를 견지하면서 적절한 관련 사료들을 발굴해 인용하며 당대인의 인식에 주의를 기울인다. 구태여 과장하거나 추론에 의해 없는 사실을 가공하려 들지 않고 이슬람의 강제 개종이나 폭력성처럼 잘못 알려진 사실 혹은 평판을 바로잡고 또 보완하는 데에서 그친다.

저자가 이슬람을 일관되게 변호하는 것도 아니다. 두 문명에 속한 사람들이 중세 내내 상대방의 문명 및 종교에 대해 거의 관심을 보이지 않았으며 반감도 지니고 있던 사실을 솔직히 털어놓는다. 그리스도인들은 진리에 대한 태도로 인해 이스마엘의 자손들을 우호적으로 볼 수 없었다. 무슬림들도 완전한 계시를 받은 선택된 백성이라는 자부심으로 인해 그리스도인들을 무시하며 폄훼했다. 이처럼 이질적인 두 문명은 중세 1,000년 동안 우호적인 관계를 발전시켜 나가지 못했으며, 서로를 이해하기 위한 노력 역시 지속시키지 못했다. 그렇지만 두 문명 가운데 보다 개방적인 태도를 보인 세력이 결국 변화를 선도하며 발전을 이뤘던 사실을 확인시켜줌으로써 역사로부터 교훈을 받을 것을 호소하고 있다.

『이슬람 문명사』든 『유럽 중세사』든 지중해를 배경으로 그리스도교 세계와 이슬람 문명이 공존하던 시기를 다루는 저작들은 넘쳐난다. 하지만 통상 경계 시역에서 진행된 문화적·상입적 교류에 대해 간략히 언급하는 것에서 크게 벗어나지 못한다. 이 시기를 다루는 전문가들조차 두 세계의 관계사와 교류사를 깊이 있게 살펴보지 못했기 때문이다. 그런 면에서 『십자가와 초승달, 천년의 공존』은 흥미로운 역사적 정보들로 가득 채워져 있을 뿐 아니라, 남겨진 당대의 사료들을 풍부하게 발굴해, 그 안에 담겨 있는 문화적·종교적 코드를 풀이해주는 보기 드문 책이다. 적잖은 분들이 공감하겠지만, 언론사의 호평이나 학자들의 추전사가 많이 날린 책 치고 실망하시 않는 경우가 드물다. 하지만 이 잭에 대해서만큼은 유수 언론이나 학자들의 평가에 고개가 끄덕여진다. 그만큼 이 책은 내용이 알차고, 시각도 균형이 잡혀 있어 중세뿐만 아니라 오늘날의 그리스도교와 이슬람의 관계에 대해서도 새로운 전망을 가질 수 있도록 이끌어준다.

III

『십자가와 초승달, 천년의 공존』은 펭귄출판사에서 출간한 리처드 플레처의 『The Cross and the Crescent-The Dramatic Story of the Earliest Encounters between Christians and Muslims』(2004)을 번역한 것이다. 초판이 나온 시기는 2002년이었다. 무슨 이유인지 도중에 잠시 다른 출판사에서 제작되기도 했다.

나는 2015년 겨울 독일 남부 튀빙겐에 한 달 동안 머무른 적이 있었다. 비가 추적추적 내려 몹시 을씨년스러웠던 날, 우연히 들른 서점의 한쪽 구석에서 예상치 않게 이 책의 독일어판을 만났다. 그 책에는 '카롤루스에게 선물한 코끼리'라는 제목이 붙여져 있었다. (원서의 2부 제목이 '카롤루스에게 선물한 코끼리'인데, 그것을 그대로 따온 것이다.) 표지 그림은 카롤루스 황제가 코끼리를 거느리고 아헨의 궁정 주변에 행차하는 모습이어서 아동 서적이 아닌가 했다. 좀 더 자세히 살펴보니 영국의 저명한 중세사가 리처드 플레처의 저서였고 주석과 참고문헌까지 딸린 깊이 있는 교양서였다.

급한 일들로 좀 묵혀두었다가 연구년을 다녀온 후 연구실에 놓인 책이 다시 눈에 띄었다. 2018년 봄 21세기북스에 좋은 책이 있다고 연락을 취했다. 출판사에서는 이 책을 자체 검토하면서 내용의 시사적인 성격뿐 아니라 서구 학자나 언론의 평가가 일관되게 긍정적이었던 점을 확인하고 크게 반겼다. 내게 번역을 요청해 결국 이 일을 떠맡게 되었다. 출판사는 빠른 시일 내에 번역해주기를 바랐지만, 그 후 급한 일들이 자꾸 생겨 번역에 속도가 붙지 않았다. 그러던 중 영국에서 돌아온 지 얼마 되지 않은 제자 구자섭 군과 함께 번역하는 것이 좋겠다는 생각이

들어 출판사의 동의를 얻어 공역하게 되었다. 구 군과 함께 번역할 부분을 나누고, 상대방이 번역한 부분을 교차로 점검하면서 사소한 차이나 오류들을 바로잡았다. 내가 프롤로그, 1부, 2부, 에필로그를 맡아 옮겼고, 구자섭 군이 3부, 4부, 5부와 더불어 부록과 색인 등 그 외 번거로운 일들을 전담하다시피 했다. 생각보다 번역이 늦게 진행되었지만 크게 불편한 내색도 없이 출판의 모든 과정을 부드럽게 진행해준 21세기북스와 서가명강팀 강지은 씨에게도 깊은 감사를 드린다.

전문서든 교양서든 번역은 힘겨운 작업이다. 언어적인 문제뿐 아니라 저자의 세계 속에 들어가보는 경험을 하게 되기 때문이다. 그러나 이 책처럼 그 안에서 귀한 지적 통찰과 공감을 얻게 되는 경우엔 그로 인한 즐거움이 모든 것을 상쇄해준다. 이 작은 책이 이슬람에 대한 공연한 편견이나 적의를 누그러뜨리고, 타지에서 온 이방인들에게 따뜻한 대화와 손 내밀 용기를 갖도록 하는 데 조그마한 도움이라도 되기를 간절히 소망해본다.

2020년 4월, 코로나19로 봄을 빼앗긴 관악산 끝자락에서

박흥식

연대표

570년경	예언자 무함마드 출생
622년	무함마드가 메카에서 메디나로 이주(헤지라)
	이슬람력의 시작
632년	무함마드 사망
634-643년	이슬람 세력의 시리아, 이라크, 이집트, 리비아 정복
	(다마스쿠스 635년, 크테시폰 637년, 예루살렘 638년, 알렉산드리아 642년,
	트리폴리 643년)
661년	다마스쿠스에 우마야드 칼리파국 수립
674-678년	콘스탄티노폴리스의 첫 봉쇄
698년	이슬람 세력의 카르타고 정복
710년경	다마스쿠스에 우마야드 모스크 건설
711-718년	이슬람 세력의 에스파냐 정복
716-718년	콘스탄티노폴리스의 두 번째 봉쇄
730년	비잔티움 제국이 성상聖像 파괴를 공식 정책으로 채택
750년경	다마스쿠스의 요한 사망
750년	압바스 칼리파국 우마야드 대체
756년	우마야드의 왕자, 코르도바를 독자 통치
762년	바그다드 건설
768-814년	카롤루스 대제 재위
778년	론세르바예스 전투
786-809년	하룬 알-라쉬드의 칼리파 재위
827년	이슬람 세력의 시칠리아 침공
846년	이슬람 세력의 로마 습격
851-859년	코르도바에서 '순교자 운동' 발생
867년	알-킨디 사망

873년	후나인 이븐 이샤크 사망
910년	북아프리카에 파티마 칼리파국 수립
922년	이븐 파들란 '루스'(스칸디나비아 상인 탐험가들) 방문
953-955년	고르체의 요한 사절 자격으로 코르도바 파견
965년경	오리야크의 제르베르, 에스파냐에서 수학
969년	파티마 칼리파국, 카이로를 수도로 결정
	비잔티움 제국의 안티오크 정복
972년	라 가르드-프레네에서 무슬림 해적 축출
980년경	셀주크 튀르크, 이슬람 세계의 동부로 침투하기 시작
990년경	이집트 내 이탈리아 상인에 대한 최초의 기록
997년	이슬람 세력의 산티아고 데 콤포스텔라 약탈
1031년	코르도바 칼리파국이 타이파 왕국들로 해체
1037년	이븐 시나(=아비센나) 사망
1048년	알-비루니 사망
1055년	셀주크 제국의 바그다드 점령
1060년	노르만인들의 시칠리아 침공
1064년	이븐 하즘 사망
1071년	비잔티움 군대, 만지케르트 전투에서 셀주크에 패배
1082년	베네치아인들 콘스탄티노폴리스에서 교역 특권 획득
1087년	피사인들, 튀니지 알-마흐디야 공격
1088-1091년	무라비트의 알-안달루스 점령
1090년	그라나다의 압드 알라, 모로코로 망명
1094년	로드리고 디아즈(엘 시드)의 발렌시아 정복
1095년	교황 우르바누스 2세, 제1차 십자군 원정 설파
1099년	십자군의 예루살렘 점령
1100년경	「디예니스 아크리티스」와 「롤랑의 노래」 창작됨
1118년	아라곤의 사라고사 재정복
1142년	가경자 피에르, 『꾸란』의 라틴어 번역 의뢰
1144년	장기의 에데사 공국 재정복 및 무슬림 세계로의 편입
1147년	포르투갈인들, 리스본 재정복
1147-1149년	제2차 십자군 원정

1150년경	바스의 애덜라드 사망
1174-1193년	살라딘의 재위
1177년	교황 알렉산더 3세, 사제 요한에 사절단 파견
1187년	하틴 전투: 살라딘의 예루살렘 재정복
	제라르도 다 크레모나 사망
1188년	우사마 이븐 문키드 사망
1190-1192년	제3차 십자군 원정
1198년	이븐 루쉬드(=아베로에스) 사망
1202-1204년	제4차 십자군 원정
1204년	랍비 모세 마이모니디스 사망
	서방 십자군 원정대의 콘스탄티노폴리스 점령 및 약탈
1204-1261년	콘스탄티노폴리스에 '라틴' 제국 수립
1212년	이슬람군, 라스 나바스 데 톨로사 전투에서 카스티야 국왕 알폰소에게 패배
1218-1221년	제5차 십자군 원정
1227년	칭기즈 칸 사망
1236년	카스티야, 코르도바 재정복
1238년	아라곤, 발렌시아 재정복
1248년	카스티야, 세비야 재정복
1248-1250년	프랑스 국왕 루이 9세의 십자군 원정
1253-1255년	빌럼 반 뤼브룩, 몽골 사절로 파견
1258년	몽골, 바그다드 약탈
1260년	몽골, 아인 잘루트 전투에서 맘루크에게 패배
1271-1295년	마르코 폴로의 여행
1274년	토마스 아퀴나스 사망
1291년	우트르메르의 마지막 영토 아크레, 이집트의 맘루크에게 상실
1292년	로저 베이컨 사망
1311년	아르나우 데 빌라노바 사망
1315년	라몬 룰 사망
1321년	단테 사망
1326년	오스만 공국의 창시자 오스만 사망

1330년경	페골로티 상인들을 위한 편람 제작
1340년	마린 왕조의 에스파냐 침공
	리오 살라도 전투에서 패배
1343년	마리노 사누도 사망
1344년	십자군의 스미르나 점령
	카스티야의 알헤시라스 점령
1347-1351년	흑사병 창궐
1354년	오스만 제국, 갈리폴리 정복
1365년	키프로스 국왕 피에르 1세의 알렉산드리아 공격
1378년	이븐 바투타 사망
1389년	오스만 제국, 코소보 전투에서 현지 그리스도교인들 격퇴
1396년	니코폴리스 십자군
1402년	테무친, 소아시아 공략
1406년	이븐 할둔 사망
1415년	포르투갈인들, 세우타 정복
1453년	오스만 제국, 콘스탄티노폴리스 정복
1458년	후안 데 세고비아 사망
1464년	니콜라우스 폰 쿠에스 사망
1492년	카스티야, 그라나다 재정복
1517년	오스만 제국, 이집트 합병
1520-1566년	쉴레이만 대제 재위
1521년	오스만 제국, 베오그라드 정복
1526년	헝가리인, 모하치 전투에서 오스만군에 패배
1529년	제1차 빈 공성전

추천도서목록

다음의 도서목록은 공식적인 참고문헌이라기보다 단순히 내가 보기에 유용하면서도 좋은 자극을 주는 서적이라고 판단하는 것 중 일부다. 아마도 이 책의 주제를 처음 접하는 독자라면 즐거운 마음으로 탐독할 수 있을 것이다. 오랜 개인적 경험에 비춰볼 때, 도서목록의 가치는 그 길이에 반비례하기 마련이어서 부마다 일부러 적은 수의 참고자료만 제시했다. 여기에는 영어로 출간된 저작들만 소개했음을 밝힌다.

일반 개설서

이슬람에 대한 훌륭한 개설서가 많지만, 내가 보기에 최고의 서적은 1950년에 처음 출간되고 이후 전체적으로 개정되어 6판에 이르고 있는 버나드 루이스(Bernard Lewis)의 *The Arabs in History*다. 보다 정교한 개설서 중에서는 라피두스(Ira M. Lapidus)의 *A History of Islamic Societies*(Cambridge, 1988)가 예리하고 읽기도 좋다. 풍부한 삽화를 제공하는 최근의 공동 작업으로는 프랜시스 로빈슨(Francis Roinson)이 편집한 *The Cambridge Illustrated History of Islam*(Cambridge, 1996)[*]이 있다. 또 다른 공저로는 *The Legacy of Islam*(Oxford, 1974)을 꼽을 수 있는데, 샤흐트(Joseph Schacht)와 보스워스(J. Bosworth)가 편집한 이 책에는 이슬람 역사와 문화의 다양한 측면을 다룬 에세이들이 실려 있다. 이 책의 주제이기도 한 문화적 조우에 관해서는 서던(R. W. Southern)의 간략하지만 훌륭한 저서 *Western View of Islam in the Middle Ages*(Cambridge, MA., 1962)를 추천한다. 다소 느슨하지만, 더 넓은 범위를 다루고 있는 노먼 다니엘(Norman Daniel)의 *The Arabs and Medieval Europe*(London, 1975) 역시 추천할 만하다. 우리가 앞서 살펴본 수많은 상호작용이 지중해를 무대로 삼고 있었다는 점을 고려하면 페레그린 호든(Peregrine Horden)과 니콜라스 퍼셀(Nicolas Purcell)의 *The Corrupting Sea: A Study of Mediterranean History*(Oxford, 2000)도 주목할 필요가 있을 것이다. 이 책은 고대 후기와

---

[*] 『사진과 그림으로 보는 이슬람사』, 손주영 외 공역, 시공사, 2002.

중세 지중해 세계에 관한 정밀한 연구로서 많은 생각거리를 던져준다.

사전류 및 기타 참고자료

훌륭한 참고도서를 3권 추천할 수 있다. 꼭 참고해야 할 첫 자료는 *Encyclopedia of Islam*(Leiden, 1960-)이다. 최근 새로운 판본이 나온 이 책은 2002년 6월 현재 U섹션까지 출간되어 완성을 눈앞에 두고 있다. 다음으로 조셉 스트레이어(Joseph R. Strayer)를 대표 편집자로 해서 13권 분량으로 편찬된 *Dictionary of the Middle Ages*(New York, 1982-1989)다. 마지막으로 추천하는 자료는 카즈단 외 여러 연구자가 공동 편집한 *Oxford Dictionary of Byzantium*(Oxford, 1991)이다. 다르 알-이슬람의 역사적 지리에 대해서는 윌리엄 브라이스(William C. Brice)의 *An Historical Atlas of Islam*(Leiden, 1981)을 권한다.

1부

예언자 무함마드에 관한 개론서는 무수히 많다. 그래도 그중에서 하나를 꼽으라면 마이클 쿡(Michael Cook)의 *Muhammad*(Oxford, 1983)를 선택할 것이다. 옥스퍼드에서 펴낸 '과거의 거장(Past Masters)' 총서의 하나인 이 책은 쉽게 접근 가능하고 간결하면서도 해당 주제를 예민한 시선으로 다루는 훌륭한 연구서다. 초기 이슬람 역사에 관한 연구에 빠지지 않고 등장하는 이슬람의 팽창은 프란체스코 가브리엘의 *Muhammad and the Conquests of Islam*(London, 1968)을 참고할 수 있다. 노먼 다니엘(Norman Daniel)의 *Islam and the West: The Making of an Image*(Edinburgh, 1960)는 이슬람에 대한 그리스도교인의 태도가 어떻게 전개되어가는지를 상세히 다룬 조사 연구이다. 한편 에스파냐의 이슬람에 관한 최고의 개설은 로저 콜린스의 *Early Medieval Spain: Unity in Diversity 400-1000*(2판, London, 1995)이다. 에스파냐 문제에 흥미를 느낀 독자라면 그의 또 다른 저작 *The Arab Conquest of Spain 710-797*(Oxford, 1989) 역시 참고할 만하다.

2부

연대기적 개괄로는 휴 케네디(Hugh Kennedy)의 두 저작을 추천할 만하다. *The Prophet and the Age of the Caliphates: The Islamic Near East from the sixth to the eleventh century*(London, 1986), *Muslim Spain and Portugal: A Political History of al-Andalus*(London, 1996)다. 동로마 제국에 관해서는 마크 위토우(Mark Whittow)의 *The Making of Orthodox Byzantium 600-1025*(London, 1996)을 참고하라. 리처드 호지스(Richard Hodges)와 데이비드 화이트하우스(David Whitehouse)의 *Mohammed, Charlemagne and the Origins of Europe:*

Archaeology and the Pirenne thesis(London, 1983)는 (다소 개정이 필요하기는 해도) 이슬람 세력의 확장이 초래한 경제적 영향에 관한 논쟁을 파악하는 데 믿을 만한 가이드가 될 것이다. 이베리아반도에서 일어난 두 문화의 상호 관계에 대한 연구서로는 내가 쓴 *Moorish Spain*(London, 1992)과 토마스 글릭(Thomas F. Glick)의 *Islamic and Christian Spain in the Early Middle Ages: Comparative Perspectives on Social and Cultural Formation*(Princeton, 1979)이 있다. 마이클 맥코믹(Michael McCormick)의 *Origins of the European Economy: Communications and Commerce AD 300-900*(Cambridge, 2001) 역시 추천한다.

3부

마이클 앤골드(Michael Angold)의 *The Byzantine Empire 1025-1204*(London, 1984)는 해당 주제에 관한 한 최고의 개설서다. 십자군 관련 책은 무수히 많다. 시작점으로 삼기 좋은 책은 훌륭한 삽화들이 실린 조나단 라일리-스미스 편집의 공저 *The Oxford Illustrated History of the Crusades*(Oxford, 1995)이다. 캐럴 힐렌브랜드(Carole Hillenbrand)가 쓴 *The Crusades: Islamic perspectives*(Edinburgh, 1999)는 새로운 지평을 연 저작이다. 내가 쓴 *The Quest for El Cid*(London, 1989)는 에스파냐 재정복(Reconquista)의 영웅의 위치를 당대 맥락 속으로 조정하려는 한 시도다. 데이비드 모건(David Morgan)의 *The Mongols*(Oxford, 1986)는 몽골 제국이라는 복잡한 주제를 훌륭하게 다룬 최고의 수작이다. 먼 이국으로의 여행과 관련된 더 넓은 맥락에 관해서는 필립스(J. R. S. Phillps)의 *The Medieval Expansion of Europe*(2판, Oxford, 1998)도 참고할 만하다.

4부

이 주제에 관한 일반적 맥락을 파악하는 데는 로버트 바틀렛(Robert Bartlett)의 *The Making of Europe: Conquest, Colonization, and Cultural Change 950-1350*(London, 1993)만 한 것이 없다. 데이비드 니런버그(David Nirenberg)의 *Communities of Violence: Persecution of Minorities in the Middle Ages*(Princeton, 1996)는 아라곤 영토 내의 유대인, 그리스도교인, 무슬림 공동체의 상호 관계를 예민하게 다룬 연구다. 찰스 버넷(Charles Burnett)의 *The Introduction of Arabic Learning into England*(London, 1997)는 특정 지역에서 지식이 어떤 양상으로 전파되었는지를 우아하게 그리고 있다. 마이클 맥보그(Michael R. McVaugh)의 *Medicine before the Plague: Practitioners and their Patients in the Crown of Aragon 1285-1345*(Cambridge, 1993)처럼 뜻밖의 주제에 관한 연구도 추천할 만하다. 관련은 있으나 또 다른 주제를 다루고 있는 피터 빌러(Peter Biller)의 *The Measure of Multitude:*

Population in Medieval Thought(Oxford, 2000) 역시 마찬가지다.

5부

통치 당국의 태도에 대해서는 제임스 멀둔(James Muldoon)의 Popes, *Lawerys and Infidels: The Church and the non-Christian world 1250-1550*(Philadelphia, 1979)를 추천한다. 1396년 니코폴리스 십자군에 관한 연구로는 노먼 하우슬리(Norman Housley)의 *The Later Crusades 1274-1580*(Oxford, 1992)이 있다. 클로드 카엔(Claude Cahen)의 *Pre-Ottoman Turkey*(London, 1968), 할릴 이날즉(Halil Inalcik)의 *The Ottoman Empire: The Classical Age 1300-1600*(London, 1973)은 오스만 제국과 그 전신들에 대한 탁월한 입문서다. 에스파냐의 상황에 관한 간략하고도 우수한 개론서로는 앵거스 맥케이(Angus MacKay)의 *Spain in the Middle Ages: From Frontier to Empire 1000-1500*(London, 1977)이 있다. 더 자세한 참고문헌으로는 총 2권으로 구성되어 있으며 중세 후기 에스파냐와 포르투갈 연구의 모범으로 평가받는 힐가스(J. N. Hilgarth)의 *The Spanish Kingdoms 1250-1216*(Oxford, 1976, 1978)이 있다. 피터 러셀(Peter Russel)의 *Prince Henry 'the Navigator': A Life*(London, 2000)은 내용도 알차거니와 파격적이면서도 설득력 있는 연구다. 같은 주제를 더욱 넓은 맥락에서 살피고자 한다면 학술적이면서도 생생하고 가독성 있는 서술이 특징인 펠리페 페르난데즈-아메스토(Felipe Fernández-Armesto)의 *Before Columbus: Exploration and Colonisation from the Mediterranean to the Atlantic 1229-1492*(London, 1987)를 추천한다.

미주

1부

1 Ammianus Marcellinus, *Res Gestae*, xiv. 4, 번역 J. C. Rolfe(Loeb Classical Library: Cambridge, Mass., 1935).

2 Isidore of Seville, *Etymologiae*, IX. ii. 57, ed. W. M. Lindsay(Oxford, 1911).

3 Koran 80:11-15, 『꾸란』을 영역한 다음 책 참조. A. J. Arberry, *The Koran Interpreted*(Oxford, 1964).

4 Koran 34:3, ibid.

5 다음 영역 서적에서 인용. P. Crone and M. Cook in *Hagarism: The making of the Islamic world*(Cambridge, 1977), pp. 3-4.

6 무슬림에 대한 베다의 모든 인용문은 다음 문헌에 묶여 있다. *Venerabilis Bedae Opera Historica*, ed. C. Plummer(Oxford, 1896), vol. II, p. 339.

7 Ibid.

8 Ibid.

9 Koran 29:45. 『꾸란』을 영역한 다음 책 참조. A. J. Arberry, *The Koran Interpreted*.

10 Willibald, *Hodoeporicon*. 본문의 글은 다음 영역 서적에서 인용. 번역 C. H. Talbot, *The Anglo-Saxon Missionaries in Germany*(London, 1954), pp. 162-163.

11 John of Damascus, *Dialogus*. 번역자 M. S. Seale, *Qu'ran and Bible: Studies in interpretation and dialogue*(London, 1978), p. 70.

12 『이단론』에서 이스마엘 후손의 이단성에 대한 부분. 번역 Frederic H. Chase Jr. *John of Damascus: Writings*('Fathers of the Church' series: New York, 1958), p. 153.

13 앞의 번역서에서 인용. Ibid., p. xiv.

14 *Chronicle of* 754, chap. 78. 번역자 Kenneth B. Wolf. *Conquerors and Chroniclers of Medieval Spain*(Liverpool, 1990), p. 141.

15 Ibid., chap. 70, p. 138.

16 Kenneth B. Wolf가 익명의 작가가 쓴 *Ystoria de Mahomet*를 다음 서적에 'The

Earliest Latin Lives of Muhammad'라는 제목으로 번역. 출처 *Conversion and Continuity: Indigenous Christian communities in islamic lands, eighth to eighteenth centuries*, ed. M. Gervers and R. J. Bikhazi(Toronto, 1990), pp. 97-99.

17 Ibid.

2부

1 W. Z. Haddad의 번역 "Continuity and Change in Religious Adherence: Ninth-century Baghdad"에서 인용. 출처 *Conversion and Continuity: Indigenous Christian communities in islamic lands, eighth to eighteenth centuries*, ed. M. Gervers and R. J. Bikhazi(Toronto, 1990), p. 49.

2 Sidney H. Griffith의 번역 "The Firth *Summa Theologiae* in Arabic: Christian Kalam in ninth-century Palestine"에서 인용. 출처 *Conversion and Continuity* ed. M. Gervers and R. J. Bikhazi, p. 19.

3 *Vita Iohannis abbatis Gorziensis*, chap. 122-123. 번역 Colins Smith. 출처 *Christians and Moors in Spain*(Warminster, 1988), vol. I, pp. 65-67.

4 Ibid.

5 D. J. Sahas의 번역 "The Art and non-Art of Byzantine Polemics: Patterns of refutation in Byzantine anti-islamic literature"에서 인용. 출처 *Conversion and Continuity* ed. M. Gervers and R. J. Bikhazi, p. 65.

6 Arculf, *De Locis Santis*, ii. 28. 번역 Denis Meehan(Dublin, 1958), p. 99.

7 Constantine Porphyrogenitus, *De Administrando Imperio*, chap. 13. Gy. Moravcsik ed. 영역 R. J. H. Jenkins(Budapest, 1949), p. 69.

8 Mark Whittow, *The Making of Orthodox Byzantium 600-1025*(London, 1996), p. 124.

9 *The Letters of Gerbert*, no. 25. 번역 Harriet P. Lattin(New York, 1961).

10 Thomas N. Bisson, *Fiscal Accounts of Catalonia under the Early Count-Kings(1151-1213)* (Berkeley, 1984), vol. II, no. 162, lines II, 188(pp. 290, 294).

11 Henri Pirenne, *Mohammed and Charlemagne*(London, 1939), p. 234.

12 Gwyn Jones의 번역에서 인용. *A History of the Vikings*(Oxford, 1984), p. 165.

13 Asser, *De Rebus Gestis Ælfredi*, ed W. H. Stevenson(Oxford, 1904), Chap. 81, p. 68.

14 Robert S. Lopez와 Irving W. Raymond의 번역에서 인용. *Medieval Trade in the Mediterranean World*(New York, 1955), p. 54.

15 Ibid., p. 58.

16 Ibid.

3부

1 Constantine Porphyrogenitus, *De Administrando Imperio*, Chapter 21, ed. Gy. Moravcsik, 영어 번역 R. J. H. Jenkins(Budapest, 1949) p. 92.

2 *Digenes Akrites*, trans. John Mavrogordato(Oxford, 1956), Book V.

3 Ibid.

4 Ibid.

5 Ibid.

6 Ibid.

7 Ibid. line 3,511, p. 215.

8 *The Tibyan: Memoirs of 'Abd Allāh ibn Buluggin, last Zirid Amir of Grananda*, trans. Amin T. Tibi(Leiden, 1986), pp. 130-131.

9 *The Song of Roland*, trans. D. D. R. Owen(London, 1972), line 1,015.

10 Karen Armstrong, *Islam: A Short History*(London, 2000), p. 81.

11 *The Crusade of Richard Lion-Heart*, by *Ambroise*, trans. Merton J. Hubert and John L. La Monte(New York, 1941), lines 10,267-10,279 .

12 Jean de Joinville, *Life of St Louis*, trans. M. R. B. Shaw(Harmondsworth, 1963), p. 262.

13 *Gesta Francorum et aliorum Hierosolimitanorum*, trans. Rosalind Hill(Edinburgh, 1962), p. 21.

14 Joinville, *Life of St Louis*, p. 245.

15 Ibid., p. 305.

16 Francesco Gabrieli의 번역. *Arab Historians fo the Crusades*(London, 1969), p. 73.

17 *The Mission of Friar William of Rubruck*, trans. Peter Jackson and David Morgan(Hakluyt Society: Londn, 1990), pp. 72-73.

18 Ibid., p. 158.

19 Joinvile, *Life of St Louis*, p. 315.

4부

1 Felipe Fernández-Armesto의 번역. *Before Columbus: Exploration and Colinisation from the Mediterranean to the Atlantic 1229-1492*(London, 1987), p. 152.

2 L. P. Haryvey의 번역. *Islam Spain 1250-1500*(Chicago, 1990), p. 56.

3 Sancho IV, *Castigos e Documentos*, Chapter 21, J. N. Hilgarthe의 번역. *The Spanish Kingdoms 1250-1516*(Oxford, 1976), vol I, p. 213.

4 Ysa Yabir, *Breviario*, David Nirenberg의 번역. *Communities of Violence: Persecution of minorities in the Middle Ages*(Princeton, 1996), p. 136.

5 Louise Cochrane, *Adelard of Bath*(London, 1994)의 부제.

6 P. P. A. Biller의 번역. *The Measure of Multitude: Population in Medieval Thought*(Oxford, 2000), p. 255.

7 M. McVaugh의 번역. "Arnald of Vilanova", *Dictionary of Scientific Biography*(New York, 1970), vol I. p. 290.

8 Thomas E. Burman의 번역, Olivia R. Constable, *Medieval Iberia: Readings from Christian, Muslim and Jewish Sources*(Philadelphia, 1997), p. 83.

9 M. Th. d'Alverny의 번역. "Deux traductions latines du Coran au Moyen Age", *Archives d'Histoire doctrinale et littéraire du moyen âge* 16(1948), p. 101, 각주 4.

5부

1 Philp Mansel의 번역에서 인용. *Constantinople: City of the World's Desire 1453-1924*(Lon don), p. 25.

2 Peter Russell의 번역에서 인용. *Prince Henry 'the Navigator': A Life*(London, 2000), p. 15.

3 Bernard Lewis의 번역에서 인용. "The Muslim discovery of Europe" in *Islam in History*(London, 1973), p. 99.

4 Ibid.

색인

KI신서 9088

십자가와 초승달, 천년의 공존

1판 1쇄 발행 2020년 4월 29일
1판 2쇄 발행 2020년 10월 12일

지은이 리처드 플레처 **옮긴이** 박홍식 구자섭
펴낸이 김영곤
펴낸곳 (주)북이십일 21세기북스

출판사업본부장 정지은 **서가명강팀장** 장보라
책임편집 강지은 **서가명강팀** 정지은 안형욱
서가명강사업팀 엄재욱 이정인 나은경 이다솔 김경은
디자인 표지 this-cover.com 본문 제이알컴 **교정** 제이알컴
영업본부이사 안형태 **영업본부장** 한충희 **출판영업팀** 오서영
마케팅팀 배상현 김윤희 이현진
제작팀 이영민 권경민

출판등록 2000년 5월 6일 제406-2003-061호
주소 (10881) 경기도 파주시 회동길 201(문발동)
대표전화 031-955-2100 **팩스** 031-955-2151 **이메일** book21@book21.co.kr

(주)북이십일 경계를 허무는 콘텐츠 리더

21세기북스 채널에서 도서 정보와 다양한 영상자료, 이벤트를 만나세요!

페이스북 facebook.com/jiinpill21 **포스트** post.naver.com/21c_editors
인스타그램 instagram.com/jiinpill21 **홈페이지** www.book21.com
유튜브 youtube.com/book21pub

서울대 가지 않아도 들을 수 있는 명강의! 〈서가명강〉
유튜브, 네이버 오디오클립, 팟빵, 팟캐스트, AI 스피커에서 '서가명강'을 검색해보세요!

ISBN 978-89-509-8773-2 03900